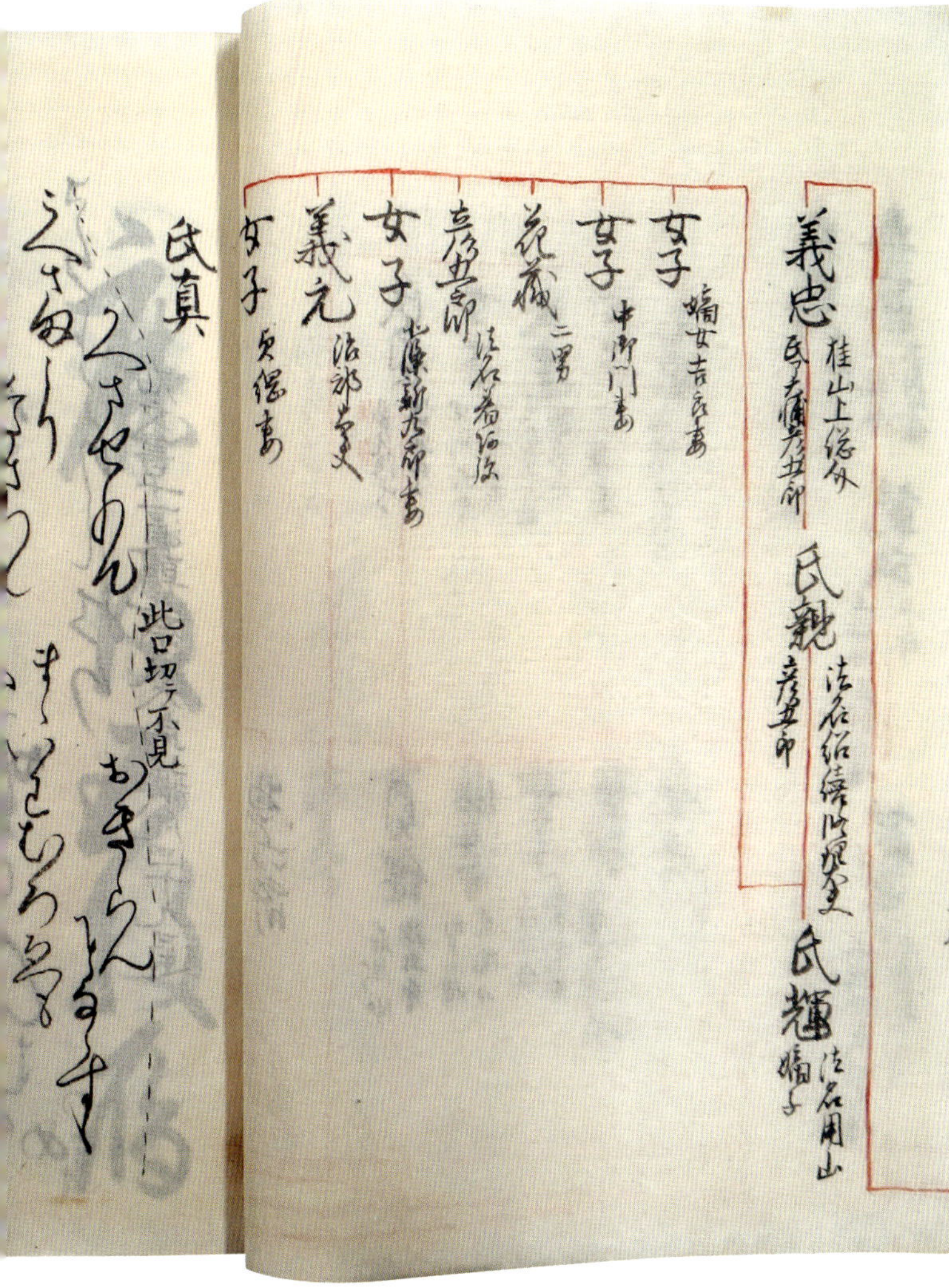

今川家系図写（国立公文書館蔵「土佐国蠹簡集残篇四」所収）
瑞渓院が生きた時代とほとんど同時期に記された貴重史料の写。兄弟姉妹がほぼ出生順に並べられている系図は珍しく、永正15年（1518）頃、今川氏親と寿桂尼の子として生まれた瑞渓院は「北条新九郎妻」として見える。関東最大の戦国大名・北条家の繁栄は、名門今川家の出である瑞渓院との血のつながりに大きく依存していたと考えられる。

中世から近世へ

北条氏康の妻 瑞渓院

政略結婚からみる戦国大名

黒田基樹

平凡社

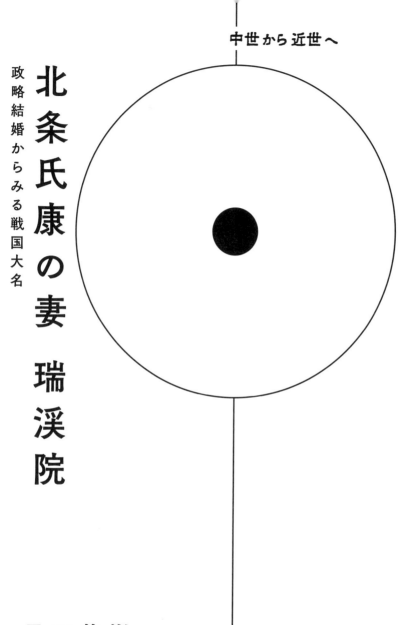

装幀　大原大次郎

北条氏康の妻　瑞渓院◉目次

第五章　子どもたちとの別れ　239

本文中に取り上げた史料の出典は以下の通り。

出典略号

戦北……『戦国遺文　後北条氏編』文書番号

戦今……『戦国遺文　今川氏編』文書番号

戦武……『戦国遺文　武田氏編』文書番号

静……『静岡県史　資料編7』史料番号

北条家略系図

- 伊勢 盛定
  - 1 宗瑞（盛時）＝小笠原政清娘
    - 2 北条 氏綱＝近衛尚通娘
      - 3 氏康＝今川氏親娘
        - 氏親
        - 4 氏政＝武田信玄娘
          - 某
          - 5 氏直＝徳川家康娘
          - 太田 源五郎 岩付城主
          - 氏房 岩付城主
          - 千葉 直重 佐倉城主
          - 直定
          - 源蔵
          - 勝千代
          - 女子 千葉邦胤妻
          - 女子 里見義頼妻
        - 大石 氏照 八王子城主
        - 氏規 三崎城主
        - 藤田 氏邦 鉢形城主
        - 上杉 景虎
        - 佐野 氏忠 唐沢山城主
        - 氏光 小机城主
        - 女子 北条氏繁妻
        - 女子 千葉親胤妻
      - 為昌 玉縄城主
      - 氏堯 小机城主
        - 氏忠
        - 氏光
      - 女子 太田資高妻
      - 女子 吉良頼康妻
      - 女子 足利晴氏妻
      - 女子 堀越六郎妻
      - 女子 葛山氏元妻
      - 女子＝
    - 氏時 玉縄城主
    - 葛山 氏広
    - 宗哲 箱根権現別当
    - 女子 三浦氏員妻
  - 弥二郎
  - 女子 今川義忠妻

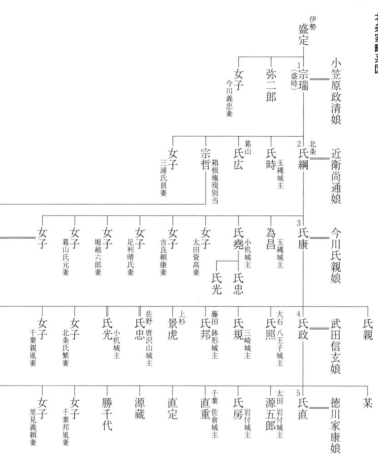

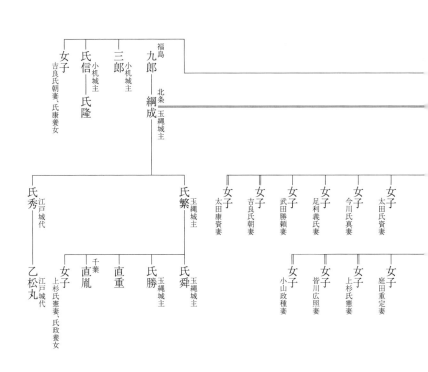

福島九郎

北条綱成　玉縄城主

三郎　小机城主

氏信　小机城主

氏隆

女子　吉良氏朝妻、氏康養女

女子　太田氏資妻

女子　今川氏真妻

女子　足利義氏妻

女子　武田勝頼妻

女子　吉良氏朝妻

女子　太田康資妻

氏繁　玉縄城主

氏秀　江戸城代

乙松丸　江戸城代

女子　庭田重定妻

女子　上杉氏憲妻

女子　皆川広照妻

女子　小山政種妻

氏舜　玉縄城主

氏勝　玉縄城主

直重

千葉直胤

女子　上杉氏憲妻、氏政養女

はじめに――合戦や外交だけでは見えない大名家の実像

本書は、戦国大名小田原北条家の三代目当主・北条氏康の正妻であった、瑞渓院を主人公にするかたちをとって、北条家興亡の歴史を辿ろうとするものである。もっとも、瑞渓院その人に多くの史料や事蹟があるわけではない。にもかかわらず、本書で瑞渓院を主人公に取り上げるのは、戦国後期の北条家における彼女の存在を再認識しつつ、かつ北条家の動向を彼女の立場から俯瞰することで、これまでのような当主中心の歴史とは異なった具体像により迫ることができると思うからである。

そもそも、瑞渓院という呼び名自体が死後におけるもので、本名は不明である。死後におくられた法号は、瑞渓寺殿あるいは瑞渓院殿といった。正しく表記しようとするならば、どちらかを用いるべきであろうが、院殿号のうちの「殿」はしばしば省略されることもあるので、ここでは呼びやすさをとって「瑞渓院」の名を用いるものとする。このように、当時の名すら伝えられていない彼女ではあったが、実際は戦国大名駿河今川家の初代・今川氏親を父に、「女戦国大名」とも称された寿桂尼を母にもつ、当時では極めて名門の出とされる人物なのである。

そして嫁いだ相手が、小田原北条家の三代目当主となる北条氏康であった。氏康は、武田信玄や上杉謙信と互角の抗争を繰り広げ、関東の領国化をすすめて、北条家を日本でも有数の戦国大名へと成長させた存在である。それだけでなく、後世においても、領民支配にあたる「民政」に卓越した才能を示した戦国大名として知られることになる、まさに「名将」「名君」であった。瑞渓院は、氏康がまだ北条家の嫡子の立場にあった天文四年（一五三五）か五年頃に嫁いだが、氏康が北条家当主になると「御前様」の立場になり、元亀二年（一五七一）に氏康が死去した後は「大方様」として存在する。さらには、北条家が滅亡する天正十八年（一五九〇）、小田原合戦の最中に自殺を遂げることで、人生の最期を衝撃的な幕引きで閉じることになった。

瑞渓院が氏康に嫁いだ時期の直後に、関東最大の戦国大名の地位を確立し、瑞渓院が死去した小田原合戦で滅亡を遂げた北条家。よって瑞渓院は、まさにこの五〇年余にわたる、北条家の最盛期をともに生き続けた存在といってよい。そして、その最盛期が維持された背景には、氏康・氏政・氏直の当主だけでなく、氏康の子どもたちの存在があった。なかでも重要な役割を担ったのが、四代目当主の氏政をはじめ、氏照・氏規・早川殿など瑞渓院が生んだ子どもたちであった。彼らの動向は同時に、北条家の動向そのものとして表われていたのである。

具体的なことは本文で述べていくことになるが、たとえば、北条家と武田家・今川家との甲相駿三国同盟は、瑞渓院の子どもたちがいて、かつ婚姻できる年齢にあったからこそ成立しえたものであった。このように、戦国大名の政治動向は、子どもの存在とその年齢が大きな要素をなしていたのである。さらに彼らの動向は、当主の妻の子であるかどうか、すなわち嫡出か庶出かで役割が大きく異なるものとなった。戦国大名の政治動向を子細にみていけばいくほど、これら偶然ともいえる状況に大きく規定されていたことを感じずにはいられない。本書では、瑞渓院とその子どもたちの動向を中心にしながら、北条家の動向をみていくが、そのことを強く感じていただけるものと思う。

つまり本書は、戦国大名の家族の動向から、戦国大名という存在をみていこうとするものといえる。家族の存在、このことが実は大名家の動向を大きく規定していたのであった。そこで、あらためて重要なタームとして認識されることになるのが「政略結婚」である。政略結婚そのものは、何らかの組織体が存在していれば、普遍的に生じる事態であり、その歴史性をとらえようとするならば、その時代性の把握や認識が最も重要になる。本書で扱う政略結婚の事例は、まさに大規模戦国大名の成立にともなってみられたものである。

そもそも瑞渓院の婚姻自体、今川家・北条家の双方にとって、大大名の政略結婚として初めてのケースであった。そして、その子どもたちも一様に、同じような政略結婚を経験していくのである。戦国大名家同士による政略結婚には、どのような特徴が認められるのか、そのことも本書で注目しておきたい事柄となっている。政略結婚の歴史性をどのように把握していくのか、それについてはこれまで、長期的な視野にたっての充分な検討は行われていないといっていい。もとより、本書の目的はそこにあるわけではないが、本書を通じて提示した事柄は、戦国時代の中期から後期にかけての、戦国大名家の「政略結婚」における特徴として認識することができるであろう。

これまで、戦国大名を扱った著作において、家族の動向を中心にすえて戦国大名家の動向をとらえるという取り組みはなかったといってよい。たいていは、合戦や外交が視点の中心に置かれていたように思われる。だが、家族の存在に注目してみると、さらにその深奥をのぞくことができるようになると感じられる。それは、戦国大名家が大名当主の家族を中核にして形成された組織であり、それを動かしていたのが、まさしく人間であったからに他ならない。しかしながら、それらに関する部分について、これまでの研究は必ずしも充分ではない。今後においてすすめられるべき分野といえるであろう。本書がその出発点の一つとなればと思う。

第一章　実家・今川家の人びと

名家・今川家の生まれ

戦国大名家の女性をみていくうえにおいて、実家の存在はとても重要である。結婚して、婚家に身を置いたとしても、実家からは家臣が付けられ、また「化粧料《けわいりょう》」などと称された所領が与えられていて、それによって基本的な生活が維持された。彼女はあくまでも実家の人間であり、実家に支えられていることで、婚家における地位も、相対的な自立性が維持されるというかたちになっていた。

逆にいえば、実家が滅亡などしてしまうと、生活はすべて婚家に依存することになり、その政治的な地位は、婚家の扱いに決定的に委ねられるものとなった。ましてや幼少期に実家が滅亡などしてしまったら、家臣も付けられず、所領も与えられない、ということで、その立場は著しく弱く、婚家の扱いにまったく依存せざるをえないものとなった。また夫の死後、子が当主になっても幼少などの場合には、後見として事実上の主人として振る舞うことになるが、そうした場合にも、実家の存在の有無は大きかった。

たとえば、羽柴秀吉の妻・茶々（いわゆる「淀殿」）はその典型である。茶々は、幼少期に実家をなくしているため、その後の生涯は秀吉にまったく依存した。秀吉の死後は、子の秀頼が幼少のため、事実上の羽柴家の女主人として存在したが、そこではさまざまな政治判断をするにあたり、茶々自身が、「自分にはしっかりとした親もなく、（親から付けられた）相談できる家臣もいない」ことを、とても歎いているのである（拙著『羽柴家崩壊』）。実家が存在していれば、親やその親族から後見をうけることで、そうした政治判断も乗り切ることができたのであった。

もう一つ踏まえておきたい事柄が、実家と婚家との家格の違いである。実家が婚家よりも格上の場合、婚家における地位は相対的に尊重され、そこでの政治的立場も強く、やはりその自立性が維持されるものとなった。ましてや実家が主人、婚家が家来、あるいは実家が寄親《よりおや》、婚家が与力などの上下関係にあった場合には、主人同然の扱いをうけるものとなった。そのような観点に立つと、戦国女性として著名な、明智玉《たま》（いわゆる「細川ガラシャ」）の境遇の変化は著しいものであったと認識される。父明智光秀は、織田政権のもとで、婚家の長岡（のち細川）家の寄親であったが、本能寺の変後における滅亡により、実家そのものを失うこととなった。以後における立場は、一転して極めて頼りないものになってしまったのであった。

瑞渓院《ずいけいいん》は、駿河《するが》の戦国大名・今川氏親《うじちか》の娘である。今川家は、室町時代に足利氏御一家《ごいっか》の一つとして、室町幕府秩序のなかで高い政治的位置にあっただけでなく、南北朝時代以来、駿河国守護を歴任した名家であった。それだけでなく、父の氏親は、いち早く戦国大名権力を確立させ、初期の戦国大名として代表的な人物であり、駿河・遠江《とおとうみ》二ヶ国を領国とし、さらには三河経略をすすめているという、当時においては極めて大規模な領国の形成を遂げていた存在であった。

対して婚家の北条家は、実はその今川家の御一家の出身にあたった。氏親の母・北川殿《きたがわどの》は、北条家初代となる伊勢盛時《もりとき》（法名は宗瑞《そうずい》、いわゆる「北条早雲」）の姉で、宗瑞はその関係から今川氏親の後見を務めながら、自ら伊豆・相模二ヶ国を領国として戦国大名へと転身を遂げた存在であった。しかし、今川家における立場は、その一門衆にあたる「御一家」というものであった。外部の政治勢力からは、今川家とは区別された、独立した戦国大名として認識されるようになっていったが、宗瑞自身は終生、甥氏親の後見を自任していたとみられ、関東での軍事行動のかたわら、今川家の本拠・駿河国駿府《すんぷ》（静岡県静岡市）にしばしば滞在するほどであった（拙編『伊勢宗瑞』）。

北条家では、宗瑞の嫡子、すなわち二代目の氏綱《うじつな》から、実名《じつみょう》の通字《とおりじ》は「氏」になっているが、この字は今川氏親からの偏諱《へんき》と考えられる。氏綱の弟には氏時・氏広がいるが、彼らも氏親から偏諱を与えられたものととらえられる。とりわけ氏広は、駿河国衆《くにしゅう》・葛山《かずらやま》家を養子継承しており、その後も今川家の「御一家」として、基本的には駿府に出仕していた（拙著『戦国北条氏五代』)。すなわち、北条家の御一家ではなく、今川家の御一家として存在していたのである。

今川家では、氏親以降、歴代の当主の通字は「氏」であり、それを有力な御一家衆にも偏諱として与えていた。北条家も本来は、そうしたものの一つであったのである。ちなみに北条家が、今川家とまったく対等な存在になるのは、瑞渓院が北条氏康《うじやす》に嫁した直後から展開された、今川家と北条家の全面抗争である「河東《かとう》一乱」を通じてのことになる。この戦乱については、後にあらためて取り上げる。

瑞渓院が北条家に嫁いだ時、実家の今川家のほうが、明らかに婚家の北条家よりも格上であった。いわば江戸時代でいえば、徳川将軍家から御三家に嫁したような、本家から有力分家に嫁したようなものになる。そうした立場が、その後の北条家における地位や立場を、大きく規定したことはいうまでもない。その様子については、後の章で順次取り上げていくことになるが、ここではまず、実家の今川家の家族たちについて、取り上げることにしたい。実家との関係の在り方が、その後の瑞渓院の立場に大きく関係するからである。

クーデターで今川家当主となった父・今川氏親

氏親は、駿河国守護・今川義忠《よしただ》の嫡子である。母は、伊勢宗瑞の姉・北川殿で、室町幕府奉公衆・伊勢盛定《もりさだ》の娘である。伊勢氏の本宗家《ほんそうけ》は、室町幕府政所頭人《まんどころとうにん》を歴任する伊勢伊勢守家で、盛定はその娘婿になり、本宗家の有力一族として存在し、今川家への取次《とりつぎ》を務めていた。そうした関係から、娘が義忠に嫁したのであった（家永遵嗣「伊勢宗瑞（北条早雲）の出自について」拙編『伊勢宗瑞』所収）。氏親は、文明五年（一四七三）の生まれである。生年については、長く同三年とされていたが、大塚勲氏により同五年であることが明らかになっている（『戦国大名今川氏四代』）。幼名を竜王《たつおう》丸といった。

今川家は義忠の時期に、康正《こうしょう》元年（一四五五）に始まる享徳《きょうとく》の乱にともなって駿河の領国化をすすめ、応仁《おうにん》元年（一四六七）に始まる応仁の乱にともなって遠江《とおとうみ》の領国化をすすめていき、早くも戦国大名への道を歩むようになっていた。ところが、文明八年（一四七六）に遠江で戦死し、それによって家督をめぐる内乱が生じた。氏親は嫡子であったがわずか四歳にすぎず、そのため義忠の従弟にあたる有力一門の小鹿《おしか》今川範満《のりみつ》を擁立する勢力との間で争いとなり、範満側を伊豆国主の堀越公方《ほりごえくぼう》足利政知《まさとも》と相模国守護の扇谷《おうぎがやつ》上杉定正《さだまさ》が支援したため、範満が家督を継ぐことになった。それにともない氏親は、閑居に追い込まれた。ちなみにこの内乱を調停したのが、叔父の伊勢盛時（宗瑞）とする伝承があるが、盛時の年齢と動向からみて、事実とはとらえられない。

今川氏親像（増善寺蔵、写真提供：静岡市）

範満の家督継承は、後の今川家では、氏親が十五歳の成人を迎えるまでの「名代《みょうだい》」であった、ということになっているが、当時実際にそうした取り決めがされたかどうかはわからない。ただし、それから三年後の文明十一年（一四七九）に、「室町殿」足利義政から竜王丸（氏親）に、義忠の家督継承を認める御判御教書《ごはんのみぎょうしょ》が出されている（「今川家古文書写」戦今五五）。これは氏親の姻戚にあたる伊勢家の尽力によって獲得されたものと推測されているが、こうしたものを獲得したということは、氏親の側では、範満を「名代」ととらえていたことを示しているともいえよう。

同十八年に、扇谷上杉家の家宰《かさい》・太田道灌《どうかん》が、主人の上杉定正によって誅殺《ちゅうさつ》された。太田道灌は、かつて今川家の内乱において、範満支援のため、実際に駿河まで出陣してきた人物であった。すなわち、範満支持の太田道灌が死去したのである。さらに翌長享《ちょうきょう》元年（一四八七）から、関東では、山内《やまのうち》上杉家と扇谷上杉家の抗争である長享の乱が展開されることになる。

その長享元年は、氏親がちょうど十五歳を迎えた年であった。範満が「名代」であったとすれば、家督を氏親に譲り渡すべき年にあたった。しかし、すでに十年以上にわたって今川家の家督として存在してきた範満には、仮にそのような取り決めがあったとしても、それを守ることはなかったと考えられる。そうして同年十月には、京都から叔父の伊勢盛時が駿河に下ってきて、氏親支持派は蜂起し、氏親を今川家当主に擁立したとみられる（「東光寺文書」戦今六五）。そして同年十一月、範満を死去にいたらせる。これはすなわち、氏親派によるクーデターであった。盛時らは、関東で長享の乱の展開がみられそうななか、関東勢力の介入がないことを見越して決起したと思われる。

氏親はこのクーデターによって今川家当主になるが、以後においては叔父の盛時（宗瑞）が家宰的な立場について、氏親の後見として政務を展開していくことになる（「熊野夫須美神社文書」戦今六八）。氏親自身は、十九歳になった延徳《えんとく》三年（一四九一）五月まで幼名のままで（「北野社家日記」戦今七七）、さらに二十二歳の明応《めいおう》三年（一四九四）九月まで、文書発給には黒印を使用している。これはまだ元服前で、花押《かおう》を持っていなかったことをうかがわせる。当時は、元服して初めて自立した人格が認められ、花押を持つことになっていた。元服して、仮名《けみょう》五郎、実名氏親が確認されるのは、二十三歳になった同四年九月のことになる（「安西寺文書」戦今九五）。

氏親の元服は、二十二歳から二十三歳頃に行われたことになるが、これは当時の慣習からすると、あまりにも遅すぎるものとなる。ただ、残された史料をみる限りは、そのように理解せざるをえない。そこには当然、そうなる理由があったことになるが、それについてはいまだに不明である。ちなみに、元服にともなって名乗った「氏」字は、鎌倉時代における今川氏、さらにはその惣領家にあたる足利氏の通字であった。この「氏」字については、「今川記（富麓記）」（『続群書類従第二十一輯上』所収）に、伊豆国主の堀越公方足利政知が「氏満」と改名しており、その偏諱をうけたものとする伝承を記している。しかし政知

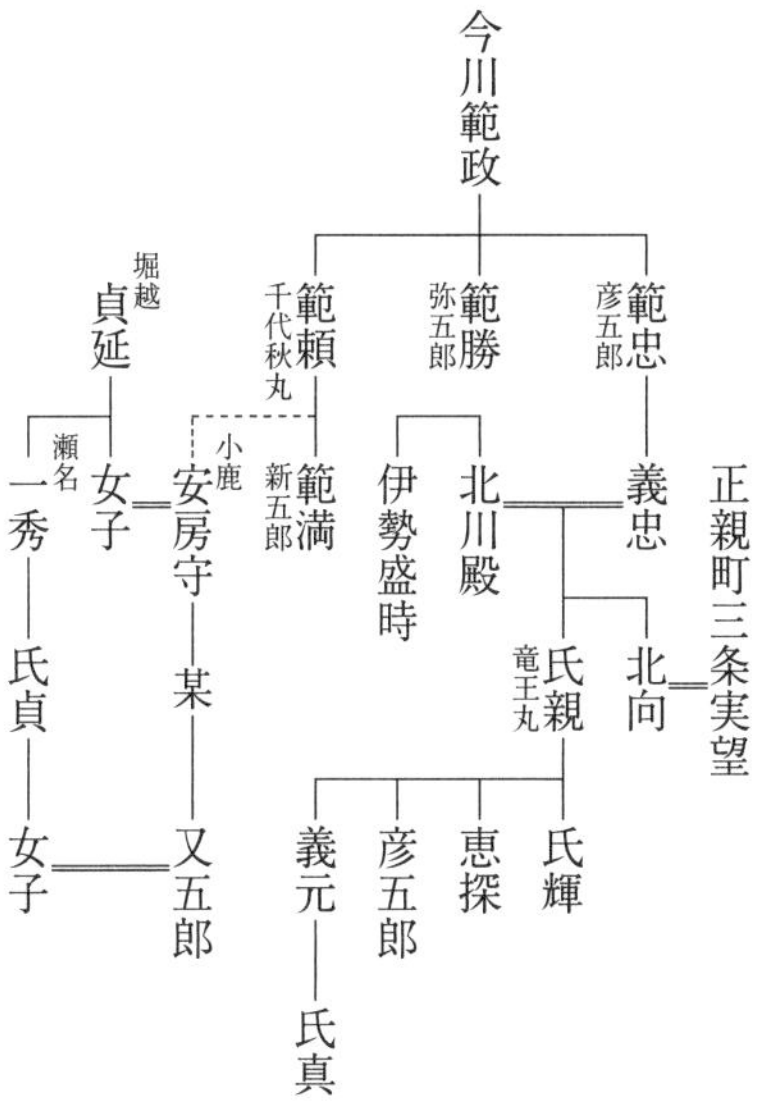

今川氏親関係系図

は、氏親の元服以前の延徳三年四月に死去しているので、時期的に合致しないから、これはあくまでも伝承にとどまるといえようか。

氏親は、明応元年（一四九二）から甲斐の内乱に介入し、同二年からは叔父宗瑞が中心になって伊豆経略がすすめられた。さらにその宗瑞を大将にして、同三年からは遠江経略を本格化させ、文亀《ぶんき》二年（一五〇二）頃には、遠江の一応の制圧を遂げている。永正《えいしょう》三年（一五〇六）からは、さらに西進して、三河経略をすすめていった。

そして、同七年もしくは同八年に、室町幕府将軍足利義尹《よしただ》（のち義稙《よしたね》）から、従四位下《じゅしいのげ》・修理大夫《しゅりのだいぶ》に叙任され、また遠江国守護職に補任《ぶにん》されている（「御内書案」戦今二一五）。すでに氏親は、家督継承以前に、駿河国守護に補任されていて、室町幕府の政治秩序のなかに正当に位置づけられていたとみられるが、ここに遠江領国化についても公認されたことになる。さらにこれにともなって、氏親は、相伴衆《しょうばんしゅう》の家格も認められたと推測される。なお、この叙任・補任の年代について、これまでは同五年とみられていたが、大塚勲氏によれば、同七年ないし同八年とみるのが妥当のようである。

永正十四年には遠江の領国化を遂げ、その後は大永《だいえい》元年（一五二一）に甲斐へ大規模に侵攻したが敗北している。同四年から病気になり、出家して法名「紹僖」を名乗っている。同六年四月十四日には、東国大名としては最初になる分国法を制定している。その分国法は

「今川仮名目録《いまがわかなもくろく》」と称され、領国支配におけるさまざまな裁定基準をまとめたもので、その内容は実に多岐にわたっているが、氏親が構築した領国支配の仕組みが、かなり整備されたものであったことをうかがわせる。

しかもその内容は、後になって、甲斐武田家の「甲州法度之次第《こうしゅうはっとのしだい》」という分国法に直接に影響を与え、また北条家にも個々の施策において多くの影響をおよぼすものとなっている。いわば氏親の領国支配は、この時代において最も先進的なものであったといえ、周囲の後発の戦国大名は、それを吸収しながら領国支配を確立させていった、という状況であった。この時期に、氏親の構築した領国支配の仕組みについては、あらためて追究していく必要があると思われる。

そして氏親は、「仮名目録」制定からわずか二ヶ月後の、大永六年（一五二六）六月二十三日に死去した。享年は五十四。

「女戦国大名」の異名で知られる母・寿桂尼

瑞渓院の母は、今川氏親の正妻であった中御門宣胤《なかみかどのぶたね》の娘である。夫氏親が死去した後は、出家して寿桂尼《じゅけいに》を称した。一般的には、この呼び名のほうが通っているといえる。また「大《おお》方様《かたさま》」「大上様《おかみさま》」などと称されて、嫡子氏輝《うじてる》を後見し、事実上の家長として、今川家の政務を総覧した。そのため現代になって、「女戦国大名」とも呼ばれることもあるが、寿桂尼の立場は、あくまでも後家役割として氏輝を後見する女家長であり、今川家の当主になったわけではなかった。瑞渓院の母が寿桂尼であることは、瑞渓院の子の北条氏規《うじのり》（氏康の四男）が、「大方（寿桂尼）の孫」（『言継卿記《ときつぐきょうき》』弘治二年〈一五五六〉十月二日条〈静二三六九〉）と称されていることによって確認できるものとなる。

父の中御門宣胤は、京都在住の公家であり、中御門家は藤原北家《ほっけ》勧修寺家《かじゅうじけ》庶流で、公家の家格では「羽林家《うりんけ》」に位置し、大納言の官職まで昇進することができる中級の公家であった。寿桂尼の生年は不明であり、氏親との婚姻時期についても明確ではない。ただ、婚姻時期については、米原正義氏によって永正二年（一五〇五）とする推定が示されていて（『戦国武士と文芸の研究』）、現在のところ、妥当と考えられている。そしてこの婚姻は、氏親の姉とその婿である、公家の正親町三条実望《おおぎまちさんじょうさねもち》夫妻の取り成しによるものであった。

生年については、久保田昌希氏は、婚姻時の年齢を十九歳から二十歳とみて、文明十八年（一四八六）から翌長享元年頃の生まれとみる推測を示している（『戦国大名今川氏と領国支配』）。これは妹の黒木の方（山科言綱《やましなときつな》妻）が長享元年（一四八七）生まれ（永禄十二年〈一五六九〉に八十三歳で死去）であることからの推定とみられ、遅くてもその一、二年前の文明

十七、八年には生まれていたと判断される。そうすると氏親と結婚した時には二十歳くらいであったと思われる。最初の男子である嫡子氏輝が永正十年（一五一三）生まれであったから、その時には二十八歳くらいであったことになる。

氏親と寿桂尼の婚姻が永正二年であったとした場合、氏親はその時すでに三十三歳になっていて、その年まで正妻を迎えていなかったことになる。さらにその子も、寿桂尼所生の子が最初であったとみられることからすると、それまでは別妻や妾もいなかったことになる。このことは少し不思議な感じもするが、やはりこれは今川家の格式の高さを示しているものと思われる。氏親の唯一の兄弟姉妹となる姉は、京都の公家に嫁いでいた。また氏親の母は、室町幕府の有力官僚の娘であった。

そうなると氏親の妻も、京都政界から迎えるのが適切と考えられていたのであろう。おそらく、領国周辺の政治勢力から妻を迎えることは、今川家の格式において考えられなかったように思われる。それとともに、正妻から嫡子が生まれる以前に、別妻や妾を持つことも制約された

寿桂尼像（正林寺蔵）

のであろう。こうした考えは、母の北川殿や、姉の正親町三条実望妻らの考えによったのかもしれない。いずれにしても氏親は、正妻をしかるべき家柄から迎え、それとの間で嫡子が生まれるまでは、別妻や妾を持つことは規制されたように思われる。正妻が嫡子を生む前に、別妻や妾から男子が誕生してしまっては、家の相続問題に関わることと認識されていたのであろう。

寿桂尼の政治行動が明確になるのは、氏親の死去直前からになる。氏親が死去する十一日前の大永六年（一五二六）六月十二日付けで、印文「氏親」を刻んだ朱印が捺された朱印状が出されているが（「七条文書」戦今三九九）、久保田氏によれば、本文は仮名交じり文であることから、実際には寿桂尼が出したものと推定されている。それまで氏親自身が用いた朱印は、印文「紹貴」のもので、印文「氏親」のものはそれ一通のみであるから、そのように考えて間違いないであろう。

そして氏親の死去にともなって、家督は嫡子の氏輝が継承したものの、氏輝はまだ十四歳で政務を執ることができなかったため、直後から寿桂尼が自らの朱印「帰《とつぐ》」を用いて、文書発給を行うのである。その状況は翌大永七年まで続くが、さらに翌年の享禄《きょうろく》元年（一五二八）になると、氏輝による文書発給が始まり、これにともなって寿桂尼の文書は出されなくなっている。氏輝は氏親死去直後には元服して、仮名五郎、実名氏輝を名乗るようになっていたらしいが、実際に政務にあたるための「判始《はんはじ》め」（花押を持つこと）は行っていなかったのかもしれない。そして十六歳になって、ようやく政務を執るようになったと考えられる。

ところが氏輝は、その年の九月までは政務にあたっていたが、十月から再び、寿桂尼が政務を執るようになっている。これはおそらく、氏輝の病気によるものと推測されている（前田利久「今川氏輝文書に関する一考察」）。そうした状況は同四年まで続き、翌年の天文元年（一五三二）になって、再び氏輝が政務を執るようになっている。そしてこれにともなって、寿桂尼が政務を執ることはなくなっている。このように寿桂尼は、当主氏輝が政務を執れない時に、それに代わって政務を執っていた。そこでは自らの朱印状によって行っていた。事実上、今川家における女主人として存在していたことを示している。

しかし、天文五年に氏輝が死去し、家督をめぐる「花蔵《はなぐら》の乱」と称される内乱が展開され、勝利した義元《よしもと》が当主となると、政治的に引退したと考えられる。居所も駿府館から出て、別屋敷に居住した。その後も発給文書を残しているものの、そのほとんどは自身や親族に関係する寺院宛のものであった。さらに、義元も死去した後になる永禄《えいろく》六年（一五六三）から同八年の間に、駿府をも出て、沓谷《くつのや》（静岡市）の竜雲寺に隠遁するようになり、以後は「竜雲寺殿」とか「沓谷の大方」などと称された。

そして、同十一年三月二十四日に同所で死去した。享年は不明だが、長享元年以前の生まれとすれば、八十代であったことになろう。ちなみに、それより九ヶ月後に、甲斐武田信玄の駿河への侵攻があり、それによって戦国大名としての今川家は滅亡することになる。武田家は侵攻に際して、寿桂尼の動向を気にかけていた様子がみられるので、隠遁したとしてもなお、寿桂尼の存在がいかに大きなものであったかがうかがわれるであろう。

瑞渓院の兄弟姉妹たち

次に、瑞渓院の兄弟姉妹についてみていくことにしたい。すなわち今川氏親の子女についてである。ところが、実はこれまでに、氏親の子女について、何人いて、どのような人であったのか、本格的な検討のもと、きちんと明らかにする研究がなされてきたとはいえないのが実情である。現在、通説的な位置にあるのは、小和田哲男氏の見解とみられる。それによると、男子は、氏輝（永正十年〈一五一三〉生まれ）・彦五郎・玄広恵探《げんこうえたん》（同十四年生まれ）・象耳泉奘《しょうにせんしょう》（同十五年生まれ）・義元（同十六年生まれ）・氏豊《うじとよ》（大永元年〈一五二一〉生まれ）の六男とし、女子は、中御門宣綱妻・北条氏康妻・瀬名氏俊《うじとし》（貞綱《さだつな》）妻・関口氏広《うじひろ》妻・小笠原春茂《はるしげ》妻・牟礼郷右衛門《むれごうえもん》妻・鵜殿長持《うどのながもち》妻の七女としている。

まず男子についてみると、それらのうち象耳泉奘と氏豊について、当時の史料、あるいは信頼性の高い系図史料に、氏親の子とはみえていない。泉奘については、今川氏の出身であることは確かなようであるが、それが今川宗家の出身とは限らない。氏豊については、江戸時代成立の「明良洪範《めいりょうこうはん》」にみえる記載によっているにすぎない（小和田哲男「花倉の乱の再検討」同著『今川氏の研究』）。それらをめぐる状況からみても、氏親の子とみるのは難しいと思われる。そうすると氏親の男子は、氏輝・彦五郎・恵探・義元の四人とみるのが妥当と考えられる。

次いで女子についてみると、江戸時代成立の系図史料のうち、最も古いのが『寛永諸家系図伝』所収今川系図であるが、そこには中御門宣綱妻・北条氏康妻の二人しかあげられていない。瀬名氏俊（貞綱）妻については、『寛永諸家系図伝』所収瀬名系図の氏俊の部分に、妻が「今川義元妹」であることが記されている。ちなみに瀬名「氏俊」の名は、当時の史料では確認されず、それに該当するのは正しくは「貞綱」である。

ところが、江戸時代成立の「今川家譜」「今川記」（『続群書類従第二十一輯上』所収）では、氏親の娘は三人として、北条氏康妻・関口刑部大輔《ぎょうぶのたいふ》氏広妻・牟礼郷右衛門妻をあげている。関口妻・牟礼妻を氏親の娘とみるのは、これに基づくものである。ちなみに、関口「氏広」について『寛永諸家系図伝』所収瀬名系図では、官途名が「刑部少輔《ぎょうぶのしょう》」、実名が「義広」と記されている。ただし当時の史料で、官途名《かんと》・実名ともに明記した史料は残されてはいない。

（略）——氏親 法名紹禧修理大夫 彦五郎

- 氏輝 法名用山 嫡子
- 女子 嫡女吉良妻
- 女子 中御門妻
- 花蔵 二男
- 彦五郎 法名着阿弥
- 女子 北条新九郎妻
- 義元 治部大夫 ——氏真
- 女子 貞綱妻

今川家系図（「土佐国蠧簡集残篇四」所収）

またそこには、妻が氏親の娘という記載はみられない。実は彼は、瀬名貞綱の実弟にあたっていた。「今川家譜」などには、瀬名貞綱妻については記されていないので、それと混同された可能性が高いであろう。

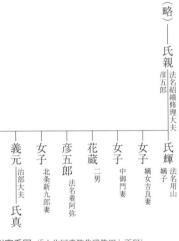

　また小笠原春茂妻・鵜殿長持妻については、いずれも『寛政重修諸家譜』所収系図などによるとみられるが、それらの情報は、それよりも古い『寛永諸家系図伝』などにはみえていないので、その間の創作とみなされるものとなる。そうすると、それらのなかで確実なのは、中御門宣綱妻・北条氏康妻・瀬名貞綱妻の三人ということになろう。

　今川家の系譜関係について明らかにすることは、今川家が戦国時代のなかで滅亡してしまっているため、関係史料が少なく、難しい部分がある。しかしそうしたなかで、戦国時代のうちに成立した系図史料とみなされるものに、「土佐国蠧簡集《とさのくにとかんしゅう》残篇四」所収今川系図がある。この系図は、遠江今川氏嫡流の瀬名家・堀越《ほりこし》家と、駿河今川家の系譜を中心にしたものであるが、瀬名家についてはその一世代前の氏延の代まで、堀越家については貞綱の代まで、駿河今川家については氏輝・義元の代までしか記されていない。

さらにその注記内容によって、およその成立年代をうかがうことができる。氏輝・彦五郎については法名を記しているが、義元については単に「治部大夫《じぶのたいふ》（治部大輔）」と官途を記しているだけなので、その成立は、義元が家督を継いで以降、その生前期のことと推定される。さらに瑞渓院について、「北条新九郎妻」と注記があり、これは氏康が官途「左京大夫」を称する以前にあたっている。氏康が、仮名新九郎から官途名左京大夫に改称するのは、天文二十年暮れ頃のことであった（拙著『戦国北条氏五代』）。そうすると同史料は、義元が家督を継承してから、氏康が官途名に改称するまでの間のものとなり、まさに同時代成立の史料とみなされるものとなる。

その系図には、氏親の子女については、記載順に、氏輝（法名用山・嫡子）・女子（嫡女・吉良妻）・女子（中御門妻）・花蔵（二男）・彦五郎（法名着阿弥）・女子（北条新九郎妻）・義元（治部大夫）・女子（貞綱妻）となっている。これによれば、氏親の男子は、氏輝・恵探・彦五郎・義元の四人、女子は、吉良妻・中御門宣綱妻・北条氏康妻・瀬名貞綱妻の四人であったことが確認できる。すなわちこれによって、これら四男四女が、氏親の子女として確定できることになる。

さらに興味深いのは、それらの記載順であり、また長女としてあげられている吉良妻に「嫡女」の注記があることであろう。筆頭に記されているのは嫡子の氏輝であるが、彼女がその妹であれば、わざわざ「嫡女」を注記する必要はないと考えられる。そうするとこれは、出生の順番では、吉良妻のほうが早かったが、氏輝は嫡子であったため、筆頭に記されたととらえるのが妥当と思われる。

これらのことからすると、ここでの記載順は、基本的には出生順であったとみてよいと考えられる。通常の系図の場合、先に男子が記され、次に女子が記されるという在り方がとられるが、ここでの記載はそうではなく、男子と女子が入り交じっての記載になっている。そうしたある意味で特異な記載順から考えても、それらは出生順に従って記載したものととらえるのが妥当であろう。

ここで瑞渓院にとって、重要な事実がわかることになる。瑞渓院は、今川義元にとっては姉にあたり、義元よりも年長であったということである。家族との関係を考える場合、どちらが長幼なのかは極めて重要な要素となる。瑞渓院が義元の姉であったことは、その後における両者の関係、すなわち今川家と北条家の関係をみていくにあたって、十分に考慮しておくべきものとなる。以下では、それら兄弟姉妹について、先の史料における記載順に、個々にみていくことにしたい。

寿桂尼を生母とする「嫡女」の長姉・吉良義堯妻

吉良義堯妻の存在については、小和田氏などによっては触れられてこなかったが、すでに大塚氏が、先の系図史料に基づいて、その存在を指摘している。また、系図には単に「吉良妻」としか記されていないが、世代などから吉良嫡流家の西条《さいじょう》吉良義堯の妻であることが指摘されている。さらに大塚氏は、吉良義堯の推定生年（永正三年〈一五〇六〉頃）などから、その妻は氏輝よりも年長であったとの推測を示している（「今川義元の三河西条城接収」同著『今川氏と遠江・駿河の中世』）。いずれも妥当と考えられる。

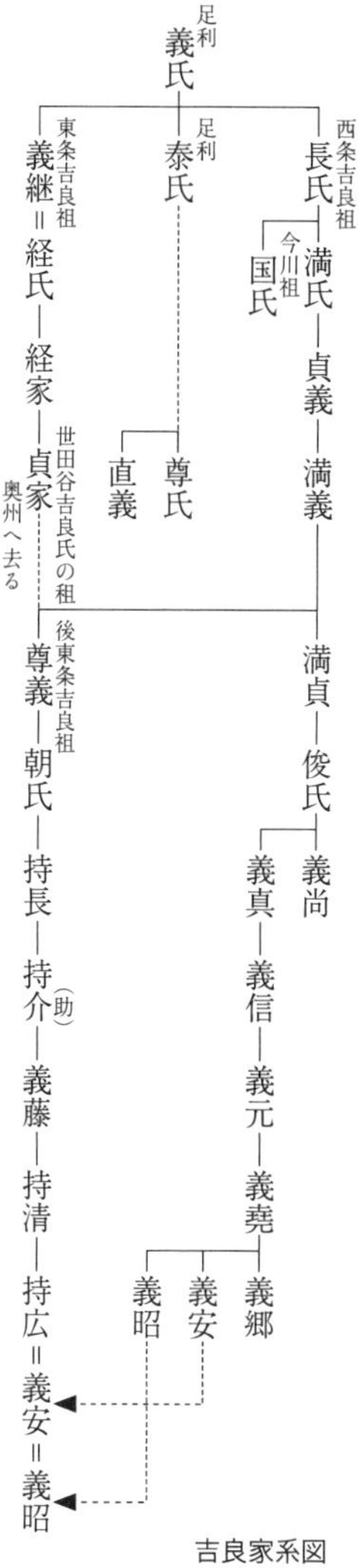

吉良家系図

とりわけ系図には、わざわざ「嫡女」と記されていることが注意される。ここには二つの意味を読み取ることができるであろう。一つは、単に長女というのではなく、嫡出の長女という意味である。このことから彼女の生母は、寿桂尼とみてよいと考えられる。もう一つは、氏輝に「嫡子」と記しているにもかかわらず、「嫡女」とあることから、氏輝よりも年長で、氏親の子女としては最初の子であったという意味である。生年については不明であるが、そのことを踏まえると、氏親と寿桂尼が婚姻した永正二年からしばらくのうちの生まれであったと推測される。およそ永正三年から同八年頃あたりのことではなかったかと思われる。

嫁ぎ先の吉良家は、足利氏御一家の一つであったが、その筆頭に位置するもので、今川家にとっては本流筋にあたる家系であった。戦国時代になってからも在京を基本としていたが、永正期後半頃から本領の三河国吉良庄（愛知県吉良町・西尾市）に在国し、嫡流家は西条城（西尾市）を本拠にしたため、西条吉良家と称されている。義尭はその当主で、永正十六年に元服したとみられていて、享禄・天文《てんぶん》期頃の活躍とみなされる。吉良家は遠江国浜松庄（静岡県浜松市）を所領としていたため、今川家が同国の領国化を遂げた永正十四年頃から、吉良家と親密な関係を築いたものであろう。享禄期（一五二八～三二）には、両家の親密な関係が確認されるというから（谷口雄太「戦国期における三河吉良氏の動向」）、婚姻もその頃に行われた可能性が高いであろう。

氏親の長女が、今川家の本流筋であり、かつ足利氏御一家の筆頭である吉良家に嫁いでいることは重要である。今川家にとって吉良家は格上の存在であり、そうであるがゆえに長女が嫁したと考えられる。実際の権力関係では、今川家は吉良家の所領浜松庄が存する遠江を領国化しており、さらには三河の領国化をすすめていたように、吉良家は今川家に従う関係になるが、家格では吉良家のほうが格上であることから、婚姻関係を結ぶことで権力的な上下関係を曖昧にし、良好な関係構築が図られたものと考えられる。

しかし天文期後半頃から、三河領有をめぐる今川家と尾張織田家の抗争が激しくなっていくなか、同十八年に吉良家は今川家から離叛し、そのため今川家は西条城を攻撃し、屈服させている。この時の当主はすでに義堯ではなく、庶出の次男義安《よしやす》（天文五年生まれ）であったらしい。ただしこの頃の吉良家の動向は、まだ十分には明らかにされていないようなので、義堯とその妻の詳しい動向については、今後の研究の進展を俟ちたい。ちなみに義堯妻については、没年は不明らしいが、法名は徳蔵院殿芳山春公大姉といった（大塚勲『戦国大名今川氏四代』）。

「嫡子」でありながら早逝した長兄・今川氏輝

今川氏輝は氏親の嫡子であるから、母は寿桂尼であったとみてよいであろう。氏輝の生年を示す当時の史料は確認されていないようで、わずかに「今川記」所収系図に「天文五年〈一五三六〉早世、廿四才」とあることをもって、永正十年生まれととらえられている。同系図の記載がどこまで信用できるかには不安もあるが、氏親の生年は正しく文明五年（一四七三）とされており、また弟義元の生年については、通説よりも一年早い永正十五年とされているだけであるから、基本的には信用してよいと考えられる。

幼名・仮名ともに父氏親のそれを襲名し、幼名竜王丸・仮名五郎を称した。大永六年（一五二六）六月に父氏親が死去した際は、まだ十四歳であったから、おそらくその直後に元服したと推測され、直後に執行された氏親の葬儀では、寿桂尼（「御前様」）に続いて「今川氏輝」の名でみえている。しかし、まだ「判始め」以前であったためか、先に寿桂尼のところで述べたように、その直後から翌大永七年までは、寿桂尼が自らの朱印状で文書を発給し、政務にあたっていた。十六歳となった翌享禄元年（一五二八）から、氏輝は自ら発給文書を出して政務を執るが、同年十月から同四年まで、再び寿桂尼に政務を交替している。これは氏輝が、長期にわたって病気にかかっていたためと推測されている。

ところが天文元年（一五三二）からは、再び政務を執るようになり、同四年には甲斐に出陣しており、軍事行動を展開するまでになっている。翌天文五年二月に北条家の本拠・相模小田原城（神奈川県小田原市）を訪問しているが（「為和集」静一三六四）、これは後にも述べるように、妹・瑞渓院が北条氏康と婚姻したことをうけてのことと思われる。その後、駿府への帰途につくが、病気になったらしく、同年三月十七日、弟彦五郎と同時に死去してしまった（「快元僧都記」『戦国遺文後北条氏編補遺編』所収など）。

今川氏輝像（臨済寺蔵）

なお、氏輝の妻についてはまったく所伝がないので、氏輝はまだ婚姻していなかったとみられる。今川家の当主として、しかるべき家から迎えなくてはならなかったであろうから、いまだ適当な相手が決まらなかったためとみられよう。しかしこうしたところに、あまりにも高すぎる今川家の家格の不都合さがあらわれているといえるであろう。結局、氏輝には子がなく、後継のスペアとしていた弟彦五郎も死去してしまったために、その家督をめぐって、残された二人の弟の間で、「花蔵の乱」と称される内乱が展開されるのである。

寿桂尼の実家当主に嫁いだ次姉・中御門宣綱妻

中御門宣綱妻は氏親の次女とみられる。婚姻相手の中御門宣綱は、いうまでもなく寿桂尼の実家の当主で、寿桂尼の兄の中御門宣秀（文明元年〈一四六九〉生まれ、享禄四年〈一五三一〉死去、六十三歳）の嫡子である。寿桂尼には甥にあたり、永正八年（一五一一）の生まれである。次女は、寿桂尼の実家の当主に嫁いでいることから考えて、寿桂尼の実子とみてよいと考えられる。『言継卿記』には「中御門女中」というかたちで、盛んに登場している。

生年については不明であるが、夫の宣綱と同じくらいか、それよりも年少とみるのが自然であろう。そうすると、氏輝が永正十年生まれであることからすると、宣綱と同じくらいとすれば同八年の生まれになり（その場合には姉の吉良義堯妻は、さらにその二年前くらいの同六年の生まれと推測されることになる）、氏輝よりも年少とすれば、同十二年頃の生まれと推測されるであろう。

どちらが妥当なのか、すぐには判断できない。もっとも弘治二年（一五五六）の時点で一

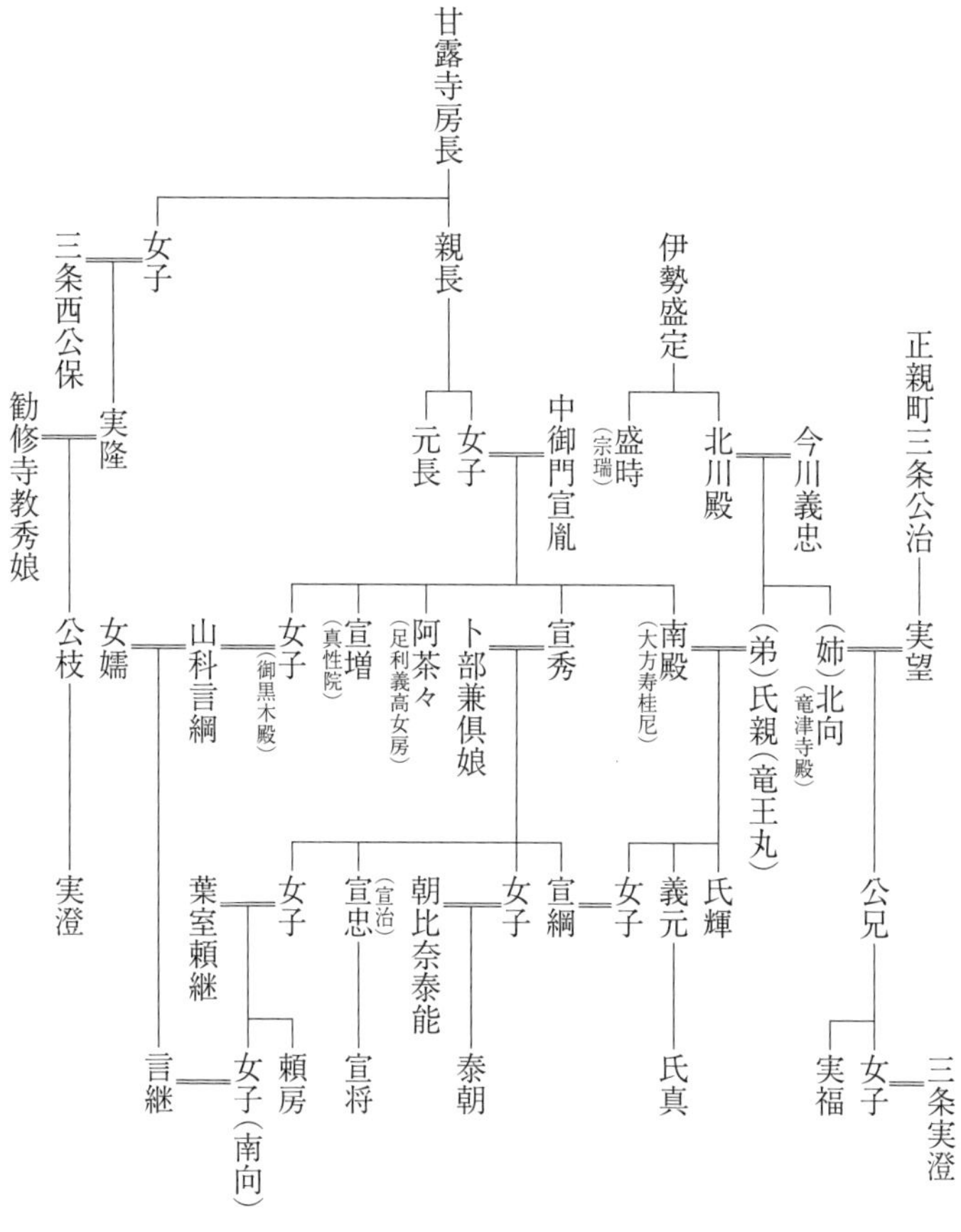
甘露寺房長
女子
三条西公保
親長
伊勢盛定
正親町三条公治
勧修寺教秀娘
実隆
元長
女子
中御門宣胤
盛時
（宗瑞）
北川殿
今川義忠
公枝
女嬬
山科言綱
女子
（御黒木殿）
宣増
（真性院）
阿茶々
（足利義高女房）
卜部兼倶娘
宣秀
南殿
（大方寿桂尼）
（弟）氏親（竜王丸）
（姉）北向
（竜津寺殿）
実望
実澄
葉室頼継
女子
宣忠
（宣治）
朝比奈泰能
女子
宣綱
女子
義元
氏輝
公兄
言継
女子（南向）
頼房
宣将
泰朝
氏真
実福
女子
三条実澄

中御門家関係系図

男一女があり、そのうち娘は「中御門姫御料人《ごりようにん》」とみえていて未婚であったらしいので（『言継卿記』同年十月二十三日条〈静二二三九四〉）、この時に二十歳とみても天文六年（一五三七）生まれとなり、宣綱妻がその娘を二十歳で生んだとみると、宣綱妻の生年は永正十五年（一五一八）となる。そうすると氏輝よりも年少とみたほうが妥当と思われる。ここではとりあえず、同十二年頃の生まれとみておきたい。婚姻時期についても不明であるが、年齢的なことから推測すれば、およそ享禄期（一五二八～三二）から天文初期頃のことであったと思われる。あるいは大永七年（一五二七）に、宣綱は父宣秀とともに京都から駿河に下向しているることからすると、この下向は婚姻と関係したものであったかもしれない。

宣綱は、しばしば駿府に下向しており、山科言継《やましなときつぐ》が弘治二年に駿府に下向した際にも、家族ともども駿府で生活していた。その後も駿府での生活を続けたとみられ、永禄十一年（一五六八）の甲斐武田信玄の駿河侵攻の際も、今川家当主氏真《うじざね》（義元の子）に従って遠江懸河《かけがわ》城（静岡県掛川市）に逃亡し、翌同十二年四月に同地で死去したとされている。妻の氏親次女はその後は氏真に従って、北条家のもとに身を寄せて、元亀《げんき》二年（一五七一）八月九日には、氏真とともに相模早河《はやかわ》（小田原市）に在所していることが確認される（『言継卿記』同日条）。

足利氏に倣って出家した次兄・「花蔵殿」玄広恵探

玄広恵探は先の系図（三四頁）に「二男」とあることからも、氏親の次男とみなされる。生年については、「今川系図」（『群書系図部集第二』所収）に、天文五年（一五三六）に「駿州花倉において討死、二十歳」とあることをもとに、永正十四年（一五一七）ととらえられている。これも系図史料のみにみえているものとなるが、同系図に記載されている義元やその子氏真の享年については、他の史料とも合致していることから、基本的には信用してよいと考えられる。そうであれば恵探は、氏輝よりも四歳年少で、義元よりも二歳年長であったことになる。ただし、そのあとの弟妹の出生状況を考えると、もう少し生まれは早かったようにも感じられる。

母については、氏親の子女のなかでは唯一、寿桂尼以外とする所伝がみられていて、先の「今川系図」には「母福島《くしまあ》安房守《わのかみ》女」とある。これに対して「今川家譜」「今川記」では、「福島左衛門尉《さえもんのじょう》の娘」とされている。このうち福島安房守については、当時の史料にはみられていないため、この安房守と左衛門尉が、同じ人物を指しているのかどうかも定かではない。しかし左衛門尉については、文亀期（一五〇一～〇四）から永正前期における宿老の代表的な人物として、福島左衛門尉助春が存在している。そのため小和田氏は、恵探の母をこの福島助春の娘と推定している（「今川氏重臣福島氏の研究」同著『今川氏家臣団の研究』）。世代的にもその娘が氏親の別妻もしくは妾になることは可能である。

有力宿老の娘が別妻もしくは妾になっていることからすると、そこには政治的判断が入っていると考えるのが自然と思われる。今川家の家格を考えれば、別妻ないし妾でも、一定の家格にあるところから迎えざるをえなかったと思われるからである。そのような判断のもと、有力宿老の福島家の娘が、氏親の妾とされたのであろうと思われる。

では、それまで氏親には妾の存在がみられなかったにもかかわらず、なぜこの段階で妾を持つことになったのであろうか。恵探が生まれた時、氏親はすでに四十五歳になっていた。しかし、男子は嫡子氏輝の一人だけしか存在していなかった。今後の今川家の存続を考えた場合に、まずは当主の後継候補を確保しておく必要があったと思われる。おそらくそのような観点から、氏輝以外の男子を一刻も早く確保するために、妾を迎えることにしたのであろう。

そして、たとえ妾であったとしても、そこには正妻の寿桂尼の了解、ないしは斡旋が存在したと考えられる。正妻の承認のない妾であった場合、生まれた子は実子の認定をうけることは難しかった。たとえば、徳川家康にとっての次男松平秀康や、徳川秀忠にとっての四男保科《ほしな》正之の場合はよく知られた事例であろう。秀康の場合は、兄松平信康の取り成しによって家康から実子の承認をうけ、正之の場合も、兄徳川家光の取り成しによって、ようやく実子の承認をうけているのである。

恵探の場合についてみてみると、氏親が死去した後に行われた葬儀に、「花蔵之御曹司」とあり、それに参列しているだけでなく、「御曹司」とあって、氏親の子として扱われていることがわかる。このことから福島助春娘を妾にすること、その間に生まれた恵探を氏親の子として認めることなどは、すべて正妻である寿桂尼が承認していたことであったと考えられる。

また恵探は、「花蔵之御曹司」と呼ばれているように、駿河国志太《しだ》郡花蔵（花倉）の遍照光寺（静岡県藤枝市）の住持になっていた。氏親死去時にはそのように呼ばれているから、いうまでもなくそこへの入寺は、氏親生前のことになる。当初、恵探の誕生は、兄氏輝の後継確保、すなわち後継者のスペアの確保のためであったと思われる。その恵探が出家させられているということは、恵探にそうした役割を担わせる必要がなくなったためと考えられ、それはおそらく弟彦五郎の誕生によると考えられる。後継者のスペアは彦五郎が担うことになったため、恵探は出家することになったのであろう。

ところが、他の戦国大名家の場合をみてみると、嫡子やそのスペア以外に男子があった場合に、出家させてしまうということはほとんどみられない。隣国の相模北条家や甲斐武田家においても、基本的には俗人のまま成長し、本家を支える分家として、当主の代行を果たすことができる一門衆として、当主を支える役割を果たしていくのが一般的な在り方であった、とみることができる。ところが氏親はそうではなく、庶子をすべて寺院に入れるという方法をとっている。寺院に入れたのは恵探だけでなく、末子の義元もそうであったから、これは明確な方針であったと認識できる。

　このことについては、これまでの今川氏研究でも問題にされてきている。その理由について、一つには、これまでの今川氏の歴史のなかで、氏親の時と、それ以前の氏親の祖父範忠の時との、二度にわたる後継者をめぐる大きな内乱の経験から、そうした事態を避けるため、ということが考えられている（小和田哲男『今川義元』など）。もう一つには、当時においてはいまだ寺院勢力が大きな政治力を有していたため、それとの一体化をすすめるため、という考えも出されている（有光友学『今川義元』）。

　そのように、後継者以外の庶子を寺院に入れるという方法をとっていたものとして、すぐに想起されるのは足利氏である。室町将軍家だけでなく、鎌倉公方《かまくらくぼう》家も同様であったし、さらにその後継にあたる古河公方《こがくぼう》家や堀越公方《ほりごえくぼう》家も同様であった。氏親の時代には堀越公方家は滅亡したが、室町将軍家と古河公方家は、依然として同じ方法を採っていた。こうした状況をみると、氏親は、足利氏の方法を真似たとしか考えられない。

それについては、すでに小和田氏も注目しているが、その理由は内乱を避けるためとの理解にあるようである。しかし、それだけであったろうか。客観的には一つの戦国大名家にすぎなかった今川家が、なぜ本宗家にあたる足利氏と同じ方法を採ったのかと問えば、氏親の足利氏御一家としての強い意識と、周囲の政治勢力のなかでの卓越した政治的地位の自任、といったことが想定できるように思う。つまり、当主が卓越した地位にあることにより、庶子といえどもそれとの間には、決定的ともいうべき身分の差を設けざるをえなかったためと思われる。このことは戦国時代における今川家の存在をどのように把握するのか、という重大な問題に関わると思われるが、ここはそれについて述べる場ではないので、これ以上深く入り込むことは避ける。だが、少なくとも氏親は、今川家の存在を、周辺地域のなかでは足利氏に相当するような立場にあると自任していたように思われる。

恵探が遍照光寺に入寺した時期はあきらかではないが、おそらく弟彦五郎が生まれてからほどないうちに、同寺に入寺したものと思われる。父氏親が死去した時には、まだ十歳にすぎなかったが、その時には同寺に入寺していたのだから、かなりの幼少期のことであったことは間違いない。兄氏輝・弟彦五郎が健在であるうちは、何事もなく過ごすことになっていたであろうが、天文五年三月十七日に、その二人が同時に死去したため、恵探はその家督をめぐって、弟義元と抗争して「花蔵の乱」を展開するのである。この乱については、後の章で取り上げる。

嫡出の「次男」だった三兄・今川彦五郎

彦五郎は先の系図（三四頁）には、「二男」とある恵探に次いで記されているので、氏親の三男とみなされる。成人後の政治的地位は、兄氏輝に準じたものとされていること、死後にその菩提を寿桂尼によって弔われていることからみて、母は寿桂尼であったと考えられるであろう。したがって彦五郎は、嫡出の「次男」であったとみなされる。

また、今川家において仮名彦五郎は、嫡子が称する五郎に準じたもので、実際にも氏親の祖父範忠は、嫡子の時からこの仮名を称していた。この彦五郎という仮名を称していることからみても、彼が氏輝の後継候補に位置づけられていたことがうかがわれる。なお、彦五郎の動向については、死去の直前からしかみられていない。先に氏輝のところで述べたように、天文五年（一五三六）三月十七日に、兄氏輝と同時に死去した。そのあたりの事情については、後の章で取り上げることにする。

彼についても生年は不明であるが、兄恵探が永正十四年（一五一七）生まれであることをもとにすれば、早くても同年の生まれであったことになる。仮に同じ年の出生であったとした場合、庶出の恵探が次男とされ、嫡出の彦五郎が三男とされているということであれば、二人の誕生の時期は大きくずれていたのかもしれない。ちなみに、大永六年（一五二六）七月の氏親の葬儀には参加していない。このことから、彦五郎を義元よりも弟と推測する見解もあるが、彦五郎はまだ元服前の幼少（十歳くらい）であり、かつ恵探や義元のように何ら公的な立場になかった。そのために参加者として記載されなかったとみられる。

ところで、彦五郎の生年が何年かという推定は、本書の主人公となる瑞渓院の生年を推測するうえで重要な前提をなす。というのは、永正十四年生まれの恵探と、同十六年生まれの義元の間に、この彦五郎をはじめ、瑞渓院、それに末娘となる瀬名貞綱妻の三人が生まれていることになるからである。ちなみに瀬名貞綱妻について、先の系図では義元の妹として記載されているが、当時の史料では「太守《たいしゅ》（義元）の姉」と記されていることから、実際には義元よりも年長であったらしいのである。具体的なことは次のところで述べるが、いずれにしても彦五郎・瑞渓院・瀬名貞綱妻の三人が、義元よりも年長であったことは間違いないと考えられる。

そうすると、どのようなことが考えられるであろうか。

彦五郎以下の四人すべてが寿桂尼の実子とした場合、寿桂尼は永正十四年から同十六年までのまる三年の間に、立て続けに四人の子を生んだことになる。まったくありえないことではないかもしれないが、現実的にはかなり難しいであろう。またそのなかに双子がいた場合もあったかもしれないが、やはり現実的には難しいように思われる。

そこで考えられることは、そのなかの何人かは、実際には寿桂尼の実子ではなく、庶出であった、ということにならざるをえない。それら四人のうちで、確実に寿桂尼の実子であったととらえられるのは、まず瑞渓院である。その子氏規について「大方の孫」と記されているので(『言継卿記』弘治二年十月二日条〈静二三六九〉)、これは確かと考えられる。次に瀬名貞綱妻である。「瀬名殿女中」について「大方(寿桂尼)女」と記されているから(『言継卿記』弘治三年二月二日条〈静二五〇九〉)、これも確かとみられる。あとは推測にならざるをえないが、彦五郎も寿桂尼の実子とみてよいと考えられる。それは氏輝に準じる地位を与えられていて、後継者のスペアの役割にあったからである。

そうなると残りの義元が、実際には庶出であった可能性がでてくることになる。しかしながら義元は、すべての系図史料で母は寿桂尼とされていることと、氏親の葬儀において、年少であったにもかかわらず、明確に庶出であった恵探よりも、上位に位置づけられていることから、これも寿桂尼の実子とみてよいようにも思われる。

これらのことは極めて難題といわざるをえない。ただし、そもそも氏輝・恵探・義元などの生年は、すべて当時の史料によったものではなく、あくまでも後世に編纂された系図史料などによったものとなっている。その意味では、決して確実なものということはできない。とはいえ、ここでの一歳の違いは、問題を解くにあたって極めて重要な前提を構築するものとなる。今後において、それらの生年を推定するための確実な史料が出現することを期待するしかないが、現段階では、それらの所伝をもとに考えていくしかないのである。

前提として彦五郎の生年は、永正十四年とみざるをえない。そうすると、恵探は同年の早い時期に生まれ、その後しばらくして彦五郎が生まれた、ということになる。そして翌同十五年には、瑞渓院が生まれたとみなされ、しかもそれは、同年の後半になってからのことになろう。さらに、翌同十六年には瀬名貞綱妻が生まれたということになり、それと同年に義元が生まれることになる。前年に瑞渓院が生まれ、同年に瀬名貞綱妻が生まれていることからすると、義元は庶出とみざるをえないように思われる。しかし、そうだとしても寿桂尼は、永正十四年から同十六年までの三年間に、立て続けに三人の子を生んだことになる。

今川家御一家衆の名家に嫁いだ妹・瀬名貞綱妻

瀬名貞綱妻は氏親の四女で末娘にあたる。先の系図（三四頁）では、氏親の末子として、

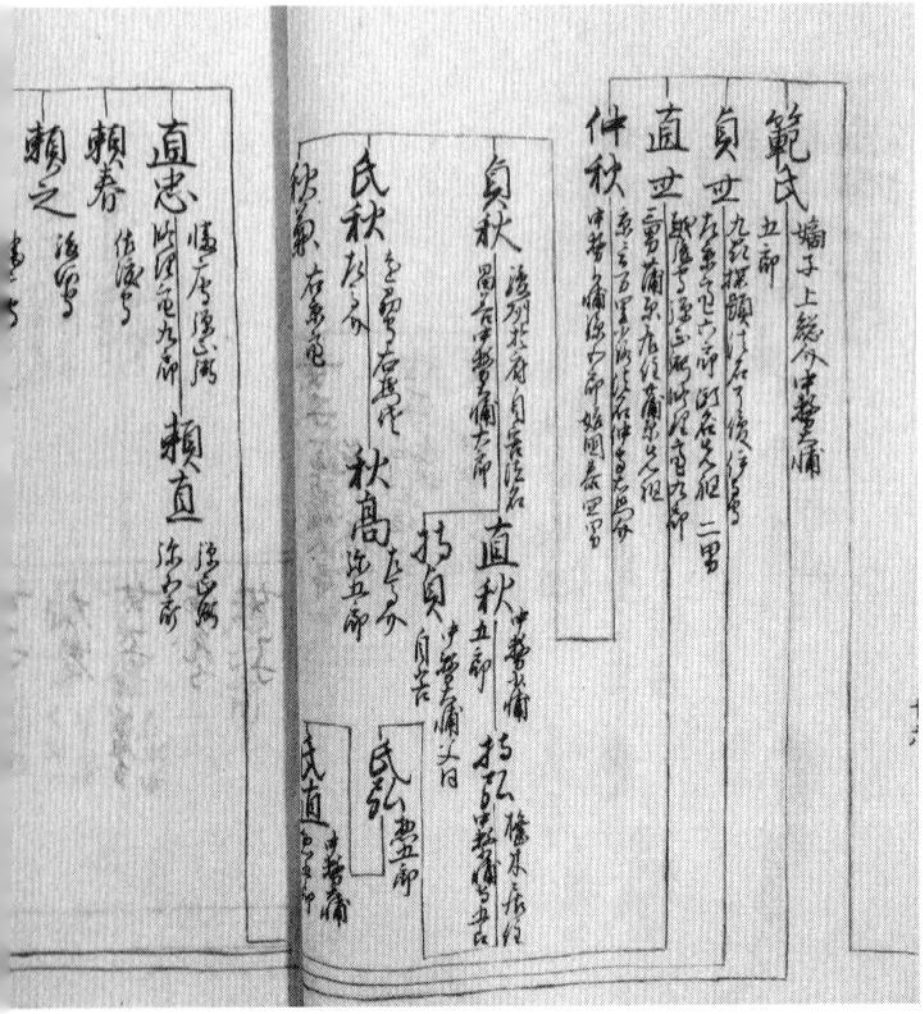

（略）――貞延　奥陸守　六郎

- 一秀　号瀬名
  - 氏貞　奥陸守　源五郎
    - 貞綱　左衛門助　源五郎
    - 助五郎　刑部少輔　号関口
    - 女子　房州孫　又五郎妻
    - 女子　三浦一右衛門妻
    - 女子
  - 女子　甲州大井　次郎妻
  - 氏達　左京亮　孫五郎
  - 女子　大沢妻
  - 元源　小坂安養寺
- 貞基　見付府住　別腹
  - 氏延　見付府住　源六郎
  - 貞朝　にて造意生涯　新六郎
  - 女子　氏貞妻
  - 大岩
  - 女子　号心省寺
  - 海蔵寺
  - 女子
  - 惣六郎
- 女子　安房守妻　同
- 女子　関口刑部少輔妻　同

瀬名家系図（「土佐国蠹簡集残篇四」所収）

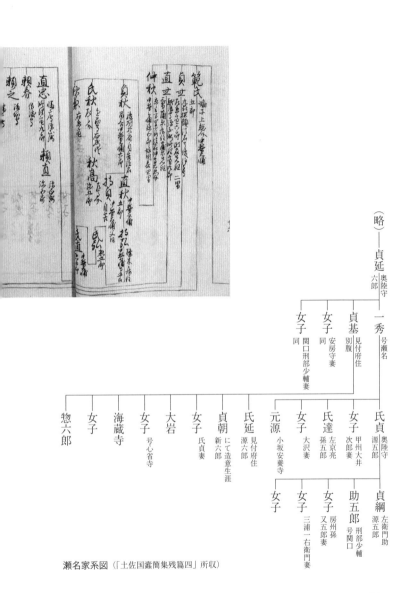

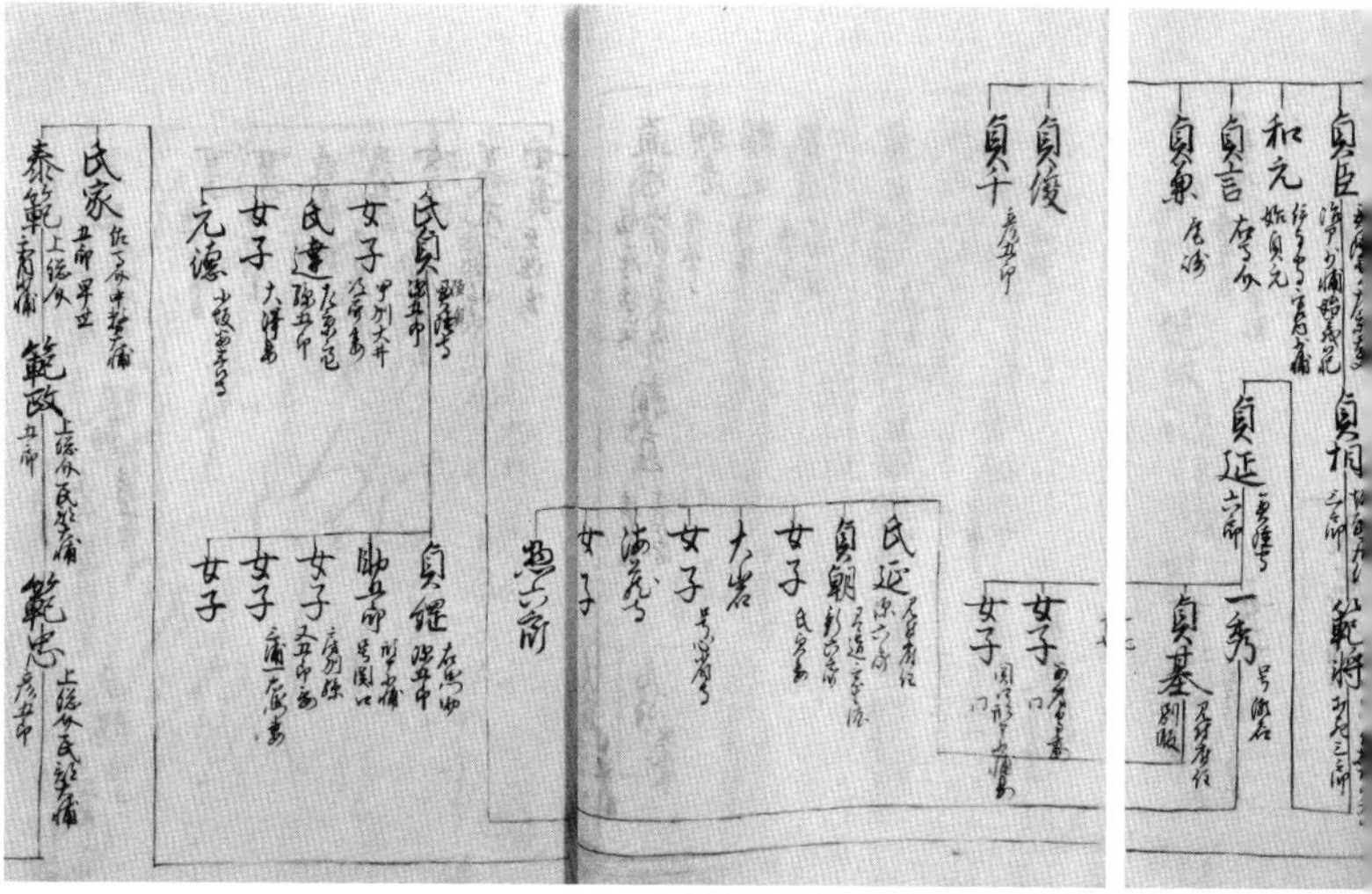

瀬名家系図写（国立公文書館蔵「土佐国蠹簡集残篇四」所収）

すなわち義元の妹の位置に記載されているが、『言継卿記』弘治二年（一五五六）十一月二十八日条（静三―二四三四）には、「瀬名殿（貞綱）女中」とあって、「太守（義元）の姉、中御門（宣綱）女中妹」と記されていることから、次女の中御門宣綱妻の妹にあたるとともに、四男義元には姉にあたっていたことがわかる。したがって生年は、義元の生年とされている永正十六年（一五一九）以前のことであったことになる。そして先にも触れたが、「大方（寿桂尼）女」とあるので、寿桂尼の実子とみなされる。

嫁ぎ先の瀬名家は、今川家御一家衆の二番目に位置する名家になる。今川家の御一家衆としては、北条家の関係者を除けば、筆頭が小鹿家、二番目が瀬名家、三番目が関口家、四番目が新野家などであった。小鹿家は、氏親と家督を争った小鹿今川範満の子孫にあたり、これのみが駿河今川氏の一族になる。瀬名家以下は、遠江今川氏の家系にあたり、その嫡流に位置したのが瀬名家であり、そのため小鹿家に次ぐ地位を与えられていたと考えられる。この瀬名家は、氏親の時に、瀬名家初代となる瀬名陸奥守一秀《いっしゅう》が、遠江から駿府に移住して今川家に仕えて、駿河瀬名郷（静岡市）を所領として与えられたことに始まった家となる。

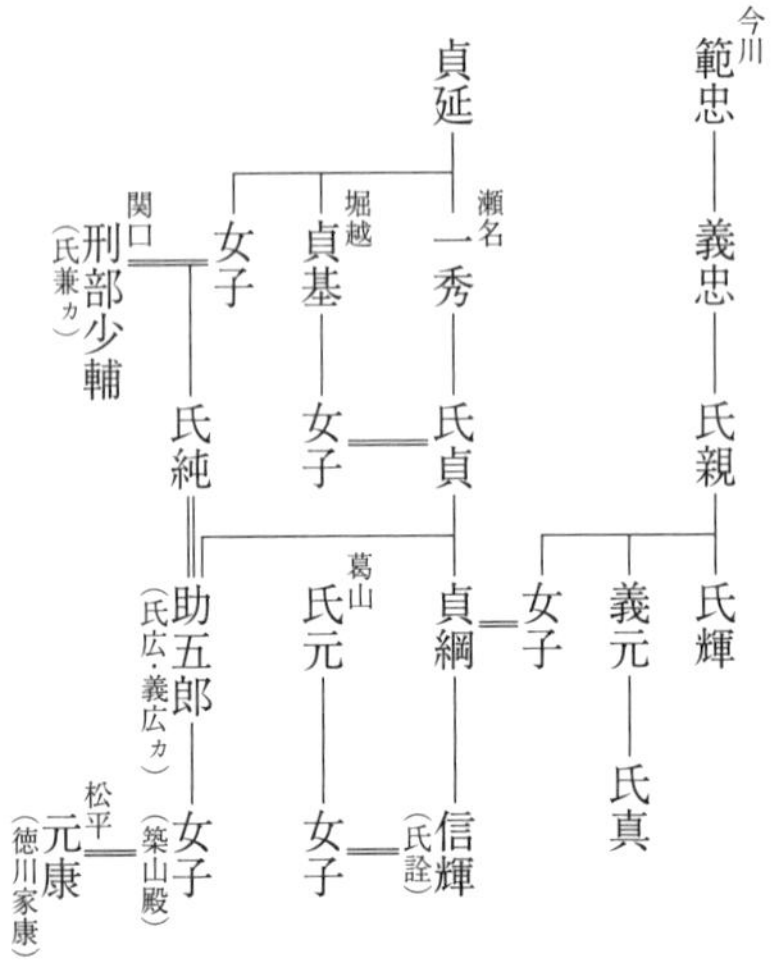

瀬名家関係系図

一秀の子は氏貞といい、明応六年（一四九七）生まれで、仮名源五郎、次いで陸奥守を称した。実名のうちの「氏」字は、氏親からの偏諱と考えられる。妻は父一秀の弟で、遠江今川氏の嫡流を継いでいた堀越今川貞基《さだもと》の娘であった。貞綱はその嫡子で、永正七年（一五一〇）生まれ。幼名虎王丸を称した。五四頁の系図では、仮名源五郎、次いで官途名左衛門佐《さえもんのすけ》（「助」）を称したとされているが、それらについて当時の史料での所見は現在のところはないようである。その後はさらに陸奥守を称したらしい（「古簡編年」戦今一九八〇）。実名について、他の系図史料などには「氏俊」とされているが、それについて当時の史料にはみられていない。もしそれが事実であれば、義元から偏諱を与えられて貞綱から「氏俊」に改名したことになる。なお『言継卿記』にみえる「瀬名孫十郎」を貞綱にあてる見解があるが、嫡流の仮名は「源五郎」であったから、孫十郎は庶流とみられる。おそらくは貞綱の従兄弟あたりに該当する人物であろう。

貞綱妻の婚姻時期は不明であるが、嫡子虎王丸（のち信輝）が天文十三年（一五四四）に生まれているので（『言継卿記』弘治二年十二月二十四日条〈静三一四五三〉）、それ以前であったことは間違いない。生まれを永正十六年とみれば、虎王丸を生んだのは二十六歳の時のことになる。婚姻はおそらく、姉の瑞渓院よりも遅かったとみられ、瑞渓院の婚姻の直後には「花蔵の乱」が展開されていることからすると、この乱の終結後、義元が当主になってからのこととみるのが妥当のように思われる。

貞綱は永禄七年（一五六四）頃まで生存していた可能性があるが（前出「古簡編年」）、その後に死去したのであろう。虎王丸の実名については、系図史料では「氏詮」と伝えられるが、当時の史料では確認されていない。事実であれば、今川氏真から偏諱をうけたのであろう。官途名中務大輔《なかつかさのたいふ》を称したらしく（同前）、妻は今川家御一家の葛山氏元《うじもと》（伊勢宗瑞の三男葛山氏広の養子）の娘であった。今川家滅亡後は甲斐武田家に従い、実名を、武田信玄から偏諱を与えられて「信輝」に改名している。そして貞綱妻については、今川家滅亡後の元亀二年（一五七一）九月八日に死去している。法名は竜泉院殿光厳瑞国大姉といった（大塚勲『戦国大名今川氏四代』）。

庶出の可能性が高い家督継承者、弟・今川義元

義元は氏親の四男で末子にあたるとみなされる。生年については、当時の史料で確認できるものはないようで、『寛永諸家系図伝』所収今川系図や「今川系図」では、永禄三年（一五六〇）五月十九日の尾張桶狭間合戦で戦死した際の享年を「四十二歳」としていることから、永正十六年（一五一九）生まれとみなされている。母については、それら系図史料のすべてに、兄氏輝と同じ、とあることから、寿桂尼とみなされてきた。

しかしながら義元は、天文五年（一五三六）の「花蔵の乱」の結果により、今川家の当主となったため、それにともなって「大方」寿桂尼と養子縁組した結果として、寿桂尼の子として扱われるようになった、ということもありうるのである。これまでに検討してきた結果からすると、義元は実際には庶出の可能性も否定できない。もっともこのことは、氏輝・恵

今川義元像（臨済寺蔵）

探・義元の生年についての伝えや、兄弟姉妹の順序の推定などをもとに出てきた推測にすぎないが、ここではその推定をもとにみていくことにしたい。

義元が庶出であったとした場合、実母はどのような存在であったとみられるであろうか。公的には寿桂尼が母とされているから、手懸かりはないに等しい。そうしたなかで注目されるのは、大永六年（一五二六）七月に行われた氏親の葬儀における座次である。義元はここで「善徳寺（善得寺）御曹司」と出ていて、かつ兄の恵探よりも上位に位置している。このことからうかがわれるのは、義元の母は、恵探の母の福島家よりも家格の高い家柄の出身であったことであろう。今川家のなかでは、宿老よりも上位となれば、御一家衆しかありえない。あるいは京都からの食客なども想定できようか。いずれにしても、母の出自が福島家よりも高かったために、義元は年少ながら、恵探よりも上位に位置づけられたものとみておきたい。

義元は、幼名を方菊丸といったという（増善寺所蔵「今川家略記」）。父氏親が死去した時はわずか八歳にすぎなかったが、すでに駿河富士郡の善得寺（静岡県富士市）に入寺していた。法名を梅岳承芳《せんがくしょうほう》といった。出家させられたのは、兄恵探と同じく庶出だったから、とみると理解しやすくなろう。入寺の時期は大永期初めの頃とみられていて、善得寺住持の琴渓承舜《きんけいしょうしゅん》に師事し、法名も同人から与えられるとともに、承芳を指南するために氏親から招かれて駿河に帰国した太原崇孚《たいげんそうふ》雪斎《せっさい》（当時は九英承菊《きゅうえいしょうぎく》）の指導をうけたとみられている。享禄四年（一五三一）頃、正式に出家得度し、駿府にあった祖母北川殿の屋敷を改築し、善得院として同所に居住するようになった。天文期初め頃には、雪斎に従って京都に上って、同四年（一五三五）まで建仁寺護国院で修行するが、駿府とは行ったり来たりしていたらしい。

そして同五年三月十七日に、兄で当主の氏輝と、兄でそのスペアであった彦五郎が同時に死去したため、今川家の家督をめぐって、兄の恵探との間で「花蔵の乱」と呼ばれる抗争を展開し、それに勝利して今川家の家督を継ぐことになる。十八歳の時のことであった。乱発生直後の同年五月には還俗《げんぞく》・元服して、仮名五郎を称し、実名については室町幕府将軍足利義晴から将軍家の通字である「義」字を与えられて、義元を名乗るのである。それらの状況については、後の章であらためて取り上げる。

今川家における瑞渓院の位置

　ここまで瑞渓院の兄弟姉妹について、その略歴をたどってきたが、そこで重きを置いてきたことは、何年の生まれで、母は誰であったか、ということであった。それらが家のなかでの地位や序列に、大きく関係する事柄であったからである。しかしながら、氏親の子女について、当時の史料から正確な事実を明らかにすることはできない状況にあった。

　そもそも氏親には子女が何人いたのかということについても、明確に確定されていたわけではなかった。そのため、ここでは戦国今川家に関する系図史料としては最も史料価値が高いとみなされる「土佐国蠹簡集残篇四」所収今川系図をもとにして、吉良義堯妻・氏輝・中御門宣綱妻・恵探・彦五郎・瑞渓院・瀬名貞綱妻・義元の、四男四女であったとみた。

　そのうち生年の所伝がみられているのは嫡子氏輝・次男恵探・四男義元であったが、それらの所伝は、いずれも江戸時代作成の系図史料に基づくものにすぎず、必ずしも事実とは確定できないものになる。しかし現状では、それに代わる所伝があるわけではないので、それらを尊重するしかないのが実状である。そこで出生順を考慮しながら、吉良義堯妻（永正八年〈一五一一〉頃）、氏輝（同十年）、中御門宣綱妻（同十二年頃）、恵探（同十四年）、彦五郎

（同十四年頃）、瑞渓院（同十五年頃）、瀬名貞綱妻（同十六年頃）、義元（同十六年）、と推定した。

母についても同様である。近世成立系図では、次男恵探の母のみを宿老福島家の娘とし、あとは氏親の正妻寿桂尼を母と伝えている。そのため立場や寿桂尼との関係の在り方、当時の史料記載などをもとに、「嫡女」吉良義堯妻、嫡子氏輝、次女中御門宣綱妻、三男彦五郎、三女瑞渓院、四女瀬名貞綱妻は、寿桂尼の実子の可能性が高いとみておいた。そして、次男恵探の母は福島助春の娘、四男義元については庶出の可能性が高いことを指摘し、その母は不明だが、福島家よりも家格の高い家の出身で、「花蔵の乱」の後、今川家の当主になったことにともなって、寿桂尼と養子縁組して、公的には寿桂尼の子となった可能性を想定した。

それらによって、本書の主人公である瑞渓院は、今川氏親の三女で、母は寿桂尼、生年はおよそ永正十五年（一五一八）頃とみなされるものとなった。父氏親が死去した大永六年（一五二六）には九歳くらいであったとみられる。その後は実兄氏輝が当主となり、氏輝は実母寿桂尼の後見をうけるという状況であった。氏輝はまだ婚姻していなかったため、三兄で実兄の彦五郎が、そのスペアとして存在していた。そして母が違う次兄の恵探と弟義元（当時は承芳）は、ともに出家して領国内の有力寺院に入寺していた。

長姉は、今川家の本流筋にあたる三河西条吉良義堯に嫁ぎ、次姉は寿桂尼の実家中御門家の当主宣綱に嫁いだ。そして瑞渓院は、氏親の母北川殿の実家である相模北条家の嫡子氏康に嫁ぐことになる。また妹は、今川家御一家衆の第二位に位置した瀬名家の嫡子貞綱に嫁ぐことになる。彼女らはいずれも寿桂尼の実子であった可能性が高く、そのためそれらの嫁ぎ先も、今川家の本流筋という格上の吉良家と、寿桂尼・北川殿それぞれの実家、そして今川家御一家衆の有力者、という具合に、今川家の家系と極めて関係の深いところだけになっている。逆にいえば、そうしたところが選択されたといえるであろう。

瑞渓院の実家となる今川家は、永禄十一年（一五六八）十二月から甲斐武田信玄の侵攻をうけ、翌同十二年五月に、事実上滅亡する。その時点で生存していたのは、姉の中御門宣綱妻と瑞渓院、および妹瀬名貞綱妻の三人だけであった。このことは、その今川家滅亡時に、北条家がどのような対応をとるのか、そこで瑞渓院はどのような役割を担ったのか、ということを考えるうえで重要な前提になろう。それについては、後の章で取り上げることになる。

第二章　夫・氏康と子どもたち

北条氏康に嫁ぐ

今川氏親の三女で、かつ寿桂尼の実子として嫡出子の立場にあった瑞渓院は、隣国の戦国大名北条家の嫡子氏康に嫁ぐことになる。すでに長姉は足利氏御一家の名門である三河西条吉良義堯に嫁ぎ、次姉は寿桂尼の実家である公家の中御門家当主の宣綱に嫁いでいた。瑞渓院の嫁ぎ先となる北条家は、父氏親の母北川殿の実家にあたっていた。時の当主北条氏綱は、北川殿の弟伊勢宗瑞（盛時）の嫡子で、北川殿には甥にあたり、したがって夫となるその嫡子氏康は、瑞渓院とは又従兄弟の関係にあった。

瑞渓院の嫁ぎ先が、氏親生母の実家である北条家とされたことは、三女という立場からしても、極めて順当な選択とみなされる。次姉が氏親正妻寿桂尼の実家、三女の瑞渓院が氏親生母北川殿の実家と、ともに氏親の姻戚関係にあった家との婚姻になっているからである。今川家から娘が嫁ぐのは、そのようにすでに密接な関係にあるところが優先して選択されたらしいことがうかがわれる。しかも北条家は、元来は氏親の御一家として、その後見を務めていた伊勢宗瑞が興した戦国大名家であった。そもそも密接な関係にあったとともに、隣国の戦国大名として存在するようになっていた。

夫となる北条氏康は、永正十二年（一五一五）生まれであったから、前章で推測したように瑞渓院が同十五年生まれとみれば、三歳年長にあたっていたことになる。しかしながら瑞渓院がいつ氏康に嫁いだのかはわかっていない。それを伝える史料がないからである。そうすると、状況から年代を推定していくしかない。あとでも触れるが、両者の間に生まれたと推定される嫡子の新九郎氏親《うじちか》は、天文六年（一五三七）生まれであったから、遅くてもその前年以前のことになる。

北条氏康像（堀内天嶺摸写図　小田原城天守閣蔵）

さらに前年の同五年二月には、長兄で今川家当主になっていた氏輝と、三兄でその後継候補であった彦五郎が、揃って北条家の本拠小田原城を訪問している（「為和集」静一三六四など）。戦国大名家の当主が、他国の本拠を訪れることは滅多にない特別なことであった。類似する事例を探してみると、天文九年の甲斐武田信虎の信濃諏訪郡《すわ》（長野県諏訪市など）訪問が思い当たる。その年の十一月晦日に信虎の三女禰々は、諏訪郡の国衆・諏訪頼重に嫁ぎ、十二月十七日に信虎は諏訪頼重のもとを訪問しているのである（平山優『戦史ドキュメント川中島の戦い・上』）。このことからすると、大名・国衆家の当主が他の大名・国衆家の本拠を訪問するのは、そうした婚姻にともなったものとみられる。

そうすると、氏輝・彦五郎兄弟の小田原訪問も、瑞渓院の婚姻にともなうものであったと推測できよう。氏輝・彦五郎兄弟の小田原訪問は、天文五年二月のことであった。二月二日の時点で、「駿府御屋形（氏輝）御越しに候」といわれているので（「土屋文書」戦北一二四）、その日までに小田原に到着していたことがわかる。訪問は婚姻後のこととみなされるから、婚姻は、その年の正月か、あるいは前年の天文四年暮れのことであったか、と推測することができるであろう。残念ながらこれ以上は絞ることはできないため、ここでは天文四年暮れから翌同五年初めにかけてのこととみておきたい。ちなみに大名家同士の婚姻は、そのように年末から年初に行われている事例が多いようである。

北条家は今川家と同等になる

それでは瑞渓院が嫁いだ時期までの北条家の歩みを、簡単ではあるが、たどっておくことにしたい。

北条家の始祖となる伊勢宗瑞は、いわゆる「北条早雲」の名で知られる人物だが、すでに知られているように、伊勢家が北条家に名字を改称するのは、二代目の氏綱の時のことであった。また宗瑞は、ひと昔前までは永享四年（一四三二）生まれで、北川殿の兄にあたると考えられていたが、近年では、康正二年（一四五六）生まれで、北川殿の弟であったことが確定している（拙編『伊勢宗瑞』）。

宗瑞は当初、室町幕府の官僚として存在していたが、長享元年（一四八七）、三十二歳の時に、甥にあたる氏親を今川家当主に据えるクーデターのために京都から駿河に下向し、クーデター成功後は、氏親から駿河で所領を与えられただけでなく、年少の氏親を後見して、今川家の領国支配を取り仕切った。また隣国伊豆の堀越公方家にも奉公衆として仕えていたらしい（拙稿「伊勢盛時と足利政知」）。

その後、一旦京都に戻ったが、堀越公方家で内乱が展開されたのにともなって再び駿河に戻り、以後は在国を続けた。明応元年（一四九二）には隣国甲斐で内乱が生じたため、今川家はそれに介入することになり、そして翌同二年から、宗瑞は伊豆に侵攻してその領国化をすすめていく。それにともなって、伊豆北部の韮山城《にらやま》（静岡県伊豆の国市）を本拠とした。そのため今川家では、宗瑞は「韮山殿」と呼ばれるようになっている。

伊豆の領国化、さらにはその延長にあった相模への侵攻は、もっぱら宗瑞が行うことになり、それにともなって宗瑞は、伊豆・相模二ヶ国を独自の領国とし、独立した戦国大名として存在するようになった。伊豆の経略が明応七年（一四九八）、相模の経略は永正十三年（一五一六）のことであった。宗瑞は、永正五年までは今川軍の総大将を務めていたが、翌同六年から相模・武蔵への侵攻に追われるようになったため、それ以後は今川軍の軍事行動には参加しなくなっている。そこではすでに三十七歳になった氏親が取り仕切るようになった。

しかし宗瑞は、そうした状況にあっても、しばしば韮山城から駿府を訪れているので、あくまでも自身としては、氏親の後見で、今川家御一家という立場を自任していたように思われる。相模経略後は、さらに武蔵・房総へと侵攻を続けていったが、永正十六年に六十四歳で死去し、家督は嫡子氏綱が継承した。氏綱は長享元年（一四八七）生まれであったから、その時は三十三歳であった。氏親には従弟にあたったが、十四歳も年少であった。また氏綱は、すでに相模経略のなかで、父宗瑞とは別に、相模小田原城に在城していたとみられ、そのため氏綱が家督を継ぐと、その本拠は小田原城とされた。

氏綱は家督を継ぐと、しばらくは相模・伊豆二ヶ国の国主としての体裁作りに専念したが、大永三年（一五二三）七月から九月に、それまで和睦していた扇谷《おうぎがやつ》上杉家とは断交したとみられ、それにともない「関東の副将軍」の上杉名字に対抗するため、前代の鎌倉時代において「日本の副将軍」の北条名字に改称することになる。ここに戦国大名家としての小田原北条家が誕生することになった。

宗瑞と氏綱はそれまで、関東の政治勢力からは「他国の逆徒」「他国の凶徒」などと、「よそ者の侵略者」というレッテルを貼られていた。氏綱によるこの名字改称は、これからそれら関東の中心的な政治勢力との抗争を展開するにあたって、そうした無用な非難を回避し、自らの立場を関東政界のなかにきちんと位置づけようとするものであった（拙著『関東戦国史』・拙編『北条氏綱』）。そして翌同四年正月から、扇谷上杉領国や山内上杉領国への本格的な侵攻を展開していった。

さらに氏綱は、享禄二年（一五二九）から翌同三年二月までの間に、従五位下《じゆごいのげ》・左京大《さきょうのだい》夫《ぶ》に叙位・任官されている。父宗瑞は、単に仮名新九郎のみを称していて、氏綱もそれまでは仮名新九郎を称していた。したがってこの叙任は、室町幕府体制のなかで北条家が、明確に戦国大名として位置づけられたことを意味した。すでに死去していたが今川氏親は修理大夫に任官していた。また当時、対立していた扇谷上杉朝興《ともおき》は修理大夫、甲斐武田信虎《のぶとら》は左京大夫に任官していた。氏綱はそれら周囲の政治勢力と同等の地位をようやく獲得したのである。

それにとどまらず、ここで名乗るようになった左京大夫の官途は、鎌倉時代の北条氏歴代のものであった。北条名字に改称したうえで、同官途を名乗るということは、まさに鎌倉時代の北条氏の家名を継承した存在であることを表現するものであった。この官途はその後も、三代氏康から五代氏直まで継承され、さらに三代氏康・四代氏政は、子に左京大夫の官途を譲ると、自身は相模守の受領名を名乗るのである。この相模守の受領名も、鎌倉時代の北条氏歴代が名乗ったものであった。

続けて氏綱は、同四年七月から翌天文元年（一五三二）三月までの間に、公家の最高位にあった「五摂家」筆頭の近衛家から、後妻を迎えている（近衛殿）。彼女は近衛尚通の娘で、この時の当主稙家《たねいえ》の姉であった。弟の近衛稙家は文亀二年（一五〇二）生まれでこの時には三十一歳になっているから、その姉となると、すでに子を生む年齢にはなかった。これは北条家が、公家筆頭の近衛家と婚姻関係を結ぶことができる地位にあることを示すことに意味が置かれていたものであった。また室町幕府のもとでの有力大名の地位を示すものに、相伴衆という家格があったが、北条家もこの氏綱の時にそれを認められたと推定される。こうして氏綱は、現実における伊豆・相模二ヶ国の戦国大名としての政治的地位に相応しい身分や立場をまとっていった。政治的地位としては、今川家とまったく同等になった。

北条氏綱と今川氏輝の共闘

大永四年（一五二四）以来、氏綱は扇谷上杉家・山内上杉家と抗争し、さらにそれらに味方する甲斐武田信虎、房総の小弓公方《おゆみくぼう》足利家の勢力との抗争を展開した。そこでは味方は今川家だけという状況になっていた。一方の今川家では、甲斐武田家とは氏親以来、抗争を展開する関係にあった。しかし大永六年に氏親が死去したことで、氏輝に代替わりされると、大永七年に一時的に和睦を結んでいる。これは氏輝がまだ年少で、軍事行動を展開することが難しかったためとみられている。

氏輝は、天文元年から再び政務を執ることができるようになり、それにともなってか、同三年七月中旬に軍勢を甲斐に侵攻させている。氏輝自ら、ようやく軍事行動を展開することができるようになったのであろう。その標的が甲斐に置かれていた。その軍勢は「駿州・遠州・豆州三ヶ国衆一万余騎」であったという（『塩山向嶽禅庵小年代記』）。軍勢のなかに「豆州」が含まれているが、これは氏綱の軍勢であろう。いわば氏輝と氏綱の共同作戦であったとみられる。このことからみて、氏輝が甲斐に侵攻したのも、氏綱からの要請であったかもしれない。

翌同四年七月五日、これに武田信虎が報復を図り、本拠の甲府を出陣して富士川沿いの河内路を南下して駿河に向けて進軍した。氏輝はこれを迎え撃つため、同月二十七日に駿府を出陣し、また氏綱に支援を要請した。今川軍と武田軍は、八月十九日に駿河・甲斐国境の万《まん》沢口《ざわ》（山梨県南部町）で合戦となった（「為和集」『私家集大成中世Ⅴ上』所収など）。一方の氏綱は、八月十六日に小田原を出陣して、二十日に駿河御厨《みくりや》（静岡県御殿場市など）を経由して甲斐東部の郡内に侵攻し、山中（山梨県山中湖村）に進軍した。そして二十二日に、信虎の弟勝沼武田信友《のぶとも》を大将とした軍勢と合戦し、大将信友を討ち取る大勝をあげて、二十三日に小田原に帰陣している（「快元僧都記」など）。ちなみに、この合戦で戦功をあげた氏綱の家臣に対して、氏輝から感状が出されているから（「感状写」戦北四四〇五）、この合戦は今川家が主体で、氏綱はあくまでも援軍であったことが認識される。

このように氏綱と氏輝は、天文三年から協同の軍事行動を展開するようになって、武田信虎との抗争を激化させるようになっていたことがわかる。瑞渓院と氏康との婚姻は、そのような情勢をもとに取り決められたとみなされる。今川家と北条家は、そもそも親戚関係にあったが、北川殿・宗瑞姉弟はすでになく、北川殿の子の氏親もすでに死去していて、実際の姻戚関係は途絶えていた。そうしたなかで今川家と北条家は、武田信虎への対抗のため、軍事的連携を強めるようになってきていた。そのため、あらためて婚姻を結んで、両家の関係を強化することになったと思われる。

そうするとこの婚姻は、今川家にとっても、氏親生母の実家という姻戚関係のみに基づいて行われたのではなかったことがうかがわれる。戦国大名として、敵方との抗争関係を睨んで、味方の大名家との攻守軍事同盟を構築あるいは維持、強化するためという、まさに政略結婚として行われたものであったことになる。こうした結婚は、今川家にとっては初めてのものであった。一方の北条家にとっても、同等の戦国大名家との政略結婚はこれが初めてであった。宗瑞の娘たちは今川家の宿老に嫁ぎ（三浦氏員《うじかず》妻）、氏綱の娘もこの時点までは、御一家衆か従属国衆に嫁ぐというように（武蔵太田《おおた》資高《すけたか》妻・玉縄《たまなわ》北条綱成《つなしげ》妻）、それまではいずれも身内に限られていた（拙著『北条早雲とその一族』）。

ここに今川家と北条家は、互いに数ヶ国を領国とする有力戦国大名と認め合い、そのことを前提にして、現実に展開されている敵方大名との抗争への対応として、婚姻関係に基づいた攻守軍事同盟という関係を構築するにいたったのである。そして、その最初の事例になったのが、北条氏康と瑞渓院の婚姻であった。

北条氏康の子どもたち

氏康は氏綱の嫡子であったが、実は氏康についても、生年について当時の史料で確認することはできない。子孫にあたる狭山藩北条家が寛永十九年（一六四二）に作成した「平姓北条氏系図」（『群書系図部集第四』所収「北条系図」にほぼ同じ）では、元亀二年（一五七一）十月三日死去の時の享年を「五十七歳」としている。これに基づいて、生年は永正十二年（一五一五）とみなされている。ちなみに、北条氏関係の軍記物として最も古く、かつ内容的にも信頼できる『異本小田原記』（国史叢書所収）では「御年五十六」としていて、これによれば、生年は永正十三年であったことになる。ただし同書では、享禄三年（一五三〇）の初陣の際の年齢を「御年十六歳」としていて、これは永正十二年生まれにあたる。そうすると「五十六」は単なる誤記とみなしてよく、氏康の生年は永正十二年とみて間違いないであろう。

氏康に何人の子女があったのか、ということも必ずしも明確なわけではない。しかし、これについては近時、詳細に検討したところである。その結果、男子は新九郎氏親・氏政・氏照・氏邦・氏規《うじのり》・景虎《かげとら》の六人、それに養子とみなされる氏忠・氏光の二人（弟氏堯《うじたか》の遺子と推測される）、女子は早川殿《はやかわどの》（今川氏真妻）・七曲殿《ななまがりどの》（玉縄北条氏繁妻）・千葉親胤《ちかたね》妻・足利義氏妻・太田氏資《うじすけ》妻・武田勝頼妻・円妙院殿の七人で、実子は男女合わせて十三人とみることができる（拙稿「北条氏康の子女について」黒田・浅倉直美編『北条氏康の子供たち』）。なお「今川家譜」などでは、「此の腹に男女十二人を生む」と記していて、それら氏康の子女はすべて瑞渓院が生んだように伝えられているが、いうまでもないがありえない。

それら氏康の子女についても、生年や母について、当時の史料で確認できるものはない。わずかに先の「北条系図」で、氏政が天文七年（一五三八）生まれ、氏規が同十四年生まれ、氏政・氏照・氏邦・氏規の母が瑞渓院と記されている他は、江戸時代初期成立の軍記物で、景虎が天文二十三年生まれ（『北条五代記』）、娘のうち武田勝頼妻が菩提寺の甲斐景徳院（山梨県甲州市）の位牌銘により永禄七年（一五六四）生まれ、とされている。また景虎の母については、『寛永諸家系図伝』所収「遠山系図」に、氏康の側近家臣の遠山康光について、「景虎が伯母を娶る」とあることから、遠山康光妻の妹であったことがわかる（拙著『北条早雲とその一族』）。これにより、男子のうち末子の景虎の母は瑞渓院ではないことになり、したがって景虎は庶出であったとみなされる。

このように氏康の子女についても、生年や母について、明確な所伝はほとんどみられていないのが実状である。しかしそれらの出生順や、どの子が瑞渓院の実子であったのかということは、北条家のなかでの瑞渓院の立場とその状況を理解するうえで、極めて重要な事柄となる。そのため以下では、それら氏康の子女について、出生順を勘案しながら、生年や母の推定を中心に、生涯の概略をみておくことにしたい。

母瑞渓院の実父と実名が同じ長男・新九郎氏親

新九郎氏親は氏康の最初の嫡子で、元服後は初代宗瑞以来の歴代が称してきた仮名新九郎

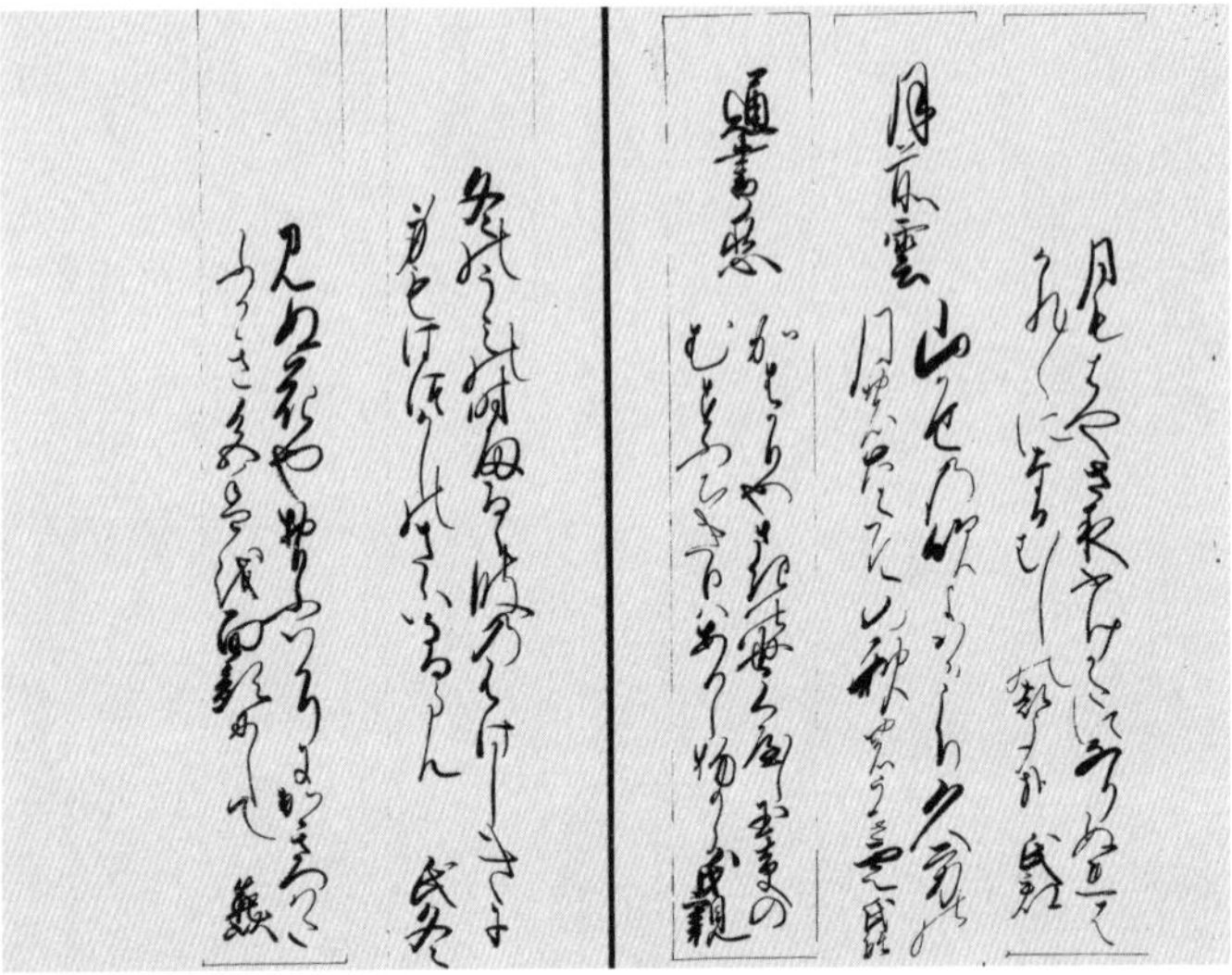

足利義氏等和歌（喜連川文書　東京大学史料編纂所所蔵影写本）
右から３番目下部に「（北条）氏親」の名が見える。

を称した。嫡子であることからして、母は瑞渓院とみて間違いない。天文二十一年（一五五二）三月二十一日に早世したため、先の「北条系図」などには記載されていない。法名は天用寺殿雄岳宗栄大禅定門といった。近年までこれ以上の情報はなかったが、近時、「大宅高橋家過去帳」に「小田原滅、十六也、俗名新九郎氏親と云う」という注記が確認されたことで（拙稿「北条氏康の子女について」）、天文六年生まれで、元服後の実名を「氏親」と名乗っていたことが判明した。

　実名が氏親であることは、とても興味深い。いうまでもなく、母瑞渓院の父の実名がその「氏親」であったからである。新九郎氏親が誕生した天文六年という年は、今川家では、前年の「花蔵の乱」の結果、庶出の義元が当主になっていて、この同六年からは、義元と氏綱が全面戦争である「河東一乱」を展開するようになっていた。また、天文二十年十二月まで父氏康が仮名新九郎を称しているから、新九郎氏親の元服時期は、その年の年末頃のことと推測される。この時、氏康は今川義元とは和睦関係にはなっていたものの、いまだ同盟するまでにはいたっていない。ちょうどその頃から、甲斐武田晴信（法名信玄）とともに、甲斐・相模・駿河の三国同盟交渉が展開されるようになっていた。

そうしたなかで新九郎氏親の元服がなされたのであり、その実名に、瑞渓院の父であり、また義元の父である氏親の名をとったことには、大きな意味があるとみてよいであろう。名づけも瑞渓院の要望によるものであったに違いない。偉大なる父氏親を追憶し、さらには今川家当主となっている義元への対抗心、といったことがうかがえるように思われる。

なお幼名については、確定するまでにはいたらないが、天文十八年十月に、公家の飛鳥井《あすかい》雅綱から蹴鞠《けまり》伝授書を与えられている、北条西堂丸《せいどうまる》・同松千代丸のいずれかにあたるとみて間違いない（「内閣文庫所蔵文書」戦北四七九二～三）。このうち西堂丸の幼名は、のちに景虎が名乗っており、それはすでに氏親が死去していたから可能であったとみられるので、新九郎氏親の幼名は、その西堂丸とみなすことができるようである。

当初、後継者のスペアだったのちの当主、次男・氏政

氏康の家督を継いで、北条家四代目当主になるのは、次男の氏政であった。兄新九郎氏親がわずか十六歳で早世したため、いわば繰り上がって嫡子とされたのである。嫡子に立てられていることからみても、母は瑞渓院とみて間違いない。生年については、先の「北条系図」などから、長い間にわたって天文七年（一五三八）生まれとみなされてきた。しかしこれでは兄と一歳違いの年子になってしまう。まったくありえないことではないが、基本的には難しいといわざるをえない。

そうしたなか、近世初期の覚書である「石川忠総留書」（内閣文庫所蔵）に注目すべき記載がみえていて、天正十八年（一五九〇）の死去時の年齢について「氏政亥五十二、氏輝（氏照）五十ばかり」と記されている。そこには羽柴秀吉の年齢も記され、干支も記されていて正確なものである。氏政についても「亥」と、生まれの干支が記されていることから、その情報は正確なものと認識される。これによって氏政は、実際には天文八年の生まれであったことが判明する。通説の所伝とはわずか一年の違いでしかないが、兄新九郎氏親との関係や、その下の弟たちとの関係をみていくうえで、重要な事柄となる。

北条氏政像（堀内天嶺摸写図　小田原城天守閣蔵）

氏政は、兄新九郎氏親からは二歳年少であった。幼名については、新九郎氏親にあたるとみなされる西堂丸と同時に、飛鳥井雅綱から蹴鞠伝授書を与えられていた北条松千代丸がそれにあたるとみなされる。これは天文十八年十月のことであったから、氏政は十一歳の時になる。

ここで兄新九郎氏親と同時に蹴鞠伝授書を与えられていることは、この時の氏政の立場をとらえるうえで重要である。氏政が、嫡子と同等の扱いをうけていたことを意味しているからである。その立場とは、すなわち後継者のスペアである。実際に新九郎氏親が早世すると、氏政は繰り上がって嫡子になっているのである。

新九郎氏親が早世した天文二十一年には、氏政は十四歳で、まだ元服前であった。氏政の元服が確認されるのは、二年後の同二十三年六月のことであり、その間に元服したことがわかる。おそらく十五歳の時の同二十二年末頃のことと推測される。元服にともなって、歴代の仮名であり、また兄のそれを引き継いで、仮名新九郎を称した。こうして新たな氏康の嫡子であることが示されたのである。以降における氏政の動向は、それこそ北条家の動向そのものにあたることになるので、ここでは省略しておきたい。

御一家衆筆頭の立場にこだわった三男・氏照

氏政のすぐ下の弟であったのが、氏照である。この後において、氏照は常に氏政のすぐ下の弟として処遇されていて、たとえば、弘治元年(一五五五)の古河公方足利義氏の元服式に、氏康の子のなかでは唯一、氏康とともに参加し、瑞渓院から「うちまささま(氏政様)・うちてるさま(氏照様)」と、氏政に続いて様付けで呼ばれている。またこうしたことから、母は瑞渓院であったとみて間違いないと思われる。

生年については、氏政が生まれた天文八年(一五三九)以降のことであることは確実で、先の「石川忠総留書」には「五十ばかり」とあり、天正十八年(一五九〇)に五十歳であったとすれば、生まれは天文十年となる。ただし「ばかり」とあるので、前後一、二年の範囲をみざるをえない。そうしたなか、菩提寺の武蔵八王子宗関寺の寺記に(『小田原編年録』所収「北条系図」)、享年を「四十九」と伝えられていることは注目される。これだけはっきりと享年を記しており、かつ菩提寺の所伝であるから、信頼性は高いとみることができる。先の「ばかり」の範囲にもおさまる。これによると生年は、天文十一年とみることができる。氏政からは三歳年少にあたったことになる。

　幼名は藤菊丸といい、まだ元服前の十四歳の時の弘治元年（一五五五）十一月に、下総《しもうさ》葛《か》西《さい》城（東京都葛飾区）で行われた古河公方足利義氏の元服式に、兄弟のなかでは唯一人参加している。これは将来、氏照は足利義氏の後見を務めることを予定されたことを意味しているとみなされる。ところが、同年か翌同二年の早い時期に、武蔵由井《ゆい》城（東京都八王子市）城主で、武蔵南西部を領国としていた有力国衆の大石綱周《つなかね》が死去したらしい。しかも後継者が不在であったらしく、そのため氏照はその婿養子に入ることにされた。同二年五月には、大石家の領国に所在した神社の再興にあたって大檀那を務めており、領国支配に関与し始めている。

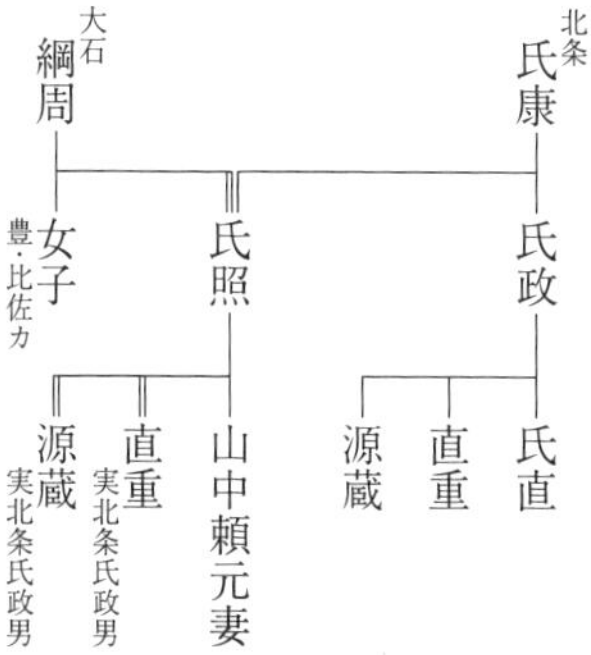

北条氏照関係系図

　またこの年、氏照は十五歳を迎えているので、おそらくこの年の末頃に元服したのではないかと推測される。元服にともなって、仮名は、養父大石綱周が称していた「源三」を襲名し、実名は氏照を名乗ることになる。ここでも「うじてる」の名は、その立場を考えるうえで興味深い。それは瑞渓院の嫡兄の氏輝と同音であるからである。「氏輝」と「氏照」は、当時においてもしばしば書き間違われる関係にあった。このことからすると、正確には「氏照」ではあったが、実質的には今川氏輝と同じ名をつけたものとみることができる。これも瑞渓院の要望によるものであろう。そしてここにも、長男に氏親と名づけたのと同じく、実家今川家への思い入れと、現在の当主義元への対抗心をみることができそうである。

しかし大石家の継承は、氏照にとっては不本意なことであったと思われる。兄氏政が嫡子になったことにともなって、氏照は後継者のスペアの立場に格上げされていたところであった。ところが、大石家を継承するということは、そうした後継スペアの立場から離れることを意味した。実際その後、氏政の後継スペアの地位は弟の氏規にまわされているのである。しかし氏康としては、大石家の安定のほうが、そのことよりも重要な課題として受けとめていたのであろう。それゆえに、後継スペアであり古河公方家の後見という立場が予定されていたにもかかわらず、氏照を大石家に入れたのであろう。

大石家に養子入りしてもしばらく、具体的な領国支配は父氏康が管轄し、氏康から家老として付けられた狩野《かの》泰光《やすみつ》（のち法名宗円）と庄式部少輔《しょうしきぶのしょう》があたっている。おそらくこの間、氏照はまだ小田原城に在所していたのであろう。そして十八歳になった永禄二年（一五五九）

十一月から、大石家の本拠の由井城に入り、自ら由井領の領国支配を開始するようになっている。おそらく由井領入部にともなって、前代大石綱周の嫡女（「豊」とも「比佐」とも伝えられる）と結婚したと思われる。

永禄五年三月、前年に北条家によって滅亡させられ、由井領に北接して展開していた国衆・三田家の領国であった勝沼領を与えられて、由井領に併合した。それにともなって同六年から同十年までの間に、新たな本拠として滝山城《たきやま》（八王子市）を構築し、移っている。そのため、その領国は滝山領と称されるようになる。さらに天正八年（一五八〇）から同九年までの間に、八王子城《はちおうじ》（八王子市）を構築して、そこに本拠を移している。それにともなって領国は八王子領と称されるようになる。

また永禄十年（一五六七）からは、古河公方家や北関東・南陸奥国衆への取次をつとめるようになっていて、北条家の外交・軍事において重要な役割を担い始めた。そして同十一年十二月までに、名字も「大石」から「北条」に戻している。これによってその立場は、国衆大石家の当主ではなく、北条家の御一家衆としてのものに一本化されることになっている。ここに氏照の意識をうかがうことができそうである。自身は、国衆家の当主ではなく、御一家衆の筆頭である、という意識である。すでに兄氏政には嫡子国王丸《くにおう》（氏直《うじなお》）をはじめ、数人の子がいたから、もはや氏照が北条家を継承する可能性はなくなっていた。

それでも、氏照が北条名字に戻したのは、御一家衆筆頭の地位を確保する、という強い意志によると思われる。大石家に養子入りしたことで、氏政後継のスペアの地位は、弟氏規にまわっていたから、北条名字に戻すことで、氏規よりも高い地位を是が非でも確保しておく、そのような意識がうかがわれるように感じる。そして実際に、氏照はこの後において、兄弟のなかでは氏政に匹敵する立場を認められ、御一家衆筆頭に位置するのである。

そしてその後も、天正二年からは古河公方家の後見を務め、同三年から同四年までの間に受領名陸奥守を称し、同四年からは下野小山《しもつけおやま》領支配を担うなど、役割を拡大させている。とくに受領名陸奥守は、当主家が官途名左京大夫、次いで受領名相模守を名乗っていることを踏まえると、これも大きな意味を持った。鎌倉時代の北条氏において、陸奥守の受領名は、嫡流の得宗家《とくそうけ》やそれに次ぐ有力一門が名乗っていたからである。ここで氏照が、そのような性格にあった陸奥守を名乗ったことは、そうした北条家における政治的地位を官職名からも表現しようとするものであった、とみなされる（長塚孝「戦国武将の官途・受領名」）。こうして氏照は、軍事・外交において大きな役割を担い、御一家衆の筆頭に位置して、当主家の氏政・氏直父子に次ぐ政治的地位を確立させていくことになる。

今川家に人質として送られた四男・氏規

次に取り上げるのは、氏規である。生年は、子孫作成による先の「北条系図」の記載により、天文十四年（一五四五）とみて間違いないであろう。兄の氏照からは三歳の年少にあたった。ところで先の「北条系図」などをはじめとして、ほとんどの史料において、氏照のすぐ下の弟は氏邦とされている。そのためこれまでは、氏邦のほうが氏規よりも年長であると思われてきた。私自身も、これまでそのことを前提に考えてきた。

再検討する契機となったのは、「堀尾古記」（『新修島根県史資料篇2』所収）にみえる、小田原合戦時における北条家一族の年齢記載である。年齢記載そのものは正確とは言い難いものであるが、そこには「美濃守（氏規）五十一、阿波（安房）守（氏邦）四十七」とあって、氏邦は氏規より四歳年少で記されているのである。実際のこの時における氏規の年齢は四十六歳であったが、この記載に準じれば、氏邦はそれよりも四歳年少の四十二歳、その生年は天文十八年になる。そして近時、浅倉直美氏によって、氏邦の生年は、その前年にあたる天文十七年の可能性が極めて高いことが判明した（浅倉直美「北条氏邦の生年について」）。すなわち、氏邦は氏規よりも、実は三歳も年少だったのである。そのため氏康の四男は氏規で、五男が氏邦と修正されることになる。

氏規の母については、外祖母寿桂尼との関係について「大方〈寿桂尼〉の孫」と記されていることから（『言継卿記』弘治二年十月二日条〈静二二三六九〉）、瑞渓院であることが確実である。そしてこれが、氏規が史料にみえる最初ともなっている。この時、まだ元服前の十二歳で、祖母寿桂尼に預けられるかたちがとられて、駿府に送られていた。またそこでは「相州北条次男也」と記されている。これは極めて注目される内容といえる。実際には、嫡子氏政との間には、氏照が存在していたにもかかわらず、周囲からは「次男」と認識されていたことがうかがわれるからである。これは何を意味しているのかといえば、すなわち氏政の後継スペアの地位にあった、とみてよかろう。それまで氏政の後継スペアの立場にあったのは氏照であったが、この時期の直前に国衆・大石家に婿養子に入ったことで、その地位が氏規にまわってきたとみられるのである。

氏規が駿府に送られた時期については不明であるが、妹とみられる早川殿の婚姻事情からの推測として、天文二十一年（一五五二）頃からとする見解が出されている（長谷川幸一「早川殿」黒田・浅倉直美編『北条氏康の子供たち』）。早川殿が幼少のため、この時に今川氏真と婚姻することができないので、代わりに氏規が人質として、駿府に送られたとみられている。隣国の大名家の子女が、他国の本拠に送られる場合は、人質しかない。しかし、北条家と今川家は対等であったから、そのようななかで人質が発生するとすれば、それは婚姻にともなうものとしか考えられない。氏規が駿府に送られたのは、そのような経緯からとみてよいであろう。そうであれば八歳からのことになる。この時はまだ、氏政の後継スペアの地位は氏照であった。

妹早川殿と今川氏真の婚姻は、二年遅れて同二十三年に行われたが、氏規はその後も駿府に滞在した。おそらく、まだ早川殿が出産できる年齢にはなかったためと思われる。そうしたなか、弘治二年頃に、氏照が国衆大石家を継承することになって、氏規が氏政の後継スペアの地位につくことになった。そうして「北条次男」という扱いをうけるようになった。

元服の時期も明確ではないが、永禄三年（一五六〇）に死去する今川義元から、元服後の仮名助五郎で呼ばれている書状があるので（「喜連川《きつれがわ》文書」戦北四四三三）、元服は駿府で、義元のもとで行われたことがわかる。このことからすれば、仮名助五郎は、今川家の仮名五郎に因むものとみられるし、実名の「氏」字は、北条家の通字としてではなく、今川家から通字を与えられたものとみなされるであろう。一般的な十五歳での元服であったとすれば、それは永禄二年のことになる。義元のもとでの元服、ということからして、そのようにみてよいと思われる。

この時期、今川家では、すでに当主の地位が義元の嫡子氏真に譲られていた。しかし、氏

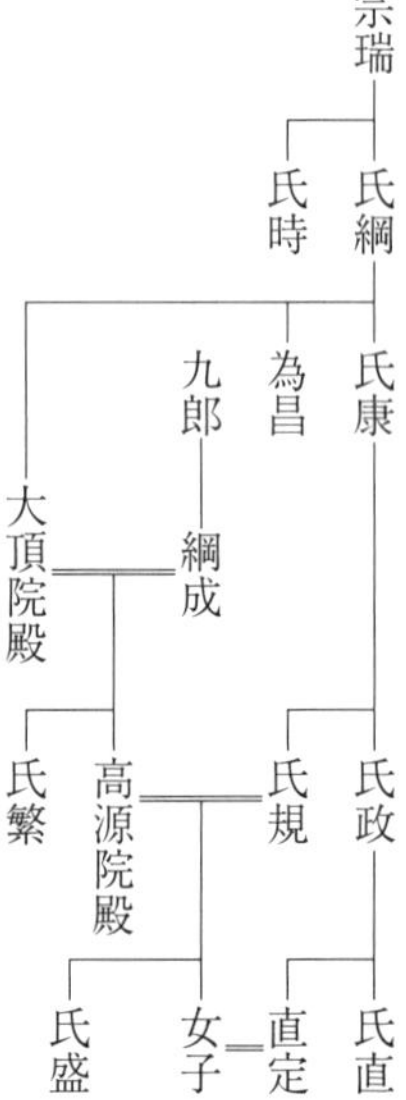

北条氏規関係系図

真に兄弟はなく、天文七年生まれの氏真と同世代の有力な一門衆としては、従弟にあたる今川家御一家衆の瀬名貞綱の子源五郎氏詮《うじあき》（のち信輝、同十三年生まれ）くらいしか見あたらない状況にある。そうすると氏規の仮名が「助五郎」とされたのも、文字通り氏真を「助ける」、その一門衆としての位置づけが込められていたようにも思われる。あるいは、仮名助五郎を称する家系として、今川家御一家衆に関口刑部少輔《ぎょうぶのしょう》家があることからすると、その後継者に位置づけられたともみられる。いずれにしても氏規が駿府に滞在し続けたのは、北条家の御一家衆としてよりも、今川家の御一家衆としての立場が優先されたためと考えられるであろう。

　氏規は、永禄五年までは駿府に滞在していて、今川家からは所領も与えられていた。ところが、同七年（一五六四）六月には小田原への帰還を果たしている（「小西八郎氏収集朝比奈文書」）。それではなぜ、氏規は小田原に戻されることになったのであろうか。直前まで、今川家御一家衆の立場が優先されていたらしいのに、である。この時、氏規は二十歳になっている。そもそも氏規が駿府に送られたのは、妹の早川殿が幼少だったためであったが、その早川殿も、おそらく十六歳から十八歳くらいになって、出産適齢期を迎えるようになっていたとみられるので、その役割を終えたとの判断がなされたのかもしれない。

氏規はその後、三代玉縄城（神奈川県鎌倉市）主であった玉縄北条綱成の娘（高源院殿《こうげんいんでん》）を正妻に迎えることになったとみられ、永禄九年からは、氏康の弟にして二代玉縄城主であり、相模玉縄領・同三浦郡・武蔵小机領・同河越領の支配を担当していた為昌《ためまさ》の菩提者としての地位を、岳父となる綱成から受け継いだ。さらに同十年からは、三浦郡の支配権を綱成から、三浦衆の軍事指揮権を氏康から引き継いで、三浦郡の支配拠点であった三崎《みさき》城（神奈川県三浦市）を本拠にするようになって、同郡について支城領支配を開始する。そして房総方面への軍事行動を担っていくのである。

また、氏規の立場として注目されるのは、父の氏康と兄で当主の氏政とともに、室町幕府将軍家の直臣とされていることであり、そこでも「氏康次男」と位置づけられていることである。これは最後の将軍となる足利義昭がまだ将軍になる前の、永禄九年頃のこととみられている（「光源院殿御代当参衆幷足軽以下衆覚」『後鑑』所収）。そこでは、戦国大名家の当主と同じく「外様大名在国衆」としてあげられている。氏規がそのような地位に位置づけられているのは、「氏康次男」と記されているように、氏政の後継スペアの立場からきているに違いない。いつどうして直臣の立場になったのかはわからないが、この時点において、依然として氏規が、氏政の後継スペアの地位にあったことがうかがわれる。

永禄十二年（一五六九）に、駿河の領有をめぐる甲斐武田信玄との抗争が開始されると、氏規は伊豆の支配拠点である韮山城に在番して、伊豆防衛をも担うようになり、さらには三河徳川家など、西方の政治勢力との外交交渉も担当するようになっていった。これは今川家で成長したことや、室町幕府直臣の立場からの延長に位置したと思われる。しかしその頃になると、北条家御一家衆での序列では、氏照が明確に上位に位置づけられるようになっており、氏規はもはや氏政の後継スペアという立場にはなくなっていたとみられる。すでに氏政には子が数人存在し、順調に成長をみせるようになっていたから、もはや弟でそのような役割は不要になったためと思われる。

そして氏規は、天正四年（一五七六）から官途名左馬助《さまのすけ》を名乗るようになるが、これは初代玉縄城主の北条氏時《うじとき》（氏綱の弟）が名乗っていたものであった。氏規はその家格を継承する存在であったことがうかがわれる。さらに同五年には、受領名美濃守《みののかみ》に改称している。同十年（一五八二）の旧武田領国の領有をめぐる「天正壬午《てんしょうじんご》の乱」で、徳川家康との和睦交渉を担って以降は、その上位に位置するようになった「天下人」羽柴秀吉との外交交渉も担当、同十六年には、秀吉への従属を表明し、その承認をえたことへの御礼の使者として、秀吉の京都での本拠の聚楽第《じゅらくてい》に出仕している。同十八年の小田原合戦の結果、当主氏直に従って高野山に隠遁するが、翌同十九年、氏直が秀吉から赦免されると、氏規も赦免されただけでなく、氏直とは別に秀吉の直臣として取り立てられ、河内国で約七〇〇〇石の所領を与えられた。

同年に氏直が死去すると、後継者がいなかったため、氏規の嫡子であった氏盛《うじもり》がその名跡・遺領の一部（三〇〇〇石）を継承し、北条家の家名は、氏規の系統に継承されることになった。氏規は、慶長五年（一六〇〇）二月八日に死去した。享年は五十六、法名は一睡院殿勝誉宗円大居士といった。遺領は氏盛に継承され、氏盛は合わせて一万石を領して、河内国狭山《さやま》（大阪府大阪狭山市）を本拠とし、子孫は狭山藩北条家として存在していくことになる。

重責の地位を与えられた庶出の五男・氏邦

氏邦は先に触れたように、これまでは氏康の四男とみられていたが、実際には氏規よりも三歳年少の、天文十七年（一五四八）生まれの可能性が高く、氏康の五男とみるのが正しいと考えられる。また母についても、これまでは氏政らと同じ瑞渓院と伝えられていたが、これも実際には違うと考えられる。というのは、元亀二年（一五七一）での兄弟のなかでの序列は、氏規より下位であるだけでなく、氏康の弟氏堯の長男で、氏康の養子になっていたと

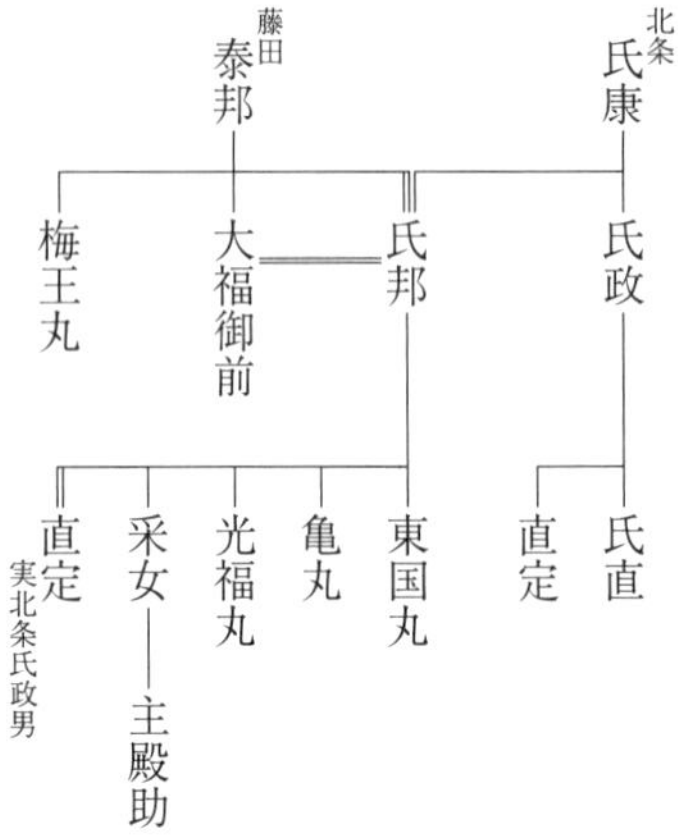

北条氏邦関係系図

みなされる氏忠よりも下位に置かれていたからである（「岩本院文書」戦北四九一二）。すなわち氏邦は、庶出の五男であったことになる。

母については明確ではないが、浅倉直美氏は、氏康の側近家臣で、氏邦に家老として付けられた、三山綱定《さんやまつなさだ》の姉妹の可能性を指摘している（浅倉直美「北条氏邦」黒田・浅倉編『北条氏康の子供たち』）。現在のところ、その可能性は高いとみてよいであろう。幼名は乙千代丸といい、永禄元年（一五五八）には、武蔵北部の花園領（埼玉県寄居町など）を領国とした有力国衆の藤田家の婿養子に決められたとみられる。この後、北条家の花園領支配が展開されるが、実際にそれを担ったのは三山綱定であった。藤田家は、これより先の弘治元年（一五五五）に当主の藤田泰邦《やすくに》が死去し、後継者がいなかったらしく、当主不在となっていた。藤田家は武蔵北部の最大の国衆であり、当時すすめられていた上野《こうずけ》経略のためには、その安定が必須であった。そのため氏康は、氏邦をその婿養子とすることにしたとみられる。

氏邦は、永禄四年九月から文書の発給がみられているが、幼名乙千代のままであった。花押を据えているので、「判始め」は済ませていたとみられるが、正式な元服はまだであった。この時、氏邦は十四歳であった。元服前にもかかわらず、文書の発給を開始したのは、花園領の回復のために、同領に入部し、領国支配を開始するようになったことによると考えられる。この年の初めに、越後上杉輝虎による武蔵侵攻があり、花園領における有力支城の天神山城などが上杉方に味方していた。氏邦はそれらを鎮圧して、花園領の支配回復を果たさなければならなくなっていた。おそらく氏邦は、それまではまだ小田原にいたと推測され、この時になって初めて花園領に入部したと思われる。

同領の回復は同年十二月には果たされている。氏邦は同五年（一五六二）十月まではまだ幼名を称しているが、同七年六月には、領国支配のための発給文書として朱印状を出すようになっているので、その間に元服したとみなされる。この時は十七歳になっている。仮名は、養父藤田泰邦に由来すると推測される新太郎を称し、実名は北条家の通字と養父の一字を合わせた氏邦を名乗った。また泰邦の嫡女（大福御前）と婚姻したのも、その頃のこととみなされる。妻の大福御前は天文十年生まれと伝えられており、そうであれば氏邦にとっては七歳上の年上女房であったことになる。

ところで、氏邦の元服を示す最初の史料として、以前、永禄七年正月の氏康・氏政書状（「江間文書」）をあげたことがあった（拙稿「北条氏康の子女について」）。しかし、氏邦を指すとみた「新太郎」の部分は、おそらくは「新三郎（氏信）」の誤記とみるのが妥当と考えられるので、ここで訂正しておくことにする。

氏邦は永禄十一年十二月から甲斐武田家との抗争が始まると、新たな本拠として鉢形城《はちがた》（寄居町）を構築したとみられる。それにともなって、領国は鉢形領と称されるようになった。そして、同十二年から開始された越後上杉家との同盟（越相同盟）の交渉において、それをとりまとめる中心的な役割を果たした。その同盟は、元亀二年（一五七一）末に破棄されるが、その後は上野の領国化をすすめる役割を果たした。その年までの兄弟のなかでの序列は、養子でかつ年少の氏忠よりも低いものであった。ところが天正四年（一五七六）には、受領名安房守《あわのかみ》を名乗るようになっている。安房守は、室町時代に上野の守護職を歴任した山内上杉氏の歴代の名乗りであった。また現に、同家を継承する上杉謙信からの同国の経略をすすめていたのであった。氏邦がそれを名乗ることは、山内上杉家に代わって上野の国主になることを表明するものであった（長塚孝「戦国武将の官途・受領名」）。

そして天正十年の時点では、氏忠よりも上位に位置づけられるようになっている（「相州御道者賦日記」『埼玉県史料叢書12』六五七号）。さらに、同十四年頃に作成されたとみられる「小田原一手役之書立写」（「佐野家蔵文書」戦北四二九五）になると、氏規をも抜いて、氏照に次ぐ地位に位置づけられている。このことは極めて注目される。庶出でしかも年少であった氏邦が、嫡出で年長であった氏規よりも、高い政治的地位に位置づけられるようになったのである。これは通常ではありえない事態である。

しかもこの判断は、当主の地位から隠居していたものの、「御隠居様」としてなお北条家の最高権力者の地位にあった、兄の氏政の判断によったことは間違いない。氏政は、北条家の関東支配において、氏邦が担う役割の重要性を十分に認識し、また越相同盟交渉から、上野領国化をすすめてきた氏邦の功績に鑑みて、氏邦の地位を、氏規よりも上位とし、氏照の次点に位置づけることを決断したのであろう。しかし、そのように考えたからといって、嫡出の氏規よりも上位にすることは簡単ではなかったと思われ、おそらくそのために、瑞渓院と養子縁組させたに違いないと思われる。それにより氏邦は、公的には瑞渓院の子として、嫡出子の扱いをうけることになったと思われる。後に氏邦の母が瑞渓院と伝えられていくのは、そのようなことによると考えられる。

天正十八年の小田原合戦では、御一家衆のなかでは唯一、本拠の鉢形城に在城して、東山《とうざん》道《どう》を進軍してくる羽柴軍を迎え撃つ役割を担っている。しかし、圧倒的な大軍を前に、上野・下野・武蔵北部を経略され、鉢形城を包囲されると、出家姿になり藤田家の菩提寺の正竜寺に蟄居して降伏・開城している。戦後は攻撃軍の大将であった前田利家の家臣となり、前田家の領国能登国で所領一〇〇〇石を与えられて、同国に移住した。そして慶長二年（一五九七）八月八日に死去した。享年は五十と推測され、法名は昌竜寺殿天室宗青大居士といった。

養子縁組した上杉家で家督を争った六男・景虎

景虎は先に少し触れたように、天文二十三年（一五五四）の生まれで、母は氏康側近家臣の遠山康光妻の妹とみなされる。幼名は西堂丸といったとされ、これは長兄新九郎氏親のそれを襲名したかたちになっている。十五歳の時の永禄十二年（一五六九）十二月に、有力御一家衆の久野《くの》北条氏信の戦死をうけて、その姉妹、すなわち北条宗哲の娘と婚姻して、久野北条家の婿養子となったとみなされる。すぐに元服して、仮名は久野北条家歴代の三郎を称した。実名も名乗ったが、これについては不明である。当時の史料で北条家御一家衆としてみえる人物のうち、系譜的位置が不明のものに「氏能」と「氏冬」がいるが（「喜連川文書」）、そのいずれかにあたる可能性が高い。

ところが翌元亀元年（一五七〇）二月に、越後上杉輝虎（謙信）との同盟（越相同盟）条件の一環として、輝虎の養子にされることになり、久野北条宗哲の娘とは離縁し、同年三月に越後に赴いて、輝虎と養子縁組し、実名については、輝虎からその初名を与えられて、景虎と改名した。また輝虎の姪（姉と上田長尾政景の娘）を妻に迎えた。同二年に越相同盟は破棄されるが、同盟条件の確保のため、輝虎は離縁することなく、景虎を手元に置き続けた。

天正六年（一五七八）三月に、謙信が死去し、家督は養嗣子とされていた甥の景勝《かげかつ》（上田長尾政景の次男）が継承するが、所領支配をめぐって家臣同士の抗争が展開され、反景勝派に擁立されて、景勝と上杉家の家督をめぐる内乱である「御館《おたて》の乱」を展開する。しかし、翌同七年三月二十四日に、景勝方の攻撃に敗北して自害した。享年は二十六、法名は徳源院要山浄公といった。

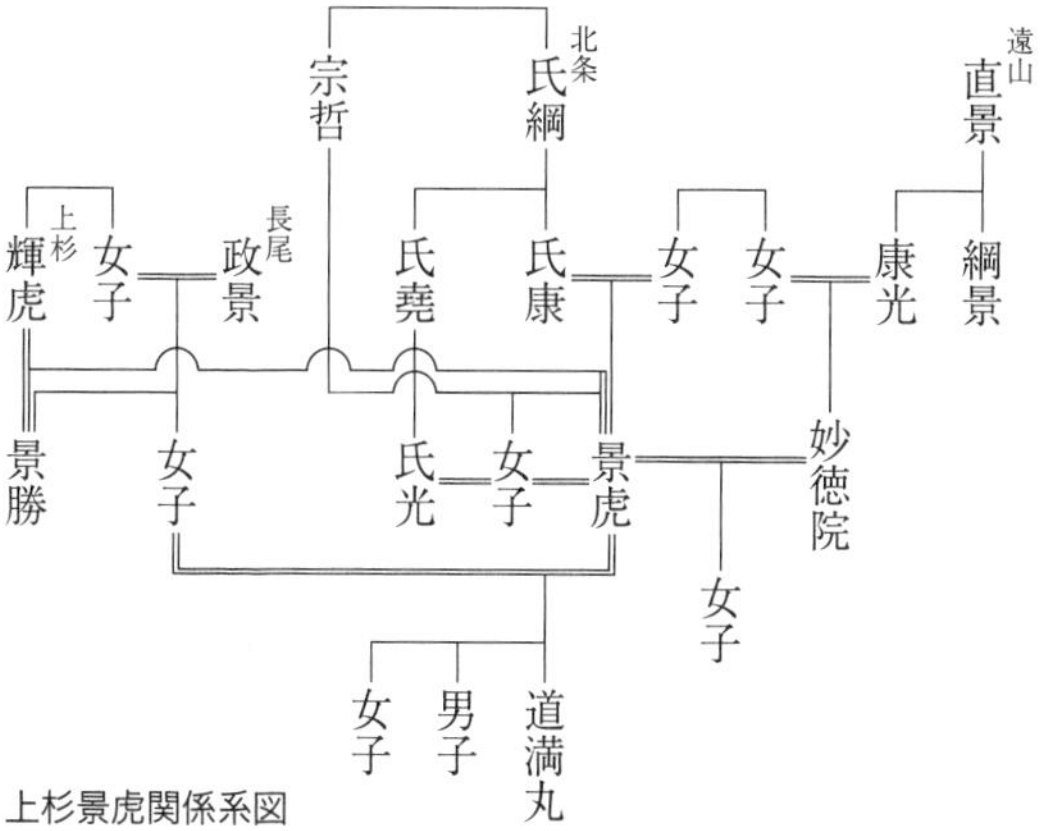

上杉景虎関係系図

養子・氏忠と氏光

氏忠と氏光の二人については、先の「北条系図」などではいずれも、氏規と景虎の間に掲げられている。しかしながらこの二人については、江戸時代初期から、しばしば氏康の弟氏堯と混同されている。氏忠は官途名左衛門佐《さえもんのすけ》が同じため、氏光は武蔵小机城《こづくえ》(神奈川県横浜市)城主が同じためとみられる。また伊豆河津郷(静岡県河津町)は、氏堯の所領であったが、氏忠は同所に墓所があり、氏光は氏堯の娘(養女の説もある)の嫁ぎ先の上総《かずさ》勝浦正木《かつうらまさき》家と親しい関係にあった、といったことなどもある。これらのことから、この氏忠・氏光は、氏康の実子ではなく、氏堯の遺子と推測されるのである(拙著『戦国大名北条氏の領国支配』)。

氏堯は氏康の弟で、大永二年(一五二二)生まれで、官途名左衛門佐を称し、武蔵小机城主や同河越城(埼玉県川越市)城代を務めた。しかし、永禄五年(一五六二)八月までしか存在が確認されず、「某年四月八日」に死去したことが知られている。同七年正月には、河越城代は久野北条氏信が務めていることからすると、氏堯はその間の、同六年四月八日の死去であった可能性が高い。子女は幼少であったため、氏康に引き取られて、氏忠・氏光については その養子とされたと推測される。その際に、瑞渓院とも養子縁組したのかどうかはわからない。二人のその動向をみてみると、嫡出子としての処遇をうけているようには思えないので、養子縁組はなかったように感じられる。

氏忠は、仮名は六郎、官途名は氏堯のそれを襲名して左衛門佐を称した。生年については明確ではないが、「堀尾古記」では弘治二年(一五五六)生まれと伝えている。元服後に最初に史料にみえるのは、永禄十二年十一月のことで、弘治二年生まれとすれば十四歳であった。かりに十五歳での元服とみれば、むしろそれより少し早い、弘治元年くらいの生まれであったかもしれない。氏忠は、氏堯の家督継承者の位置にあったらしく、元亀二年の時点では、庶子で年長の氏邦よりも上位に位置づけられていた。

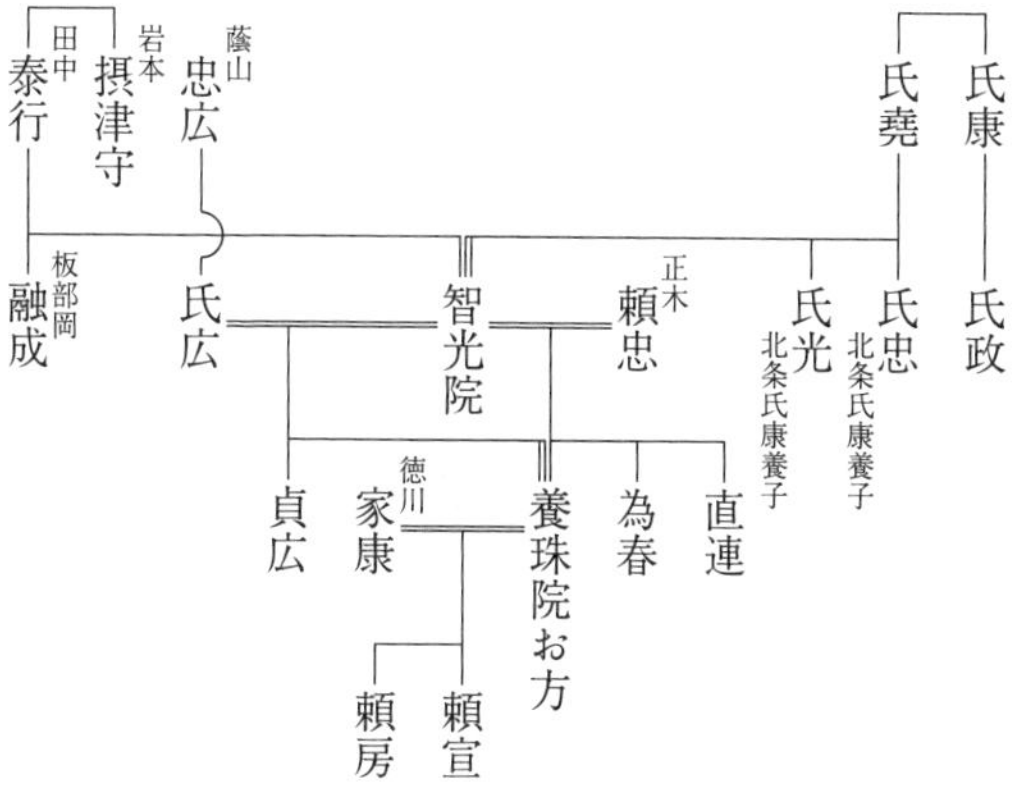

北条氏忠・氏光関係系図

しかしその後は、氏邦のほうが上位に位置するようになり、さらに氏邦が氏規よりも上位に位置したことで、天正十一年（一五八三）頃以降には、兄弟のなかでの序列は、氏規の次と確定されるようになっている。同十四年に下野佐野領の国衆・佐野家の婿養子となって、同領支配を展開するようになっている。しかし基本的には、小田原城に在所したらしく、相模新城の城将を務めている。同十八年の小田原合戦の結果、当主氏直とともに高野山に隠遁したが、翌年に氏直が赦免されると、同じく赦免されたとみられ、その後は安芸《あき》毛利輝元に仕えて、文禄四年（一五九五）の時点で安芸草津（広島県広島市）に在所しているが、その後の動向は不明である（拙稿「小田原落城後の北条氏一族」）。法名は大関院殿大嶺宗香大居士といった。なお、これまで文禄二年死去とみられていたが、誤りであることが明らかになっている。

氏光は、仮名は四郎、官途名は右衛門佐を称した。幼名は竹王丸と伝えられる（「北条記」『北条史料集』所収）。元亀元年（一五七〇）三月に氏康末子の景虎が、越後上杉輝虎の養子になったことで、久野北条宗哲の娘と離婚した後、その娘の婿となって、武蔵小机城主の地位を継いだ。それにともない元服したとみられ、同年十二月から史料で確認される。この時の年齢を十五歳とすれば、生年は弘治二年（一五五六）となるが、兄氏忠と同年ないし一年の違いにしかならないので、実際には十四歳の元服で、同三年生まれであったかもしれない。

元亀二年には、小机城主を務める一方で、相模足柄城（神奈川県南足柄市・静岡県小山町）城将を務め、天正八年（一五八〇）から同十年までは駿河大平城（静岡県沼津市）城将を務めている。そして、その後は再び足柄城将を務めた。同十八年の小田原合戦後は、当主氏直とともに高野山に隠遁したが、翌年に氏直が赦免されると、同じく赦免されたとみられる。その後の動向は明確ではなく、文禄四年（一五九五）の時点で大和奈良に在所していることが確認されるにすぎない。法名は西来院殿栢岳宗意大禅定門といった。なお、これまで天正十八年死去とみられていたが、誤りであることが明らかになっている。

相模国東部を支配する有力御一家衆に嫁いだ長女・七曲殿（北条氏繁妻）

これまで氏康の長女とみられてきたのは早川殿であった。それは先の「北条系図」などでは、娘のなかで最初に記載されていることによる。しかし、それが出生順を示しているわけでないことはもちろんであろう。そうしたなかで、実際に長女であったとみられるのはこの七曲殿《ななまがりどの》と考えられるのである。

七曲殿は、有力御一家衆の玉縄北条氏繁《うじしげ》（初名は康成《やすしげ》）に嫁いだ。ちなみに七曲殿の呼び名は、玉縄城内での居所地の七曲に因んでいる。氏繁の男子は、嫡子氏舜《うじきよ》、次男で家督を継いだ氏勝《うじかつ》、三男直重、四男直胤があったが、そのうち生年が伝えられているのは氏勝だけで、永禄二年（一五五九）生まれとされている。当時の史料によって七曲殿の実子であることが確認できるのは、三男直重だけである。しかし、氏舜・氏勝も嫡子になっているのであるから、七曲殿の実子であった可能性が高いとみられる。というのは、氏繁の立場であれば、氏康の娘を正妻に迎えることは早くから決まっていたであろうし、そうであれば婚姻以前に、別妻や妾を持つことはないと思われるからだ。

氏舜と氏勝が本当に別人であったのかどうかは、これからも追究していく必要があると考えているが、いずれにしても氏舜・氏勝が実子であり、かつ別人であったとすれば、七曲殿と氏繁の婚姻は、氏勝誕生から三年以上は前のこととみられるであろう。かりに弘治二年（一五五六）の婚姻とみて、その時に十五歳であったとしたら、生年は天文十一年（一

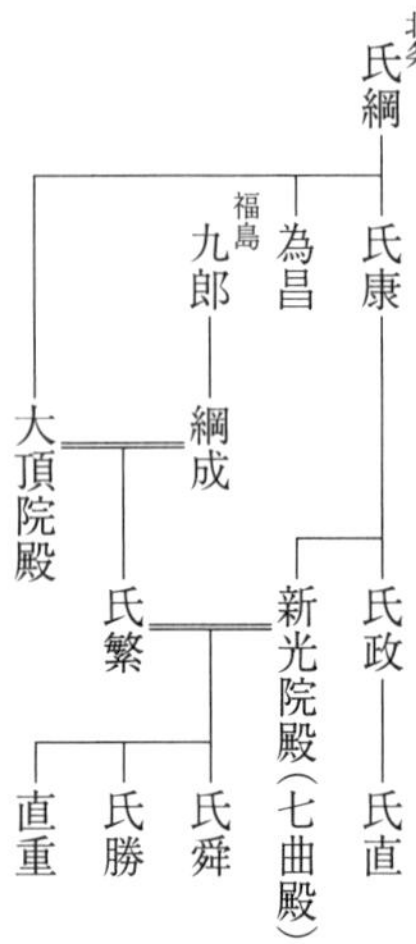

七曲殿関係系図

五四二）頃、次男氏勝を生んだのは十八歳の時のことと推測される。夫の氏繁は、玉縄北条綱成の嫡子で、天文五年生まれであった。元服はおよそ同十九年頃のことであったとみられる。おそらくその時点で、氏康の娘を正妻に迎えることは決められたと思われる。その場合、婚姻相手として想定されるのは長女であろう。その時点では、まだ婚姻する年齢に達していなかったため、婚姻そのものは数年後とされたように思われる。

いずれにしても七曲殿は、氏舜・氏勝が実子であったという前提のうえではあるが、天文十一年頃の生まれと推定される。問題になるのは、母が瑞渓院であったかどうか、ということになるが、これについては確定的なことをいうのは難しい。それでも、相手が有力御一家衆の北条氏繁であることからすると、やはり瑞渓院の子であった可能性が高いとみられる。ただし、瑞渓院からは天文八年に氏政が、同十一年に氏照が、同十四年に氏規がそれぞれ生

まれていることから、それらとは別年であったとみられる。可能性としては、婚姻は早くに決まっていたとみられることから、生年推定をもう少し前に持っていってもよいと思われるので、天文十年頃と推測しておくことにしたい。

氏繁は綱成の嫡子であったが、すでに永禄元年からその立場とは別個の動向をみせるようになっている。ちょうどその数年前には七曲殿と婚姻していたとみられるから、氏康の娘婿となったことで、綱成の嫡子というよりも、氏政らの義兄弟として、氏政兄弟に準じる立場を与えられたとみなされる。その後、同十年から武蔵岩付《いわつき》城（埼玉県さいたま市）城代、同十二年から相模鎌倉代官などを務めている。とくに同年の越相同盟交渉においては、越後上杉家との起請文《きしょうもん》交換に際して、氏繁は、当主家の氏康・氏政、御一家衆筆頭の氏照とならんで起請文を提出しており、氏政兄弟と同等の扱いをうけている。これはやはり、妻の七曲殿が嫡出子であったことによると思われるのである。

氏繁は、元亀二年（一五七一）末には、氏康死去にともなって隠居した綱成の家督を継いで、玉縄城主となっている。さらに天正三年（一五七五）から同四年の間に、官途名左衛門大夫から受領名常陸守《ひたちのかみ》に改称しており、これは常陸経略を担ったことを示すとみられている。そして同五年、常陸への最前線軍事拠点として下総飯沼《いいぬま》城（茨城県坂東市）を構築し、城代を務めた。しかし、同六年十月三日に死去した。享年は四十三（拙著『戦国大名領国の支配構造』）。

七曲殿は、その後の天正十二年から同十四年にかけて、独自に朱印状を発給しているが、その後の動向は不明である。小田原合戦までには死去していた可能性が高い。命日が十八日であることしかわからず、法名は新光院殿窓泰太空大姉といった。

下総国の最大勢力にして名門家に嫁いだ次女・千葉親胤妻

千葉親胤妻の夫は、下総佐《さ》倉《くら》領を領国とする戦国大名である。天文十年（一五四一）生まれで、同十六年に長兄利胤《としたね》の養子として家督を継いでいる。同二十三年から翌弘治元年（一五五五）の間に元服したが、同三年にわずか十七歳で死去した。親胤妻の婚姻は、親胤の元服時の可能性が高いとみられる。その時に十五歳とすれば、親胤とほぼ同年齢であり、天文十年頃の生まれであったことになる。しかし、これでは七曲殿と同年になってしまうので、それより一歳下とみて、同十一年頃の生まれと推測しておきたい。その場合、婚姻時の年齢は十四歳ということになろう。

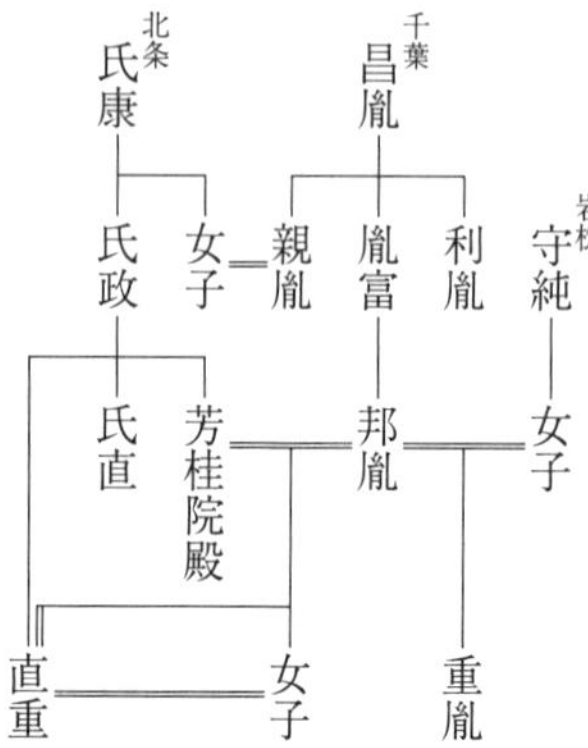

千葉親胤妻関係系図

この婚姻時期は、早川殿の天文二十三年七月に次いで、氏康の娘のなかでは早いとみられるものとなる。しかしながら、推定される生年から考えて、庶出であったことは確実とみなされる。さらに親胤死去にともない、小田原に戻ったとみられるが、そうした動向を伝えるものはまったくない。ただし、氏政の妹で動向が不明なものに円妙院殿がいる。あるいは、これが親胤妻にあたるのかもしれない。

上杉家と北条家の狭間に揺れる太田家に嫁いだ三女・太田氏資妻（長林院）

長林院の夫の太田氏資《うじすけ》は、武蔵岩付領を領国とする有力国衆で、天文十一年（一五四二）生まれ。元服後に史料にみえる最初は弘治二年（一五五六）で（「松野文書」）、十五歳のことになるから、おそらくはその年の元服であったように思われる。永禄三年（一五六〇）には長林院との婚姻が確認されている。実名のうちの「氏」字は、氏康から北条家の通字を偏諱として与えられたものと推測される。そうすると、元服にともなって、長林院と婚姻した可能性が高いとみられる。長林院が、かりにその年の婚姻で、その時十五歳とすれば、生年は天文十一年と推測されることになる。

しかし、それでは七曲殿や千葉親胤妻と同じ頃になってしまう。長女とみなされる七曲殿、

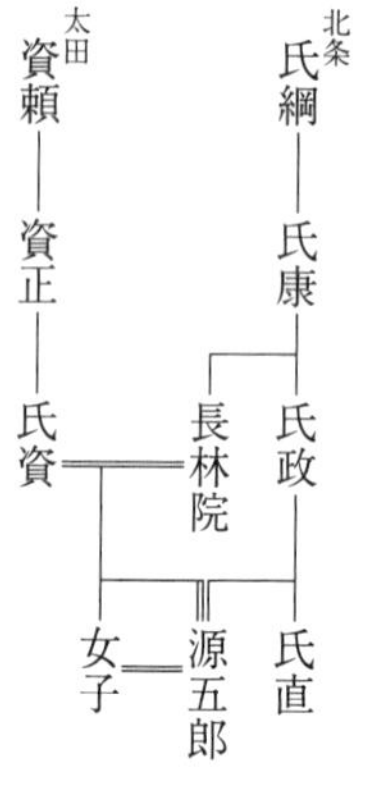

長林院関係系図

婚姻時期が早い千葉親胤妻よりも、年長であったとは考えられないので、それらよりも数歳年少であったように思われる。そうすると、氏資の元服時期に婚約がなり、長林院の成長をまって婚姻したのではないかと思われる。しかし、遅くても永禄三年には婚姻していたと考えられるので、その時に十五歳だったとみると、生年は天文十四年と推測されることになる。また、この推測される生年からみて、庶出であったことは確実とみなされる。

氏資は永禄七年に父資正《すけまさ》を追放して、実力で岩付太田家の当主になった。同家はその直前まで越後上杉輝虎に従属していたが、このクーデターにともなって、氏資は北条家に従属した。そして同十年に、上総《かずさ》三船台《みふねだい》（千葉県君津市）合戦で戦死している。氏資と長林院の間には一女があっただけのようであり、その娘はおそくとも同九年までの生まれとみなされる。長林院が天文十四年頃の生まれとすれば、その時には十八歳となり、妥当なところと思われる。いずれにしても、長林院は氏資の戦死後、娘とともに氏康に引き取られて、小田原に戻った。

氏資には後嗣がなかったため、岩付領は北条家に接収され、直接支配下に置かれた。天正三年（一五七五）から同五年までの間に、氏政の次男で永禄七、八年頃の生まれの源五郎（国増丸）が婿養子に入ることが決められ、天正八年に元服して岩付領に入部し、同時に長林院の娘と婚姻したと推測される。長林院とその娘は、この頃に岩付城に戻ったとみられる。そして源五郎は以後、岩付領への領国支配を展開したが、同十年七月に死去した。

長林院とその娘の源五郎後室は、そのまま岩付城に在城を続けたらしく、同城は同十一年に、氏政の三男で永禄八年生まれとされる氏房《うじふさ》が継承し入部してきた。以後は氏房による領国支配が展開されたが、天正十八年の小田原合戦時にも長林院らはこの城に在城、同城が羽柴軍に攻略されるとその捕虜となっている。しかし、その後の動向は不明である。ちなみに、長林院の娘について、近世成立の系図史料などでは氏房の妻で「小少将」と称した人物のことと伝えているが、正しくは源五郎の妻で、氏房妻とは別人と考えるのが妥当である。また私自身、これまで長林院の娘を源五郎の妻で「小少将」のこととみてきたが、「小少将」はむしろ氏房妻とみるのが妥当と考えるようになっている（拙編『北条氏房』）。

瑞渓院の実家、今川家に嫁いだ四女・早川殿（今川氏真妻）

早川殿に関しては生年も母についても明確な所伝はみられていないが、母は瑞渓院とみて

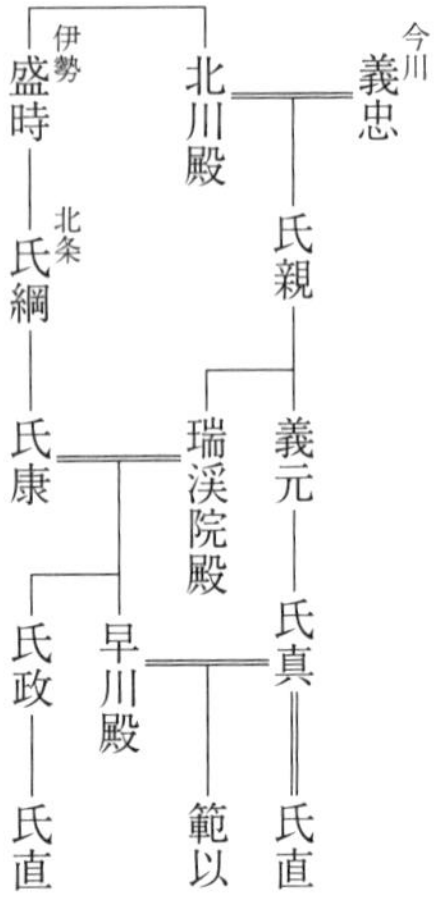

早川殿関係系図

間違いないであろう。嫁ぎ先の今川家は、いうまでもなく瑞渓院の実家であり、今川氏真との婚姻は、当時の氏康にとって、極めて重要な政治課題であったと考えられるからである。問題は生年であろう。その際の推測の前提になるのが、長女西条吉良義定（義堯の次男義安の子）妻が永禄十二年（一五六九）以前の生まれと推定されていて、嫡子範以《のりもち》が元亀元年（一五七〇）生まれとされていることである。吉良義定妻は、永禄十一年の今川家の駿府没落時には誕生していたことが確認されているので、その生まれは遅くても同年、あるいはその一年前頃であったかもしれない。仮に同十年の生まれとみておくことにしよう。

早川殿は、天文二十三年（一五五四）七月に、今川氏真に嫁いでいる（「勝山記《かつやまき》」『山梨県史資料編6上』所収）。それから長女を生むまで、十三年もあることをみると、婚姻時の年齢はかなり幼少であったと推測され、そのため天文十五年以降の生まれとの推測が出されている（長谷川幸一「早川殿」）。天文十四年生まれの氏規よりも年少であったことは間違いないであろうから、おそらくは同十六年、同十七年あたりの生まれであったのではなかろうか。同十六年生まれなら、婚姻時は八歳、長女出産時は二十一歳、同十七年生まれならそれぞれ一歳少なくなる。およそこうしたところであったと考えておきたい。そうすると、早川殿は氏康の四女であったとみられることになる。

ちなみに、天文十六年生まれだとみて、その時の瑞渓院は三十歳くらいになっている。このことを踏まえると、おそらく瑞渓院の実子は、この早川殿が最後であったように思われる。その妹たちについてはいずれも、嫡出子の様子はうかがわれないので、そのように考えられる。なお、その後の早川殿の動向については、本書の内容に深く関わってくることになるので、そのなかで触れていくことにし、ここでの説明は省略しておく。

関東将軍古河公方足利家に嫁いだ五女・足利義氏妻（浄光院殿）

浄光院殿の夫の足利義氏は、関東の将軍の立場にある古河公方足利家の当主で、この当時の古河公方家は、下総古河城（茨城県古河市）を本拠に「公方領国」と称されている領国を形成する、事実上は一個の領域権力となっていた。義氏は天文十二年（一五四三）の生まれで、古河公方四代の足利晴氏《はるうじ》の末子であったが、母が氏康の妹で正妻の芳春院殿《ほうしゅんいんでん》であったため、氏康の意向をうけて同二十一年に家督を継いで、古河公方五代となっている。その頃には古河城を出て、北条領国下にあった下総葛西《かさい》城に在城し、弘治元年（一五五五）に同城

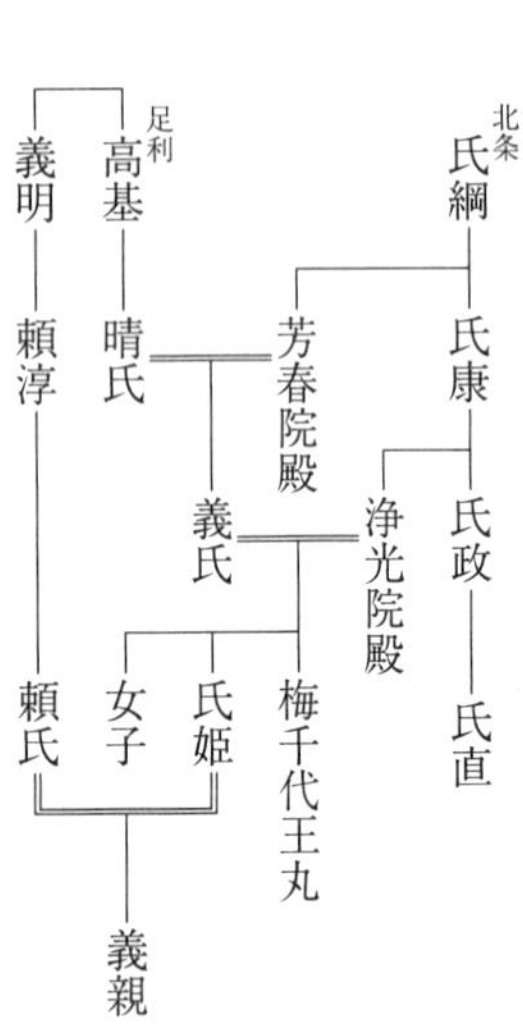

浄光院殿関係系図

で元服している。その際に、北条家で参列したのが当主氏康と三男氏照であったことについては先に触れた。

　浄光院殿の生年も不明であるが、長女氏《うじ》姫《ひめ》（徳源院殿）が天正二年（一五七四）生まれ、長男梅千代王丸が同四年生まれであること、次女が同七年頃の生まれとみられていることをもとに、天文十九年から永禄三年頃の間と推測されている。さらに婚姻時期については、義氏の母芳春院殿が、死去する永禄四年（一五六一）まで「御台《みだい》」と称されていて、その死去後、元亀二年（一五七二）には浄光院殿が「御台」と称されているので、それ以前のことと考えられ、義氏の動向を勘案して、およそ永禄十二年から元亀三年頃のことと推測されている（長塚孝「浄光院殿」黒田・浅倉編『北条氏康の子供たち』）。

　婚姻の契機としては、義氏が公方領国への復帰を果たした元亀元年が最も相応しいように思われる。かりにこの時の年齢を十五歳とすると、その生年は弘治元年（一五五五）となり、長女出産は十九歳、長男出産は二十一歳、次女出産は二十四歳となり、いずれも妥当なところといえるであろう。そして、その頃の生まれとすれば、浄光院殿の母は瑞渓院ではありえず、庶出であったとみなされる。

この点に関して長塚孝氏は、菩提寺の宗派の検討から、母は瑞渓院ではなく庶出であったことを推測している。ただし、義氏との婚姻にあたっては、瑞渓院と養子縁組された可能性は高いと考えられる。古河公方家の正妻となるには、嫡出子の体裁をとるのが適切と考えられるし、氏康死去にともなって、瑞渓院とともに自らの逆修《ぎゃくしゅ》供養（生前供養）を行っていることからみて、そのように理解される。

浄光院殿は、天正二年に長女（徳源院殿）を、同四年に嫡子梅千代王丸を、同七年頃に次女を生んだとみられるが、徳源院殿以外は早世したらしく、浄光院殿も同九年六月十五日に死去した。享年は、弘治元年生まれとすれば二十六であったことになる。法名は浄光院殿円桂宗明大禅定尼といった。

長篠合戦ののち、武田家に嫁いだ六女・武田勝頼妻（桂林院殿）

桂林院殿は永禄七年（一五六四）生まれと伝えられており（「景徳院位牌銘」）、当然ながら瑞渓院の子ではなく、庶出とみなされる。十三歳の時の天正四年（一五七六）正月二十二日に、隣国甲斐の戦国大名・武田勝頼の後妻として嫁いだとみなされる（丸島和洋「桂林院殿」

桂林院殿肖像（「勝頼・桂林院殿・信勝像」のうち部分。東京大学史料編纂所所蔵摸写）

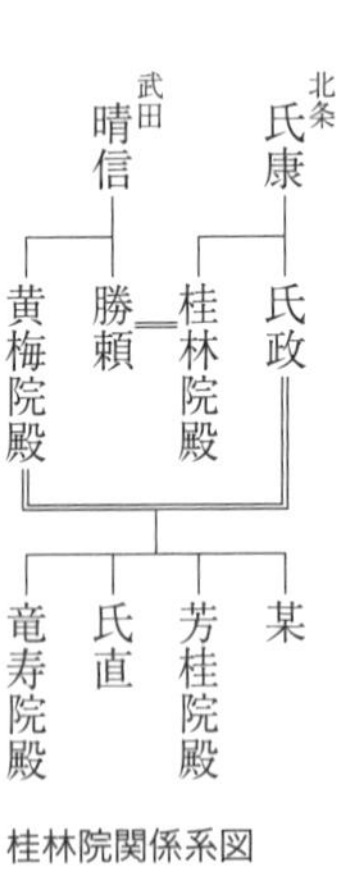

桂林院関係系図

黒田・浅倉編『北条氏康の子供たち』）。この時、武田家は前年の三河長篠（愛知県新城市）合戦による敗戦からの立て直しに懸命になっていたから、引き続いての織田家・徳川家との抗争にあたって、この婚姻は、北条家との強固な同盟関係の構築を図るために、武田家側から要請されたものであったとみられる。桂林院殿の年齢が少し若すぎるのは、そのような事情で行われたからとみられる。

翌同五年（一五七七）には「御前様《ごぜんさま》」としてみえるようになっている。しかし、勝頼との間には子は生まれなかったとみられている。同七年九月に北条家と武田家の同盟は破棄され、両家は同十年三月に武田家が滅亡するまで敵対関係となる。しかし、桂林院殿は離婚することなく、その後も武田家のもとに留まっている。そして同十年三月三日、滅亡に際しては、勝頼とともに新府城《しんぷ》（山梨県韮崎市）を脱出して、郡内《ぐんない》への逃避行に出るが、途中で織田軍に攻められ、十一日に自害した。享年は十九、法名は翌年に兄氏規によって弔われた際に、桂林院殿本渓宗光と付けられている。

北条家の存立を左右する瑞渓院の実子たち

ここまで氏康の子女について、それぞれを取り上げるかたちをとって、それらの概略をみてきた。そこでは生年についていろいろと推測をしてきたが、ここでそれらの推定の結果をまとめておくと、

長男・新九郎氏親　　天文六年（一五三七）
次男・氏政　　天文八年（一五三九）
長女・七曲殿（北条氏繁妻）　　天文十年（一五四一）頃か
三男・氏照　　天文十一年（一五四二）
次女・千葉親胤妻　　天文十一年（一五四二）頃か
四男・氏規　　天文十四年（一五四五）

三女・太田氏資妻（長林院）　天文十四年（一五四五）頃か
四女・早川殿（今川氏真妻）　天文十六年（一五四七）頃か
五男・氏邦　天文十七年（一五四八）
六男・景虎　天文二十三年（一五五四）
五女・足利義氏妻（浄光院殿）　弘治元年（一五五五）頃か
養子・氏忠　弘治元年（一五五五）頃か
養子・氏光　弘治三年（一五五七）頃か
六女・武田勝頼妻（桂林院殿）　永禄七年（一五六四）

という具合になる。もっともそれらの推定は、いくつもの仮定をもとにして出した推測にすぎないので、今後再検討が必要になる史料が出てくれれば、もちろんその都度、再考していかなくてはならないものである。ここではあくまでも、現時点での推定として理解していただきたい。

そして、それらのうちで瑞渓院の実子とみなされたのは、新九郎氏親・氏政・氏照・氏規の男子四人と、七曲殿・早川殿の女子二人、合わせて六人であった。前章でみたように、瑞渓院の生年を永正十五年（一五一八）頃と推定したうえで、それら子女の生年推定に従うと、二十歳で長男新九郎氏親を、二十二歳で次男氏政を、二十四歳で長女七曲殿を、二十五歳で三男氏照を、二十八歳で四男氏規を、三十歳で四女早川殿を、それぞれ生んだということになる。

第一子新九郎氏親は男子であったため、当初から氏康の嫡子とされた。第二子氏政も男子であったため、嫡子のスペアとされた。彼ら二人はいずれも、将来的に北条家を継ぐことを前提にした教育が施されたに違いない。第三子七曲殿は女子であったため、有力御一家衆で従兄弟にもあたった玉縄北条氏繁と婚姻することが取り決められた。第四子氏照は男子であった。本来であれば、庶子として成長するべきところ、元服前の段階で長兄新九郎氏親が早世し、次兄氏政が後継者にスライドしたことで、後継スペアの地位が回ってくることになった。ところが、武蔵南西部の有力国衆・大石家が当主不在になったため、その婿養子に入り、以後は有力御一家衆の立場となった。第五子氏規も男子で、氏照が他家を継承したため、それに代わって氏政の後継スペアの立場になった。最後となる第六子早川殿は女子で、瑞渓院の実家今川家との婚姻を結ぶことにともなって、今川氏真に嫁いだ。

このようにみてくると、瑞渓院の実子が、その他の庶出子と比べてみると、当時の北条家の在り方に大きく規定されるとともに、逆にそれらの存在が、北条家の在り方を大きく左右する関係にあったことがうかがわれる。

それでは、いよいよ以下の章で、瑞渓院とその子どもたちに視点を据えながら、北条家の動向をたどっていくことにしよう。

第三章　北条と今川の狭間で

今川氏輝・彦五郎の急死

瑞渓院が北条氏康との婚儀をあげたのは、前章で推定したように、天文四年（一五三五）暮れから翌同五年正月頃のことであった。十八歳から十九歳頃のことになる。婚儀の様子を伝える史料はもちろんないが、今川家からは大勢の行列が組まれたに違いない。駿府から小田原までの道のりは、おおかた東海道から伊豆三島（静岡県三島市）に入り、そこからは熱海道《あたみみち》を通って小田原に向かったものと思われる。それが当時の主要ルートであったからだ。そして、今川領国の駿河から北条領国の伊豆に入るあたり、おそらくは三島の手前の黄瀬川《きせがわ》を渡るところで、今川側から北条側に引き渡されて、そのあとは北条家の人びとに守られて移動したのだろう。

この婚儀が成されてすぐのことと思われる天文五年二月初めに、今川家当主であった長兄の氏輝と、三兄でその後継候補の立場にあった彦五郎が、揃って小田原を訪問した。婚儀をうけて実家から婚家への挨拶、といったものであった。二月二日には小田原に到着していたことが知られ（「土屋文書」戦北一二四）、同月五日には氏輝を迎えて、それに同行してきた公家の冷泉為和《れいぜいためかず》も参加して、小田原城で和歌会が開かれている（「為和集」静一三六四）。同月十三日には北条氏綱の次男為昌、翌十四日は氏康の屋敷で、相次いで和歌会が行われている（「為和集」）。

氏輝一行は、一ヶ月ほど小田原に滞在して、三月初めに小田原を発って帰途についたようである。三月五日には途中の熱海（静岡県熱海市）で和歌会が開かれている。駿府に帰還した日にちはわからないが、すぐに発病したらしい。その連絡をうけた氏綱は、鎌倉鶴岡八幡宮に氏輝の病気快復の祈禱を依頼したとみられ、同寺では十八日に、鎌倉建長寺・円覚寺の住僧による大般若経転読による祈禱が行われている（「快元僧都記」）。

ところが、その祈禱の前日の十七日に、氏輝は死去してしまった。わずか二十四歳であった。しかも、あろうことかその後継スペアの立場にあった彦五郎も、同時に死去してしまったのである。これにより今川家は、当主だけでなくその後継候補までをも一瞬で失うことになってしまった。死因は不明であるが、病気になっていたらしいから病死であろう。彦五郎も同時に死去していることからすると、何らかの流行感染病であったのかもしれない。なお、氏輝の法名は臨済寺殿用山玄公居士、彦五郎の法名は定源寺殿寂庵性阿弥陀仏といった。

この氏輝・彦五郎の同時死去が契機になって、それまで親密な関係にあった北条家と今川家は、突如として敵対関係になっていくのである。瑞渓院は婚姻して早々に、婚家と実家の狭間に置かれるのであった。

「花蔵の乱」の勃発

今川家ではただちに新たな当主の決定がすすめられたと思われる。それを主導するのは、いうまでもないが「大方様」寿桂尼であったろう。ここで注目されるのは、天文五年五月三日の日付で、室町幕府将軍足利義晴が、「今川五郎」に今川家の家督相続と将軍家の通字「義」字の授与を認めたことを伝える、幕府家臣大館《おおだち》晴光の書状が作成されていることである(「大館記」戦今五四二)。

この「今川五郎」は、「義」字を与えられているから、後の義元にあたる。これは今川家から、善得寺殿承芳を還俗させ、「今川五郎」と名乗らせたこと、家督を継いだこと、それにともない将軍から偏諱を与えられたいことなどの申請があり、それをうけて出されたことはいうまでもない。申請から文案の作成までどれだけの時間がかかったのかはわからないが、一ヶ月ほどかかったとしても、四月初めにはそのような申請が出されていたとみられる。そしてそれを判断したのは、寿桂尼しかありえない。恵探のほうが承芳よりも二歳年長ではあったが、当初から承芳のほうが上位に位置していたから、この選択は順当といってよい。なお、この書状が義元に届けられたのがいつかはわからないが、よほどの問題が生じない限りは、遅くてもその数ヶ月後には届いたであろう。現在のところ、承芳と名乗っている最後が六月九日、義元の名がみえる最初は八月五日であるから、その間に届いたとみることができる。

ところが、義元を新たな当主に据える動きに接して、それに反対する勢力が出たようで、庶兄の恵探を擁立して対抗した。中心は恵探の母方実家の福島氏一族であったらしい。そして、四月二十七日から両勢力の間で武力抗争が開始され、内乱となった（「為和集」静一三七二）。これを、一方の当事者の花蔵殿恵探に因んで「花蔵の乱」と称している。戦乱は、駿《すん》府館《ぷやかた》、久能《くのう》城（静岡市）、由比《ゆい》城（同）、方上《かたのかみ》城（焼津市）、花倉《はなぐら》城（葉梨《はなし》城、藤枝市）など、駿河中央部から西部にわたる広範囲で展開された。結局は、承芳に味方した北条氏綱の軍勢によって（「勝山記」）、六月八日あるいは十日、十四日とも伝えられるが、花倉城が落城し、恵探が自害したことで、義元の勝利が確定した。恵探は法名を遍照光寺殿玄光恵探大徳といった。

内乱での寿桂尼の立場

この間の動きで、これまでの研究で大きな問題になっているのが、寿桂尼の動向である。

一つは「甲陽日記」（『山梨県史資料編6上』所収）の記事である。五月二十四日夜に、寿桂尼は、恵探方の福島越前守の宿所に行った。その翌日未明に駿府館で合戦があり、敗北した福島勢は久能城に後退した（静一三七八）。この二つの事柄を繋ぐ文言として、「花蔵ト同心シテ」とあり、その動作主体を寿桂尼ととって、寿桂尼は恵探を支持していたとする見解が出されている。しかし、これはよく読めば、動作主体は福島越前守であろう。彼が恵探に味方して駿府で合戦し、敗北して久能城に後退した、という文章として理解できる。

もう一つは、「岡部文書」にみえる文章である。義元方の今川家重臣の岡部親綱《ちかつな》は、花倉城を攻めた際に「住（注）書花蔵へ取らるるのところ、親綱取り返し付けおわんぬ」したが、その「注書」とは、「今度一乱已前に、大上様（寿桂尼）御注書を取り、花蔵へ参らさせられ候ところ、葉梨（花倉）城を責め落とし、御注書を取り、進上仕り候」というものであった（戦今五七二）。内容は「御注書」が恵探に取られていたのを、岡部親綱が取り返して義元に差し上げた、というものになる。そしてその「御注書」は、内乱が起こる前に、寿桂尼が「取って」、恵探に渡したもので、花倉城を攻略して、それを「取って」、義元に進上した、ということであった。

これらのことをもとに、寿桂尼は恵探を支持していたとする見解が出された。そのためこの内乱で、寿桂尼はいずれを支持していたのかについて、見解が分かれている。

内容を理解するうえでポイントになるのは、「注書」の意味と、「取る」の意味になる。まず「注書」であるが、そのままの言葉はない。そのため、これまでの研究では、「重書」（重要書類群）と理解し、たとえば有光友学氏は、伝来文書群のようなものとみている（『今川義元』）。ただし「注」は、書き付ける、説明する、という意味なので、何らかの内容を書き付けた書類、と理解される。「取る」には実に多くの語彙があるので、どれにあたるか判断が難しいが、寿桂尼の「取る」と、親綱の「取る」は意味が異なるといえ、前者は「書きとめる」、後者は「手に入れる」の意味でとるのが妥当であろう。

そうすると寿桂尼は、何らかの内容を書き付けた書類を作成して、恵探に渡していたが、それを義元側は入手した、ということであったと理解される。ただしその「御注書」について、義元は「取り返し付け」と表現しているので、本来は自分のもとにあるべきもの、という意識があったことがわかる。しかもそれに続けて、その取り返しの行為は、義元の子孫末代に対しての忠節である、といっているから、義元が今川家当主として存在するにあたって重要なもの、とみなされる。

では、どのように理解するのがもっとも適切であろうか。

まず、寿桂尼が福島越前守の宿所に行ったことについては、翌日未明に合戦になっているのだから、説得のためとみるのが妥当である。福島越前守が駿府館を攻撃しようとしていたのか、あるいは義元側から攻撃しようとしていたのか、そのような状況にあり、停戦あるいは降伏などの働きかけを行ったものと思われる。

次に「御注書」を作成し、恵探に渡したことについては、それは戦乱前のことというから、三月下旬から四月頃のことであろう。もちろん、その内容はわからない。しかし、伝来文書群という理解については、それを駿府館からわざわざ持ち出すとは考えられない。また、久保田昌希氏は、義元の家督相続にともなう室町幕府から与えられた書類群とみる見解を示しているが（『戦国大名今川氏と領国支配』）、それらが戦乱勃発前に届けられていたとは思われないうえ、やはりわざわざそれを渡すとは考えがたい。ただし、状況から推測すれば、恵探を擁立しようとする動きがあるなかで渡されたもので、義元が当主として存在していくうえで差し障りがあったことがうかがわれるので、たとえば、内乱抑止を目的とした領国の分割統治案などのような、恵探に一定の地位と権限を保証するようなものであったのではなかろうか。しかし、義元としては完全な継承しか考えられず、そのために取り返しておく必要があったと考えることもできるであろう。

しかしいずれにしても、これらをもって寿桂尼が恵探の擁立を図っていたとみることはできないであろう。そもそも内乱の展開後も駿府館にいたこと、その駿府は義元方が優勢であったことからすれば、寿桂尼は当主には義元を就ける立場をとっていたことは間違いないと思われるのである。いまだ十分な解釈ができないところも残るが、内乱における寿桂尼の立場については、このようにとらえておくことにしたい。

北条氏綱の進軍

「勝山記」（静一三八〇）によると、恵探を滅亡させたのは、北条氏綱の軍勢によるものであった。「花倉殿《（恵探）》・福島一門、皆相模氏縄《（綱）》の人数《（軍勢）》が責め殺し申され候」とある。これにより氏綱は、この「花蔵の乱」において、義元に味方して援軍を派遣し、恵探の本拠の花倉城を攻略するはたらきをみせたことがわかる。もちろん、先に触れた今川家臣の岡部親綱も同城攻略にあたっていたから、北条軍と義元方今川勢が協同して攻撃したのであったが、北条軍が圧倒的多数であったため、外部からはそのようにみえたのであろう。

どのような経緯で氏綱が援軍を派遣したのかはわからないが、この当時、氏綱は扇谷上杉家とそれに連携する勢力との抗争を展開していたから、駿河に軍勢を派遣する積極的な理由は見いだせない。したがって、氏綱が一方的に派遣したとは考えられず、当然ながら義元方から要請があったとみられる。そしておそらくは、寿桂尼から要請があったに違いない。直前に嫡子氏康の妻に瑞渓院を迎えて、今川家とは婚姻関係を媒介にした攻守軍事同盟を成立させたところであり、かつ瑞渓院の母にして、今川家の「大方様」からの要請だからこそ、氏綱はわざわざ援軍を派遣し、恵探方の本拠・花倉城まで進軍して、さらには同城の攻略を果たすまでしたのであろう。

この氏綱の軍勢派遣、花倉城攻略の動きについて、氏綱の独断によるとする見解や、あるいは「勝山記」の記事は事実ではなく、氏綱は恵探方に味方していたとみる見解などが出されているが、ここまで述べてきたことに照らせば、それらに明確な論拠があるわけではないから、単なる憶測にすぎないことがわかるであろう。北条家と今川家は、氏康と瑞渓院の婚姻により、攻守軍事同盟を締結したのであり、氏綱の行動はそれに基づいたものと理解すべきである。そして、そこでの今川家の意志は、「大方様」として、今川家の実質的な家長として存在していた寿桂尼が示すもの以外にありえないのである。

「河東一乱」の勃発

「花蔵の乱」に勝利すると、義元は、それまでの僧体から還俗・元服し、法名承芳をあらためて「今川五郎義元」を名乗った。仮名五郎は今川家歴代のものであり、実名の義元は、先にみたように足利義晴から偏諱を得たものであった。義元の名乗りは、八月五日には確認されている。そしてその日を皮切りにして、年内を通して、領国内の寺社への所領安堵や、承認への特権安堵、「花蔵の乱」で功績のあった家臣への新恩所領の充行《あてがい》などの文書を出しており、代替わりにともなう領国支配の再編成を行っている。

ところが義元は、年が変わった天文六年（一五三七）二月十日、それまで敵対関係にあった甲斐武田信虎の長女（定恵院殿《じょうけいいんでん》）を正妻に迎え、武田家と攻守軍事同盟を結んだ。この動きを察知した北条氏綱は、さまざまに反対工作を加えたらしいが、覆すことはできず、そのため氏綱は義元と手切れして、駿河河東地域に侵攻するのである（「甲陽日記」）。この河東地域をめぐる北条家と今川家の抗争を「河東一乱」と称している。

義元の婚儀は二月十日に行われているので、その交渉はそれこそ、その数ヶ月前からすすめられていたに違いない。遅くても前年末には始まっていたであろう。それに関して、「花蔵の乱」終結直後とみられる前年六月に、信虎が家臣前島氏一門を上意に背いたとして誅罰《ちゅうばつ》する事件があり（「勝山記」）、これまでの研究では、前島氏一門が恵探の残党を匿《かくま》ったためとしている。また、信虎の嫡子晴信（信玄）は京都の公家・転法輪《てぼり》三条公頼《さんじょうきんより》の娘（円光院殿）を正妻に迎えるが、それは義元の仲介により、天文五年七月のことと伝えられている（『甲陽軍鑑』）。これらのことから、武田信虎は「花蔵の乱」の時点で、義元を支持していたとみる見解が出されている。

しかし、前島氏一門が誅殺された理由が、恵探方残党を匿ったためとする根拠はなく、武田晴信の婚儀の時期についても、他に論拠があるわけではない。『甲陽軍鑑』での年代は他の論拠が得られないものについては、そのまま信じるわけにはいかない。晴信の婚姻が義元の仲介によったことは事実であろうが、時期についてそのまま採用する必要はない。したがって、それらをもとに、武田信虎が「花蔵の乱」の時点ですでに義元を支持していたようにみるのは無理があり、そうした考えには慎重であるべきと思われる。

とはいえ義元が、家督相続してそれほど時間が経たないうちに、それまでの今川家が採ってきた外交政策を反転させたことには違いはない。そして、その動きをとらえた氏綱が、さまざまな妨害工作をこころみたというのも、もっともなことであった。北条家は今川家とともに、それこそ伊勢宗瑞・今川氏親の代から武田家とは敵対関係にあり、現に、当面の抗争相手であった扇谷上杉家と信虎は同盟関係を結び、両者協同して軍事行動を展開していて、前年には信虎から相模津久井《つくい》領に侵攻をうけているのである。そのような関係にある武田家と今川家が同盟を結ぶなど、容認できるわけがなかった。

なぜ「河東一乱」は起きたのか

それではなぜ、義元は長年にわたって敵対関係にあった武田家と同盟することを考えたのであろうか。

そのことを示す史料がみられないため、これまでにもいろいろな見解が出されてきた。まず前提になるのは、その直前まで今川家は武田家と抗争を展開していた、ということである。先代の氏輝の軍事行動で確認されるのは、天文三年・同四年の武田家との抗争だけであった。かりに義元がこの路線を継承したら、引き続き武田家との抗争が最優先されたであろう。しかし、内乱を克服したばかりの義元にとって、隣国との抗争の展開には不安があったのではなかったか。反対派がそれに結びついて、再び領国の内乱状態が引き起こされてしまうことを懸念したとしても不思議ではない。

一方の武田信虎も、関東で北条家、駿河方面で今川家との両面での抗争を続けることに危機感を抱いていたとみられる。実際に、天文三年・同四年には今川家・北条家から甲斐国内への侵攻を許していた。領国を維持するのに懸命の状況に追い込まれていたように思われる。さらにそれ以前の天文元年まで、信濃諏訪家とも抗争しており、同年には諏訪家から侵攻をうけていただけでなく、国内の有力国衆がそれに結びついて叛乱を起こしていた。北条家・今川家との両面抗争を続けていけば、国内の国衆の離叛が続いてしまいかねないという不安があったに違いない。実際、郡内の国衆・小山田家は、それ以前はしばしば北条家と結んでいた。

おそらく状況からすれば、義元の代替わりを機に、武田信虎のほうから同盟締結を申し入れたのではなかったか。義元はそれに乗ったものと思われる。義元にとっては何よりも、内乱後の領国の再把握が優先課題であったとみられる。その際、これに北条氏綱が反対するとは考えていなかったのであろう。そもそも義元は、この政策転換について、事前に氏綱に打診することはなく、事後通告で済ませたのであろう。もっともこれは戦国大名の外交としては通常のことであったととらえられる。しかも、義元はこの時まだ十八歳か十九歳でしかなかったから、これらは義元独自の判断ではなかったであろう。おそらく、後見した寿桂尼や太原崇孚雪斎などの判断であったとみられる。

しかし、この通告をうけた氏綱は、それに反対を表明した。そして破棄されるよう、工作をこころみたらしい。具体的にどのような方法を採ったのかはわからないが、寿桂尼へ申し入れもしたであろう。また妹が、今川家宿老筆頭の三浦氏員の妻になっていたから、そうした懇意にしている今川家重臣を通じて申し入れしたであろう。さらには、瑞渓院を通じて、懇意にしていた人びとにもはたらきかけがあったかもしれない。

それでも義元は方針を変えなかった。それをうけて氏綱は、「花蔵の乱」では援軍まで派遣して、義元に勝利をもたらしたにもかかわらず、手のひらを返すがごとくに、深刻な抗争関係にある武田家と同盟することは、氏綱の面目を潰すものととらえ、それへの報復として義元との全面抗争に踏み切ったと思われる。おそらくこのことは、義元にとっては誤算であり、予想外のことであったと思われる。義元は、北条家との同盟を前提に、武田家とも同盟を結ぼうとしたものと思われ、これによって北条家と抗争が展開してしまったことに、むしろ驚いたのではなかろうか。

それにしても、こうしたかたちで北条家と今川家が全面抗争を展開することになってしまったことを、瑞渓院はどのように思ったであろうか。ほとんど為す術もないままに戦乱に突入してしまったことをどう感じていたであろうか。

婚姻関係にあった大名家同士が、絶交して抗争関係になった場合、その婚姻は離縁になることもあった。しかし、氏康と瑞渓院は離婚することはなかった。氏綱もそう考えることはなく、また寿桂尼や義元も、瑞渓院を戻すことを要求しなかったとみられる。瑞渓院と寿桂尼の関係があれば、もしもの時に和睦交渉のルートが確保できることを、互いに認識していたのかもしれない。もし、武田家との同盟をすすめたのが寿桂尼であったとしたら、その失敗をもとに、むしろ北条家との繋がりを維持するものとして、瑞渓院の存在に強く期待したことであったろう。

北条氏康の代替わり

氏綱は、二月二十一日付けで河東地域の寺院や村に禁制を出しているから（「星谷文書」戦北一三四など）、その頃には先陣の出陣があったのであろう。自身は同月二十六日に小田原を出陣している（「快元僧都記」）。河東地域とは、富士川より東側一帯をいい、駿東《すんとう》郡・富士郡にあたる。北条軍はたちまち河東地域を占領したとみられ、さらに富士川を越えて庵原郡興津《いはらぐんおきつ》（静岡市）まで進軍して、同地を攻めている。義元は武田信虎に援軍を要請したとみられ、武田軍は北条方となった駿東《すんとう》郡北部に攻め込んでいる（「勝山記」）。

北条軍は富士郡南部の吉原城（静岡県富士市）を最前線拠点として、今川方に対峙した。また河東侵攻にあたっては、駿河駿東郡葛山領の国衆で氏綱実弟の葛山氏広の他、同郡御厨領の垪和《はが》左衛門大夫、富士郡大宮領の富士大宮司家、遠江堀越氏延・井伊氏（直盛か）、三河奥平定勝・戸田宗光などの国衆を味方につけている（「安房妙本寺文書」戦今九一六・「高橋健二氏所蔵文書」戦北一四一・「松平奥平家古文書写」戦北四六一七）。こうしてこの戦乱は、河東地域だけでなく、今川領国全域にわたって展開されるものとなった。そのため義元は、河東をめぐる抗争だけでなく、それら離叛した国衆の鎮圧にも追われていった。

氏綱の河東への出陣は、断続的に行われたが、天文八年（一五三九）七月を最後に、その後はみられなくなる（「西光院文書」戦北一六二）。この時は庵原郡蒲原城《かんばら》（静岡市）まで攻めている（「甲州古文集」戦今六二九など）。一方で義元は、堀越氏延の制圧をすすめて、遠江での領国回復を果たしていた。そうして両軍の抗争は小康状態になり、富士川を挟んでの対峙が続いていくことになる。

氏綱は義元と敵対関係になったことで、味方勢力はまったくいなくなるという状態に置かれた。しかし、それでも天文六年に扇谷上杉家の本拠河越城を攻略、同七年には同家から下総葛西城を攻略して下総にも進出し、また第一次下総国府台《こうのだい》（千葉県市川市）合戦で小弓《おゆみ》公方足利義明を滅ぼすと、古河公方足利晴氏から関東管領《かんとうかんれい》職に任じられて、関東政界で公方家に次ぐ地位を獲得している。そして同八年には関東足利氏御一家筆頭の世田谷吉良《せたがやきら》頼康に三女を嫁がせ、さらに同九年には、古河公方足利晴氏に四女（芳春院殿）を正妻として嫁がせ、古河公方家の外戚の地位を成立させる。そして同年には、天文元年からすすめていた、関東武家の守護神である鎌倉鶴岡八幡宮の上宮修造を遂げて、同寺の僧侶からは「（関東）八ヶ国の大将軍」の資格を備えるものと讃えられた。

政治的には孤立状態になったとはいえ、氏綱は著しく政治勢力を拡張させることに成功していたのである。すでに領国は伊豆・相模に加え、武蔵半国・駿河半国・下総の一部におよ

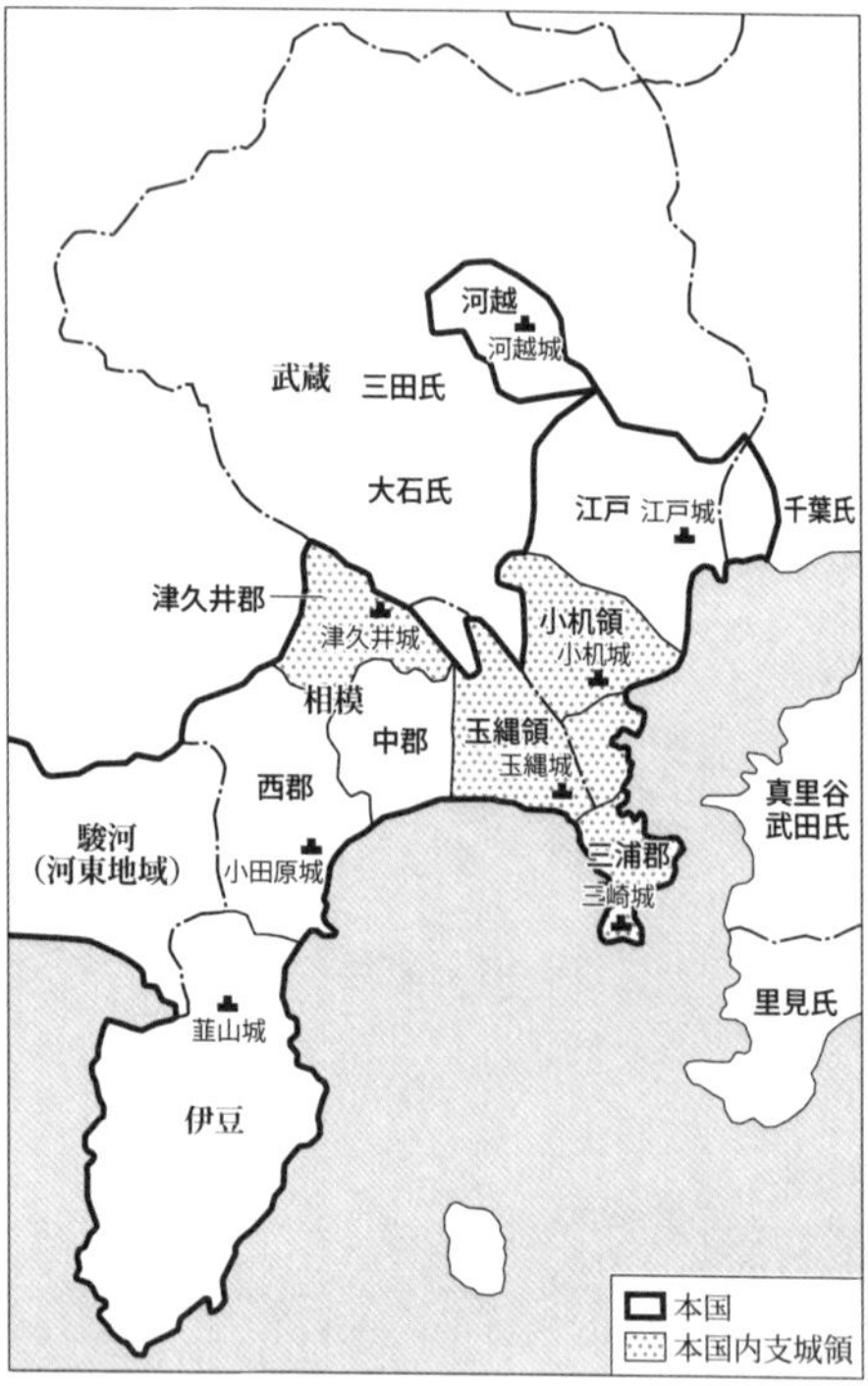

氏綱期の北条領国図（狭義の領国）

び、下総千葉家・上総武田家・安房里見家など房総勢力を服属させるという、関東で最大の勢力を形成し、その地位も関東管領職に加え、古河公方家の外戚として、公方家に次ぐ地位を成立させていた。北条家は早くも、当時のなかで全国的にも最大規模の戦国大名へと展開したのである。それを遂げたのが、二代目の氏綱であった。

そして氏綱は、同十年（一五四一）夏頃から病気になり、そのまま快復することなく七月十七日に、五十五年の生涯を閉じた。法名は春松院殿快翁宗活大居士。その四十九日法要の時、小田原中の僧侶が集められて、一千部経の写経が行われ、また導師は数時間におよんで氏綱を偲ぶ演説をすると、参列した一門・家臣だけでなく、妻らの女性たち、さらには聴聞のために参集した一般庶民まで、みな涙して袖を絞ったと伝えられている（『異本小田原記』）。

氏綱の死去にともなって、北条家の当主となったのは、嫡子の氏康であった。二十七歳になっていた。そして、氏綱の後妻近衛殿は引退し、以後は「御大方様」と呼ばれるようになった（「本朝武家諸姓分脈系図」）。それに代わって、瑞渓院が「御前様」と呼ばれるようになった。二十四歳くらいであった。こうして瑞渓院は、北条家の奥向き一切を取り仕切る立場になった。すでに天文六年に長男西堂丸（新九郎氏親）を、同八年に次男松千代丸（氏政）を、同十年頃には長女（七曲殿）を生んで、二男一女の母にもなっていた。北条家での立場は安泰であったようにも思われるが、気がかりなのは、いまだ実家の今川家と断絶状態にあったこととといえよう。

足利義晴の和睦要請

河東をめぐる抗争は小康状態にあった。今川義元はその間、天文八年正月に今川家当主歴代が名乗ってきた治部大輔の任官をうけて(「為和集」静一四八六)、今川家当主としての立場をますます強めていた。さらに同十二年四月頃から、河東地域の富士郡北部に勢力を強めていったようで(「井出文書」戦今七〇六)、同十三年十月頃には、同地域を回復したようにみられる(「宮崎文書」戦今七五〇)。

一方の北条氏康は、家督を相続した天文十年七月の直後となる十月に、敵対関係にあった扇谷上杉家と山内上杉家から領国への侵攻をうけていた。代替わりの隙を衝かれたようなものであった。しかし、同年十二月には反撃し、逆に山内上杉領国の北武蔵まで進軍している。同十二年からは、上総で安房里見家と抗争を展開するようになっていた。この状況下で氏康は、政治的に孤立状態にあることから脱却を図ったとみられ、同十三年正月に甲斐武田晴信(信玄)と和睦を成立させている(「甲陽日記」)。そのうえで山内上杉領国や里見領国への侵攻を強めるようになっていた。

ここで興味深いのが、武田晴信が今川義元と北条氏康の双方と和睦を結んだことであろう。晴信は信虎の嫡子であったが、天文十年六月に父の信虎を駿河の義元のもとに追放して、クーデターによって武田家の当主になっていた。晴信は大永元年(一五二一)の生まれで、氏康よりも六歳年少、義元よりも二歳年少であった。そして翌同十一年から、信濃諏訪郡の経略を皮切りにして、信濃侵攻を本格化させていた。晴信はそれにあたって、背後に位置することになる氏康との和睦をすすめたと思われる。こうして北条家と今川家と、ともに和睦関係にある武田家、という存在があらわれることになった。

そして天文十四年（一五四五）になると、三月から動きがみられ始める。三月二十六日、駿府に滞在していた聖護院道増《しょうごいんどうぞう》が、東国へ向かっている（「為和集」静一七三〇）。いうまでもなく、その過程で北条家のもとを訪れたに違いない。聖護院は京都にある有力な門跡寺院で、道増は近衛稙家の弟であった。その姉にあたったのが、氏綱後室の近衛殿であった。これと同じ頃、近衛家の家司《けいし》であった進士《しんじ》修理亮晴舎《しゅりのすけはるいえ》が、将軍足利義晴の使者として東国に下向したらしく、四月二十四日にはその帰途にあって遠江引間《ひくま》（のちに浜松）城に滞在しているから（「古簡雑纂」戦今七七四）、東国への下向はそれ以前のことであったことがわかる。

三月の頃、近衛家の関係者が相次いで東国に下向していたのであった。そして六月七日付けで、その近衛稙家が氏康に書状を出している（「東海大学図書館所蔵文書」戦今七七五）。その内容は、去年から書状を出していたが、（伊豆まで）通行できず使者が戻ってきたため、あらためて書状を出すもので、駿州（今川家）と和睦するようにという、将軍足利義晴の意向であるので、停戦して和睦するように、と要請するものであった。この書状が、いつ氏康のもとに届けられたのかは不明だが、ちょうど七月七日に、聖護院道増が再び京都から駿府に下向してきていて、和睦の件で氏康のもとに赴くところであったから（「為和集」静一七四〇)、おそらく道増に託されて氏康に届けられたとみなされる。

このようにみてみると、三月に道増や進士晴舎が東国に下向したのも、この和睦に関わることと推測される。近衛稙家は、前年から書状を出そうとしたこと、またそれは足利義晴からの要請であったことを述べていた。すなわち前年に、足利義晴は今川家と北条家との和睦を図り、その周旋を、妻の兄であるとともに氏康の義母の弟でもあった近衛稙家に依頼したのであった。いうまでもないが、足利義晴がまったく独自にこのような意向を示すはずはなく、また氏康にはたらきかけしようとしていたのだから、これは義元側が足利義晴に要請したものとみて間違いない。

ちょうど前年に、義元は富士郡北部の勢力を回復していた。その一方で、三河に尾張織田家の勢力が侵攻するようになってきていた。義元は河東をめぐって北条家と抗争を継続するのではなく、一刻も早く三河に侵攻して、味方勢力の維持を図る必要に迫られていたと考えられる。しかし、河東は本国駿河の東部一帯にあたったから、これを放置しておくわけにはいかない。そこで足利義晴に、氏康との和睦の周旋を要請したものと思われる。ただ、その要請は、その後の展開をみていくと、あるいは寿桂尼によるものであったとも想定される。寿桂尼には、娘瑞渓院との間の抗争関係を、何としてでも解消したいという思いがみられるからである。

また、この時期には興味深いことが起きている。四月から六月にかけて、武田晴信は信濃伊那郡箕輪《みのわ》城攻略をすすめるが、そこに義元からの援軍三〇〇〇人に加えて、氏康からも援軍二〇〇〇人が送られてきているのである。敵対関係にあった今川軍と北条軍が、武田家への援軍として共闘するという事態が生じていたのであった（「歌仙板額」静一七三七）。これは、ちょうど足利義晴による和睦要請がすすめられていた時期にあたっているから、そうした情勢をうけて、義元・氏康ともに、和睦の可能性を探っていたようにも思われる。

ところが、こうした足利義晴の意向と、その周旋に姻戚である近衛稙家があたったものの、氏康の回答は拒否であった。道増はその返事をもって駿府に戻り、足利義晴・近衛稙家に報告すべく七月十八日に駿府を発って上洛している（「為和集」静一七四三）。氏康がなぜ拒否したのかはわからないが、考えられるのは、和睦に際しての条件が受け容れられないものであったからであろう。具体的な内容は不明だが、この後の展開から類推すれば、河東からの全面撤退であったと思われる。義元としては、駿河は本国なので、一円領国化に拘《こだわ》っていたとみられる。しかし氏康としては、簡単には受け容れられないものであった。

これをうけて義元は、河東を実力で奪還する行動に出る。そうして七月二十四日に、駿府を出陣して、富士郡南部に進軍して善得寺に着陣した（「為和集」静一七四三）。北条方の最前線である吉原城攻略のためであった。この出陣は、足利義晴らを通じての和睦交渉を拒否されたことで、義元の面目が潰されたことへの報復行動にあたる。戦国大名の戦争は、こうした面子をかけて始まることが多かった。また同時に、同盟関係にあった武田晴信に、援軍として晴信自身の出陣を求めたとみられ、八月五日に晴信は、家臣を甲斐南部の本栖《もとす》（山梨県富士河口湖町）まで派遣している。そして氏康も、この動きをうけて出陣したとみられる。なお「勝山記」には、氏康自らが吉原城まで進軍したように記している。私自身もこれまでそのように考えていたが、その後の情勢からみると誤りとみられる。むしろ氏康は、伊豆三島まで出陣しただけであったと思われる。ともかくも、こうして北条家と今川家は河東で再び対陣する情勢になった。

寿桂尼の和睦要請

武田晴信は、八月十日に、側近家臣の駒井高白斎政頼を義元が在陣する善得寺に派遣して、書状と口上書を雪斎と武田家への取次であった高井兵庫助・一宮出羽守に渡している。翌十一日に、駒井は義元に対面し、義元から晴信に宛てた起請文を渡されて、十三日に甲府（山梨県甲府市）に帰還している（「甲陽日記」）。晴信から義元への書状の内容や、義元から晴信への起請文の内容はわからないものの、この後に両者は初めて対面し、同陣するから、その同陣にあたっての取り決めに関わるものであったと思われる。さらには晴信が、義元と氏康の和睦の取り成しをすることの取り決めも含まれていたかもしれない。

というのは、のちに晴信は今川家臣の松井貞宗への書状で、「北条《氏康》の事は、御骨肉の御間、殊に駿府大方《寿桂尼》思し召しも計らい難く候条、一和に取り成し候」と、北条家と今川家は血縁関係にあり、とりわけ寿桂尼の意向があって和睦を取り成した、と述べているのである（「土佐国蠹簡集残篇」戦今七八三）。実際にこの後、晴信はそれをすすめることになる。そうすると晴信は、出陣に先立って、寿桂尼から和睦周旋の依頼をうけていたとみられるのである。おそらく寿桂尼は、足利義晴による和睦周旋が失敗に終わり、義元が河東に出陣して、再び今川家と北条家の対陣が生じることになったのをうけて、双方と同盟関係にある武田晴信に、和睦の周旋を依頼したと思われる。

晴信は九月九日に甲府を出陣し、十二日に甲斐南部の本栖に着陣した。先陣は宿老の板垣信方らが務め、駿河に入り富士郡大石寺（静岡県富士宮市）まで進んできた。そうしたところ十四日に、氏康は晴信に書状を送った。これはおそらく、あらかじめ晴信から、寿桂尼の意向をうけた和睦のはたらきかけがあり、氏康がそれに応えたものと思われる。氏康もまた、この時期に河東で義元と対戦することについて、関東での政治情勢を勘案すれば、早期に解決したいと考えていたと思われる。

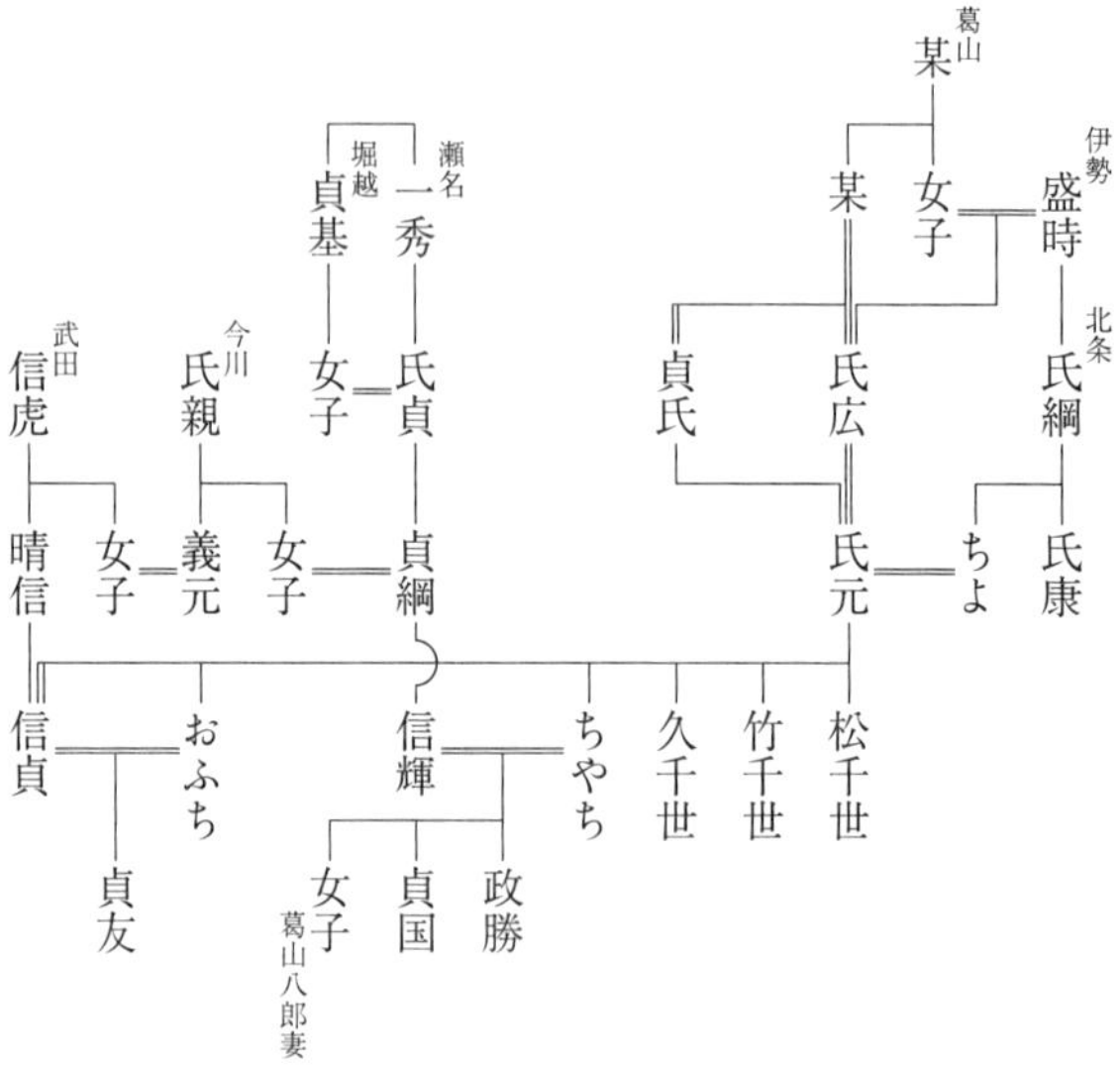

葛山家関係系図

これをうけて、晴信は駿河に進軍し、十五日に大石寺に着陣した。ところが翌十六日、吉原城が今川方に開城してしまい、在城していた北条勢は伊豆三島まで後退した。これについて私は以前に、晴信による和睦取り成しの条件によるものかという想定をしたが（『関東戦国史』）、むしろ駿東郡南部から富士郡南部の下方《しもかた》地域までを領国としていた、国衆の葛山氏元（氏広の養子、妻は氏康の妹・ちよ）が、氏康から離叛し、義元に従属したことによるとみたほうが妥当と思われる。氏元はその後、わずか三日後の十九日に、今川方として軍事行動しており、従属の交渉には少なくとも数日はかかったであろうから、交渉は吉原城開城以前からとみるのが自然である。そうすると、氏元が離叛したために、吉原

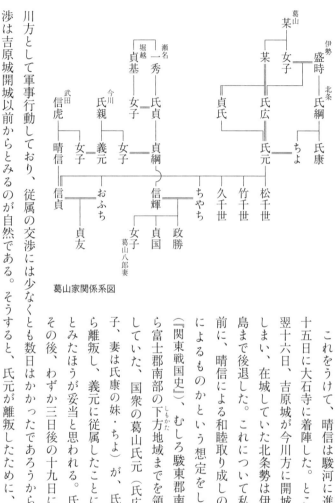

城に在城していた北条勢は、開城せざるをえなくなったというのが実際と思われる。おそらくその直前から、義元は葛山氏元への調略をすすめていたのであろう。氏元は領国への侵攻をうける情勢となって、義元への従属を決断したのであろう。

吉原城の開城をうけて、晴信はさらに南下し、義元と、互いの陣所の途中で初めて対面した。そして十七日には義元の陣所に入っている。ここで氏康への対応が話し合われたに違いない。翌十八日に義元と晴信は揃って出陣し、東海道を東に進んで、十九日に駿東郡に入った。その十九日には、葛山氏元が北条方の最前線となった長窪城《ながくぼ》（静岡県長泉町）を攻撃している。今川家に従属した証しとして、敵方経略にあたったのである（「吉野文書」戦今七七七）。同城は本来、葛山家の領有であったが、「河東一乱」にともなって北条家が直接管轄するようになっていた。城主は葛山家一族の御宿《みしゅく》氏が務めていたが、氏元には同調せず、そのまま北条方の立場をとっていた。もっとも、城中に北条方の軍勢が在城していたから、そうせざるをえなかったともいえる。

河東一乱関係図

そして二十日に、晴信は岡宮《おかのみや》（沼津市）に着陣、義元は長窪に着陣し、二十七日に今川・武田両軍は駿河・伊豆国境の黄瀬川に橋を架けている。翌二十八日に黄瀬川沿いの土《と》雁原《かりはら》（長泉町）で合戦があった（「越前史料」戦北一五四五）。四日後の十月一日、武田家の重臣板垣信方らが陣所を出て、氏康の陣所に赴いている。晴信はいよいよ氏康との和睦交渉に乗り出したのであった。ところが、交渉はすぐにはまとまらなかったらしい。おそらく、和睦条件が容易には合致しなかったのであろう。しかし、情勢は氏康に不利になった。河東での対陣をみた山内上杉憲政《のりまさ》と扇谷上杉朝定《ともさだ》が、九月二十六日に、北条方の武蔵河越城に侵攻し、同城を包囲したのである。さらには、古河公方足利晴氏に出陣を要請するのであった。

ここに氏康は、前面に今川軍・武田軍と対峙し、後方では山内・扇谷両上杉軍の攻撃をうけることになった。また晴信も、長窪城攻略には日数を要し、その際に敵味方に大きな損害が出てしまうと今後の合戦に差しつかえることになり、たとえ、ここで氏康を滅亡に追い込んだとしても、数十年後には山内上杉家が北条領国を経略してしまって、結局は同じような抗争が展開されることになると見通して（「土佐国蠹簡集残篇」戦今七八三）、ここでの氏康との和睦成立に尽力するのである。すでに晴信は、信濃佐久《さく》郡の経略をめぐって山内上杉家と敵対関係になっていたから、氏康を追い詰めるのは山内上杉家を利するだけであり、それは晴信にとって好ましいものではないと考えていたとみられる。

具体的な交渉の過程は不明だが、十月二十日になって氏康は和睦に応じることにし、同日に長窪城は駒井高白斎から検分をうけ、城主御宿氏は自害させられた。そして二十四日に氏康は、山内上杉憲政・義元・氏康の三和を受け容れる起請文を晴信のもとに提出した。晴信は、義元と氏康の和睦だけでなく、上杉憲政を含めた三和の和睦をすすめていたことがわかる。憲政との和睦は、おそらく氏康が要請したものであろう。その代わりに、河東からの撤退を受け容れたのだと思われる。

これをうけて、駒井高白斎は三度におよんで雪斎の陣所に行って調整をすすめ、二十二日に今川軍と北条軍との間で「矢留め」、すなわち停戦が成立した。二十九日に、義元と晴信は、もし今後、氏康が境目に城を築城して侵攻してきた場合、それはこの和睦を破棄するものであり、その際には晴信はすぐに出陣し、氏康を見捨てて義元に味方することを確認し合っている。そして十一月六日、長窪城在城の北条勢は退城し、城は義元に引き渡されて、北条勢の河東からの全面撤退が実現された。氏康はおそらく、これをうけて三島から帰陣したものと思われる。なおこの年に、氏康の側近家臣の遠山左衛門尉康光が駿府に派遣されたことが知られるが（「新井氏所蔵文書」戦北四〇五）、おそらくこの時の和睦にともなうものであったと思われる。

こうして、天文六年から九年にわたって続く、北条家と今川家の全面抗争となった「河東一乱」は、北条方の駿河からの全面撤退というかたちで終息した。これにより義元は、本国である駿河全域の領国化を、ようやくにして成し遂げることになった。その決着は、双方と同盟関係を結んでいた武田晴信の取り成しによるものであったが、その背景には、寿桂尼の意向がはたらいていた。

寿桂尼がわざわざ晴信にはたらきかけているのは、それが義元とは別の意志であったことを意味しよう。義元はどちらかといえば、強気の姿勢をとっていたのではなかろうか。しかし、寿桂尼は一刻も早い解決を望んでおり、そのため晴信に和睦斡旋を頼んだのだと思われる。その理由は「骨肉の間」、血縁関係にあったからであり、それは娘瑞渓院が氏康の妻であったことにあった。寿桂尼と瑞渓院の血縁関係が、寿桂尼をして和睦による解決を求めさせたのだといえよう。そして晴信は、義元と氏康の早期和睦が自身の利益にもなることから、その要請に応えて、和睦成立に尽力したのであった。

もっともここで、寿桂尼と瑞渓院との間で、直接的なやり取りがあったわけではない。敵国同士の関係であったから、たとえ肉親でも書状のやり取りなどはできなかったからである。したがってこの時に、瑞渓院が何か具体的な動きを見せたわけではない。しかし、瑞渓院が氏康の妻として存在していたということ、そのことが和睦の背景になっていたのである。戦国大名家同士の婚姻は、このようなところに大きな意味を発揮するものとみることができるであろう。

そして瑞渓院にとっては、氏康と婚姻した翌年から始まった、婚家と実家との戦乱がようやくに終結をみたことで、安堵したに違いない。まさにその間は、実家との連絡もできない状態に置かれていたのであり、これからは気兼ねなく、寿桂尼や実家の人びとと交信することが可能になるからであった。この戦乱において、瑞渓院がどのような思いでいたのか、それを知ることはできないものの、少なからず不安を抱えていたであろうことは想像されるであろう。

疑心暗鬼の和睦関係

さて氏康は、「河東一乱」が終結した後は、翌天文十五年（一五四六）四月に、河越城を包囲していた山内上杉憲政・扇谷上杉朝定と、それに味方した古河公方足利晴氏の連合軍と合戦し（河越合戦）、これに勝利して、関東で最大の政治勢力の地位を確立させた。扇谷上杉家はこの合戦で滅亡し、氏康はその後、山内上杉家の領国経略をすすめ、また古河公方家に圧力をかけていき、上総では里見家との抗争を優勢にすすめていった。他方、今川義元は同年冬から、本格的に三河経略に取り掛かっていき、また武田晴信は、信濃経略を着実にすすめていった。「河東一乱」の終結をうけて、北条・今川・武田の三大名は、それぞれ経略の方向を明確にしていったのである。

しかし、氏康と義元は和睦を結んだとはいっても、まだ互いに信頼できる関係にはなっていなかった。とくに義元のほうが、氏康への「疑心止み難し」と、疑念を持ったままであったようだ。天文十七年に推定される三月十一日付けで、氏康は尾張織田信秀《おだのぶひで》に返書を出している（「古証文」戦北三二八〜九）。それによると、以前に両者は書状のやり取りをしていたが、最近は途絶えていたらしい。以前におけるやり取りがいつのことをいうのかわからないが、「河東一乱」初期の頃のことであったかもしれない。そうしたなか、信秀から義元との関係について尋ねられたのである。

というのは、義元と織田信秀は、前年に協調して三河に侵攻したらしいが、信秀が義元に無断で西三河の岡崎松平家を従属させたことで、義元との関係が悪化し、義元はそれへの対抗のために、東三河の今橋（のちに吉田、現在の豊橋）城を攻略したのであった。それから三河の情勢は緊迫したものとなっていた。そこで信秀は、氏康に義元との関係はどうなっているのかを尋ねてきたのであった。それに対して氏康は、最近は和睦しているが、義元からの疑心はなくなっていない、と答えているのである。

氏康と義元の関係は、あくまでも「和睦」にすぎなかったことがわかる。それでも両者の間に抗争が生じる情勢があったわけではなかった。しかし義元は、氏康への不信の念をぬぐい去ることはできなかったらしい。そもそも、十年近くにわたって河東地域を占領していた、という同地域に対する潜在的な影響力、さらには、富士郡下方地域から駿東郡一帯を領国とした国衆の葛山氏元が、氏康の妹婿であるという事実が、いつかまた氏康が河東地域に進出してくるのではないか、という不安があったのかもしれない。

こうした両者の関係は、その後も依然として続いたのか、時期が経つことによって改善の方向に向かっていったのかはわからない。しかし、どちらかといえば後者の傾向がみられていったように思う。そのことをうかがわせるのが、天文十八年十月七日に公家の飛鳥井雅綱が小田原に滞在していて、その日に氏康の嫡子西堂丸（新九郎氏親）と次男松千代丸（氏政）に、蹴鞠伝授書が与えられていることである。飛鳥井雅綱の小田原来訪は、当然ながら駿府を経由してのものとみなされるから、今川家との和睦により、駿府から公家の往来が、「河東一乱」以前のようにみられるようになっていたことがうかがわれるのである。

ちなみにこの時、西堂丸は十三歳、松千代丸は十一歳になっていた。二人とも順調に成長していた様子がうかがえるであろう。二人の母である瑞渓院は、その間にも同十一年に藤菊丸（氏照）、同十四年に氏規、同十六年頃に早川殿と、相次いで氏康の子を生んでおり、すでに四男二女の母になっていた。北条家の「御前様」の地位は、盤石なものになっていたといってよいであろう。そしてこの後は、それらの子どもたちの縁組みに関心が向けられるようになっていくのである。

三国軍事同盟の構想

氏康と義元、それに晴信との関係に大きな変化が生じる契機になったのは、天文十九年（一五五〇）六月二日に、義元の正妻で、晴信の同母姉であった定恵院殿が死去したことであった。永正十六年（一五一九）の生まれの彼女は、義元と同い年、晴信より二歳年長で、この時三十二歳であった。義元に嫁いだ翌年の天文七年に嫡子竜王丸（氏真）を生み、その後に二女を生んでいた。ちなみに義元には、彼女以外の妻・妾はいないので、子女は彼女が生んだ一男二女だけとなった。そして彼女の死去により、天文六年以来の今川家と武田家の婚姻関係は消失してしまった。

これをうけて、義元と晴信はただちに新たな婚姻関係を結んで、これまでの攻守軍事同盟の維持を図ることになる。それは、義元の長女（嶺寒院殿《れいかんいんでん》〈嶺松院殿とも〉）を晴信の嫡子太郎（義信《よしのぶ》）の正妻とするというもので、実際の婚儀は、二年後の天文二十一年十一月二十七日に行われている（「甲陽日記」静二一五五）。義信は、晴信の正妻三条公頼娘（円光院殿）所生の子で、氏真と同じ天文七年生まれであった。婚姻が検討された同十九年にはまだ十三歳であったから、おそらく十五歳の元服適齢期となる同二十一年に行われることにされたものと思われる。なお、義元長女の生年は不明であるが、兄氏真よりも二歳年少とすれば、天文九年生まれで、婚姻時は十三歳ということになる。

しかし、それだけではなかったとみられる。今川家と武田家の新たな婚姻関係の検討と同時に、互いに北条家との婚姻関係を結ぶことも検討されたとみられるのである。今川家と武田家の婚儀の段取りは、同二十年からすすめられていて、七月二十六日には晴信の弟信廉《のぶかど》が、義元長女を迎えることについての相談のために、駿府に赴いている。注目されるのは、それと同日に氏康の宿老遠山綱景《つなかげ》が甲府を訪れて、晴信に対面していることである（「甲陽日記」）。おそらくこれは、北条家と武田家との婚儀に関わるもので、すでにこの時点で話がすすめられていたことがうかがわれる。そうであれば、史料では確認できないが、北条家と今川家との婚儀の話も同時にすすめられていたと考えられる。

すなわち、今川家と武田家は新たな婚姻関係を結ぶにあたって、ともに和睦関係にあった北条家も加えた三者で互いに婚姻関係を結んで、三者での攻守軍事同盟を構築することを検討し、氏康もそれを受け容れたのである。

こうして、戦国時代でも著名な甲相駿三国軍事同盟の形成がすすめられていくのであった。具体的な婚姻関係としては、今川家と武田家は先に触れたように、義元長女が晴信嫡子太

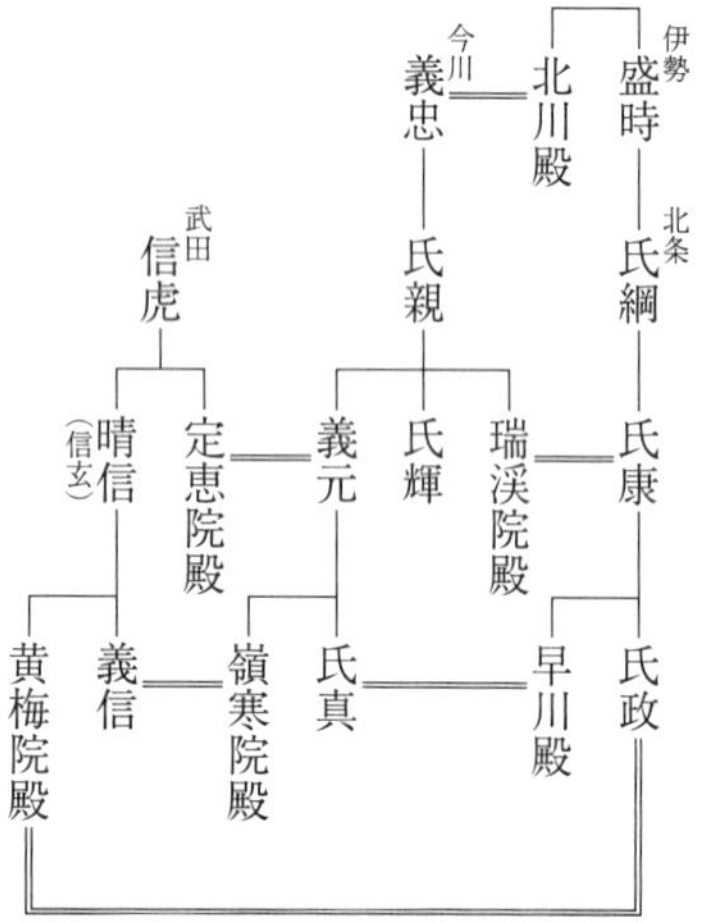

甲相駿三国関係系図

郎（義信）に嫁ぐものとされた。北条家と今川家では、氏康の四女で嫡出の次女（早川殿）が義元嫡子の竜王丸（氏真）に嫁ぐものとされたとみなされる。そして、北条家と武田家では当初、晴信長女（黄梅院《おうばいいん》殿《でん》）が氏康嫡子の西堂丸（新九郎氏親）に嫁ぐものとされたとみなされる。実際にはのちに述べていくように、晴信長女と婚姻したのは次男松千代丸（氏政）となるのであったが、この時点では西堂丸が想定されていたとみなされる。これらは互いに、嫡子と嫡出の娘とが婚姻するというかたちがとられたのであった。

婚姻にあたっては、男子のほうではそれぞれ元服が必要になる。武田義信の婚姻が、その元服年齢を迎えた二年後に行われているのは、そのためと考えられる。前年の同二十年八月二十三日に屋敷を移って独り立ちしているのは、その準備とみられる。そして、同二十一年正月八日には元服し、具足初めを行っている（「甲陽日記」）。今川氏真についても、同じ十四歳の時の同二十年十二月に屋敷を移って独り立ちの準備を開始しているから（「甲陽日記」）、

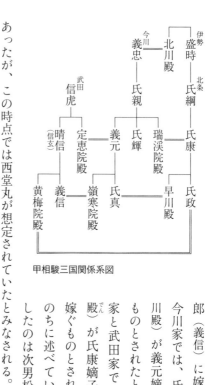

おそらく十五歳を迎えた同二十一年に元服したと思われる。ちなみに元服後、史料に最初にみえるのは、その翌年の同二十二年二月であるから（「榊原家所蔵文書」戦今一一二五）、遅くても同二十一年末には元服していたとみてよかろう。

新九郎氏親の死去

そして北条家のほうの男子が、嫡子西堂丸であった。天文六年（一五三七）生まれであったから、今川氏真・武田義信よりも一歳年長であった。当然ながら西堂丸についても、婚姻するにあたって元服することになった。元服時期については明確にならないものの、氏康の通称の変化から、ある程度、推測することは可能である。というのは、氏康はその時まで、いまだ仮名新九郎を称しており、西堂丸を元服させると、その仮名を襲名させることになるため、氏康は別の通称を名乗ることになるからであった。

氏康が新九郎を称していた最後は、天文二十年（一五五一）十二月十一日付けで、古河公方家宿老の簗田《やなだ》晴助に宛てた起請文になる（「簗田文書」戦北四〇四）。したがって、西堂丸の元服はそれ以降のことであることがわかる。西堂丸はその時、十五歳になっているから、おそらくはその年末か翌年初めに元服したと推測できるであろう。ちなみに氏康はその後は、父氏綱が称していた左京大夫の官途名を称しており、実際に史料で確認される最初は、同二十一年四月のことになる（「勧修寺家文書」戦北四四六四）。この左京大夫の官途名は、室町幕府を通じて任官したものとみなされる。具体的な状況を示す史料は残されていないものの、おそらく天文二十年の後半には幕府にはたらきかけていたとみられるであろう。

こうして、三国同盟のための婚姻に備えて、西堂丸は元服し、始祖伊勢宗瑞以来の歴代の仮名新九郎を襲名した。そして、実名については「氏親」を名乗ることになった。先にも触れたように、この実名は、母である瑞渓院の父・今川氏親の実名でもあった。そのことからすれば、むしろ父の実名を、嫡子の実名にあえて採った、とみるのが妥当に違いない。名づけはもちろん、氏康が決定したものであったが、そこには瑞渓院の意向が入っているとみてよいように思われる。理由を示す史料はみられないので、推測するしかないが、今川氏親は、戦国大名としての今川家の始祖であり、現在の今川家を構築した存在である。その実名を採るということは、もちろんそれにあやかろうとするものであろう。

しかし、それだけでもなかったであろう。現在の今川家当主の義元は、瑞渓院には弟にあたるが、本来庶出であったとみなされるものであった。氏親・寿桂尼との間の嫡出子であった瑞渓院としては、今川家の誇りを強く意識していたに違いない。そうであるからこそ、「花蔵の乱」後に、北条家と今川家の全面抗争を引き起こす要因をつくった義元に対して、あまり面白くない感情を抱いていたように思われる。そうした義元へのある種の拘りが、嫡子の実名に父のそれをつける行為に出ているように思われる。

ところが、その新九郎氏親は北条家の嫡子として確立したばかりというのに、また将来の北条家を背負うという期待を担ったというのに、天文二十一年三月二十一日、小田原城にてわずか十六歳で死去してしまった。武田晴信の長女（黄梅院殿）を正妻に迎えることが決まっていたに違いないが、その死去により、その計画は再検討を迫られるものとなった。

氏政の婚約

嫡子新九郎氏親の死去によって、氏康はまず、それに代わる新たな嫡子を定めることになった。しかし、これは難しいことではなかったであろう。すでに次男松千代丸（氏政）を、後継スペアとして位置づけていたからであった。西堂丸（新九郎氏親）が天文十八年（一五四九）に、飛鳥井雅綱から蹴鞠伝授書を与えられたのと同時に、松千代丸もそれを与えられていたように、当初から西堂丸と同等の養育をほどこされていたとみられるからだ。したがって、新九郎氏親死去後、新たな嫡子の地位には、ほとんど問題なく松千代丸が据えられたとみられる。

松千代丸は天文八年生まれであったから、この時は十四歳で、今川氏真・武田義信からは一歳年少にあたった。本来、新九郎氏親と晴信長女の婚儀は、氏親の年齢から考えると、その年に行われる予定にあったように思われる。しかし、氏親本人の死去により、取り止めになったのは当然のことだった。それをうけて氏康と晴信は、婚姻関係については、新たに氏康の嫡子となった松千代丸との間に結ぶことを取り決めたと思われる。ただし、婚儀にあたっては、松千代丸の元服が必要になるから、まずは十五歳となる翌年の天文二十二年に元服を行ったうえで、その翌年あたりの婚儀とすることが、あらためて取り決められることになる。

そして、天文二十二年正月十七日に、北条家の使者が武田家の本拠の甲府を訪れている。対応した家臣のうち、北条家への取次を務めていた小山田信有と宮川将監《しょうげん》だけが、烏帽子を着けていたという。二十日には氏康からの書状などが、武田家御一門衆の穴山武田信君《のぶただ》（晴信の外甥《がいせい》で娘婿）に送られている。この時、氏康の使者の目的は、翌年に婚儀を行うことを取り決めた（「来る甲寅の年（天文二十三年）に小田原へ御輿を入れらるべきの由」）、氏康から晴信に宛てた起請文を届けることであった。これをうけて二月二十一日に、今度は武田晴信から氏康に宛てた起請文が、氏康のもとに届けられている（「甲陽日記」）。

これによって、正月十七日には、翌年の婚儀のことが正式に取り決められたことがわかる。

またそれにともなって、氏康から晴信への起請文が届けられているから、その交渉は前年からすすめられていたことがうかがわれる。そして二月二十一日に、今度は晴信から氏康への起請文が作成され、届けられて、これで婚姻にともなう起請文の交換が完了している。起請文の交換に際しては、事前に互いの案文（下書き）を確認し合うのが通例であったから、これが前年（天文二十一年）に行われていたと判断される。その内容に双方が納得したことをうけて、正式な起請文の作成、交換となった。

　この時の起請文は残されていないので、正確な内容についてはわからない。しかし、この婚儀ののち、両家は攻守軍事同盟を結ぶことからすると、婚姻関係を結ぶこと、互いに領国を保証すること、互いに援軍を送り合うこと、といった内容が含まれていたとみて間違いなかろう。さらには、この攻守軍事同盟が駿河今川家を含んだ三国同盟となることからすると、今川家とも同様の関係を結ぶことが含まれていたと思われる。

　起請文交換が遂げられた直後の三月十七日、氏康の側近家臣の南条右京亮《うきょうのすけ》綱長《つななが》が甲府を訪れて、武田家親類衆の栗原左兵衛《さひょうえ》に太刀一腰と銭一〇〇〇疋《ひき》（一〇貫文、現在のおよそ一〇〇万円）を贈っている。おそらくは交渉担当者への御礼とみられる。婚約の成立をうけて、両家の攻守軍事同盟はただちに発動されたらしく、その後、晴信が信濃中部に出陣すると、氏康は援軍派遣を申し入れたが、五月二日、氏康近臣の桑原九郎右衛門尉《くろうえもんのじょう》盛正《もりまさ》のもとに、援軍は無用であることの連絡が届けられている（「甲陽日記」）。

こうして松千代丸と晴信長女の婚約が成り、あとは松千代丸の元服をへて、翌年の婚儀の実現を待つこととなった。ただし、松千代丸の元服時期はわかっていない。おそらく十五歳であった天文二十二年の末頃のことか、十六歳になった翌同二十三年の初め頃のことであったと推測される。元服後に最初に史料にみえるのは、同二十三年六月一日のことになる（「類従文書抄」戦北四六五）。元服にともなって、北条家歴代の仮名の新九郎を襲名し、実名は氏政を名乗った。これによって氏政は、氏康の嫡子に正式に位置づけられるものとなった。その六月一日、氏康は室町幕府将軍家の側近家臣の大館晴光に宛てて、氏政を嫡子に定めたことをもって、将軍家「相伴衆」に加えられることを要請している。

ここから、すでに北条家の当主・嫡子が、将軍家相伴衆の身分に位置づけられることになっていたことが知られる。北条家が相伴衆の身分を与えられていたことが確認できる史料は、実はこれが最初になるのであるが、文面をみる限り、すでに氏康はその地位にあり、またその直前には最初の嫡子であった新九郎氏親もその地位にあったことがうかがわれよう。おそらく、北条家当主がこの身分を与えられたのは、先代の氏綱の時のことであったと推測され、それ以後は代々、嫡子も含めて相伴衆とされていたと考えられる。

相伴衆というのは本来、室町幕府将軍が食事する際にそれに相伴できる身分をいい、いわゆる大名層のなかで最高位の家格にあたっていた。戦国時代にあっては、在京していない限り、実際に相伴することは不可能であったから、これは大名の家格を示す標識になっていた。ちなみに今川家では、早く氏親の時にこの身分を与えられており、武田家もおそらく信虎の時にはこの身分を与えられていたとみなされる。三国同盟を結ぶ三大名は、いずれも大名層のなかで最高位の家格にあったもの同士であったのである。

早川殿の婚儀

三国同盟成立をもたらす婚姻関係のうち、北条家と今川家の間に結ばれたのが、氏康の四女（早川殿）と義元嫡子氏真の婚儀であった。それについての交渉の経緯を知ることはできないが、北条家と武田家との婚儀の交渉が、先にみたように、天文二十年（一五五一）七月には行われるようになっていたとみられるので、北条家と今川家の婚儀についても、同時期には交渉されていたと思われる。おそらくは他の場合と同じく、翌同二十一年の婚儀を基本にして、交渉がすすめられたのだろう。

しかし、実際に早川殿が氏真に嫁ぐのは、それから二年も後の同二十三年七月のことであった。詳細はわからないが、早川殿の年齢に理由があったと推測されている。早川殿は天文十六年頃の生まれと推定されるから、婚儀が行われるべきとみなされた同二十一年には、わずか六歳にすぎなかった。だが、これではあまりにも幼少にすぎたので、八歳となる二年後の同二十三年に繰り下げられたのではなかろうか。あるいは、氏政の婚儀が同二十三年に行われることになったので、それにあわせて同じ年にしたのかもしれない。

いずれにしても、早川殿の婚儀が予定よりも先延ばしにされた要因は、年齢にあったとみられる。そして、これに関わっているとみられるのが、四男氏規の駿府行きである。氏規が幼少期から駿府に送られて、そこでしばらく過ごしたことは確認されているが、それがいつからのことかは正確にはわかっていない。そこでの氏規の立場について、江戸時代になると「人質」と称されるようになるが、それは正確ではないだろう。たしかに「人質」の一種ではあったが、北条家と今川家はもはやまったく対等な戦国大名同士であったから、一般的にみられた、国衆や家臣らから従属・臣従の証しとして差し出す人質と同一視することはできない。

しかし、ではなぜ、北条家から「人質」が今川家に出されなければならなかったのか、ということを考えると、そこに早川殿の年齢問題に思い当たるのである。早川殿が幼少すぎたため、規定の天文二十一年には婚儀を行えず、それまでの代替として、氏規が駿府に送られた、と考えられることになる。氏規としても、同十四年生まれであったから、その時にはわずか八歳にすぎなかったものの、「人質」は十分に務まる年齢であった。さらには氏規が、瑞渓院から生まれた嫡出子であったことも、氏規が選択された理由になっていたと思われる。

そのような経緯から、氏規は、まだ今川家に入ることができない早川殿の身代わりとして、同二十一年に駿府に送られたのではないか。ただし、これが一般の人質と異なっていたのは、氏規が祖母にあたる寿桂尼に預けられていることである。今川家としても、寿桂尼が孫を預かるかたちをとることで、人質とは明確に区別される存在であることを示したものと思われる。おそらくそれ以前の同二十年に、そのような内容の交渉が行われたに違いないが、史料が残されていないので、具体的な状況は不明である。

こうした交渉が行われていることについて、瑞渓院はどのように感じていたであろうか。瑞渓院にとっては、実子のうち末の二人が相次いで今川家に送られることになったのである。ただ行き先は、まったくの他家ではなく、まさに実母寿桂尼のもとであったことからすると、大きな安心感があったのではないかと思われる。こうしたところに血縁関係の重さをみることができるように思われる。

そして、天文二十三年七月になって、八歳ほどになったとみられる早川殿は、今川氏真との婚儀として、小田原から駿府に移った。その様子について「勝山記《かつやまき》」は、「駿河の屋形様（今川氏真）へ相州屋形様（北条氏康）の御息女（早川殿）を迎い御申し候、御供の人数の煌めき、色々の持ち道具、我々の器用ほど成され候、去るほどに見物、先代未聞に御座有る間敷く候、承け取り渡しは三島にて御座候、日の照り申し候事は言説に及ばず、余りの不思議さに書き付け申し候」とある。「勝山記」は、武田領国の者が記した記録であるから、武田関係以外のことはあまり記されることはないが、ここではその婚儀の様子についての記述が、それなりの分量が費やされたものとなっている。

ここから、花嫁の受け渡しは、北条領国と今川領国の境目となる伊豆三島で行われたことが知られる。そこまでは北条家の家臣が送り、そこからは今川家の家臣によって移動が行われたのである。ついでにいえば、瑞渓院の場合は、ちょうどその逆であったことがうかがわれるものとなろう。北条家から付き従った家臣たちは、キラキラと煌《きら》めくような武具(持ち道具)を装っていたという。そしてそのために、沿道の見物人は「前代未聞」というほどに賑わいをみせたらしい。

こうした状況は、現在でいうところの一大パレードにあたったことがうかがわれるであろう。大名家の婚姻行列に供奉する家臣たちは、ここぞとばかりに飾り立てていたものと思われる。さらに、婚礼行列を沿道の人びとが見物していたことも知られる。それらはすなわち領民であり、行列はそうした領民へのアピールであったことがわかる。北条家と隣国の今川家の婚姻は、両国間の平和の確立を示すものであった。領民はこの行列をみることで、そのことを実感することになったに違いない。さらにいえば、大名家はみずからの存在が、そうした領民の視線にしっかりと入っていたことも当然意識していたはずで、大名家と領民は、決して交わりのない関係であったのではなく、大名家は領民の視線を気にしなければならない関係であったことがわかる。

そしてこの日は、ことのほか天気が良かったらしい。「勝山記」の筆者は、それが滅多にないことであったので、わざわざそのことを書き留めているのであるが、それは、天がこの婚姻を祝福していることとして受けとめられたことを意味するのであろう。滅多にないほどの天気のなかでの婚姻行列に、人びとは、これからの北条家と今川家の繁栄を感じたのであろう。

なお、この婚儀に関する史料としては他に、同年七月十六日付けで北条家が伊豆西浦《にしうら》（沼津市）の直轄領に在所する在村被官たちに宛てた朱印状で、「駿州御祝言の御用《（経費）》」の現金六六七貫文（現在の六六七〇万円）と紙八駄《だ》を、西浦から今川領国の駿河清水（静岡市）まで運送を命じているものがある（「大川文書」戦北四六七）。婚儀にともなって駿河に送られた物資はそれ以外にもあったに違いないが、これは現金と紙の輸送について命じるものとなっている。しかも現金は、婚礼にともなう費用にあたるもので、その額が現在の約六七〇〇万円にものぼっていたことは驚きである。大名家の婚儀には、それだけの巨額の費用がかかるものであったことがうかがえる。

早川殿が、小田原を発った日にちや、駿府に着いた日にち、さらには駿府での具体的な婚儀の様子などについては、まったく知ることはできないものの、ともかくもこの婚儀によって、北条家と今川家は二重の姻戚関係を結ぶものとなった。とはいっても、それまでも氏康と瑞渓院の婚姻関係があったにもかかわらず、その間、北条家と今川家は「河東一乱」の抗争を展開していた時期もあった。今回の婚姻は、その戦乱の終息にともなう和睦をうけて、さらに両家の攻守軍事同盟を成立させるものであった。ここにようやく北条家と今川家は、真の友好関係を復活させるのであった。

氏政の婚儀

そうして最後に残されたのが、氏政と晴信長女（黄梅院殿）の婚儀であったが、それは同じ天文二十三年（一五五四）の十二月に行われた。早川殿と今川氏真の婚儀から、遅れること五ヶ月の年末のことであった。もっともこの婚儀に関する史料は、「勝山記」しか存在していない。しかし、そこにみえる記述はかなり詳しいものになっている。そのため史料そのもの（原文読み下し）を掲げることにしよう。

この年の極月（十二月）、甲州武田の晴信様の御息女（黄梅院殿）を相州の氏安（康）の御息新九郎殿（氏政）の御前に成され候に、去るほどに甲州の一家・国人色々のさまざまの煌めき、或いは熨斗付け、或いはかいらけ、或いは片熨斗付け、或いは金覆輪の鞍を、輿は十二丁、蟇目の役は小山田弥三郎（信有）殿めされ候、御供の騎馬甲州より三千騎、人数は一万人、長持四十二丁、承け取り渡しは上野原にて御座候、相州より御迎いには遠山殿（綱景）・桑原殿（盛正）・松田殿（盛秀）、是も二千騎ばかりにて罷り越し候、去るほどに甲州の人数は皆悉く小田原にて越年めされ候、小山田弥三郎殿、両国一番熨斗付けの人に取られ候、小山田殿の御内には小林尾張守殿、氏安の御座へ御参り候、加様なる儀は末代に有る間敷く候間、書き付け申し候、

晴信長女（黄梅院殿）が氏政に嫁ぐ際の行列には、武田家の一門・家臣らが随行したが、それらの家臣たちはいずれも、煌びやかに装っていたことがみえている。これは先の早川殿の婚礼行列における北条家臣の場合と同じであることがわかる。婚礼行列に供奉する家臣たちはできる限り、煌びやかな装いをするのが定番であったことがうかがわれる。そこにみえている「熨斗《のし》付け」とは、金銀を薄く延ばした板を刀剣の鞘《さや》にはりつけることをいい、「片熨斗付け」とは、それを鞘の片方だけに施したもののことであろう。「金覆輪《きんぷくりん》」とは、刀や

鞍《くら》などの縁飾りの覆輪に、金または金色の金属を用いたものをいい、ここでは鞍があげられている。いずれにしても、武具を金で装飾したものであり、供奉する家臣たちは、めいめいにそのような装飾を施した武具を身に着けて行列していたことが知られ、そうした状態が「煌めき」と表現されたことがわかる。

また行列のうち、黄梅院殿の乗るものを含めて、輿は十二丁であったという。そして蟇目《ひきめ》の役は、郡内谷村《やむら》城（山梨県都留市）城主の小山田弥三郎信有が務めたという。小山田信有は北条家への取次を務めていた人物であったから、この婚姻そのものにも大いに尽力していた存在であったとみなされる。蟇目役とは、邪気を祓うために音の鳴る鏑矢《かぶらや》を射る役目のことで、婚礼の無事を実現する重要な役割であった。さらに供奉した武田家臣の人数は、三〇〇〇騎、供回《ともまわ》りを合わせた総勢は一万人にものぼるものであったという。大名家の婚礼行列に、どれだけの人数が動員されるものであったのか、その規模の大きさがわかるであろう。また、持ち運ばれた長持《ながもち》の数は、四十二丁であったという。それらには、婚礼後の生活で使用する黄梅院殿の生活道具や、北条家への贈り物などが詰められていたのであろう。

そして、黄梅院殿の引き渡しは、武田領国から北条領国への境目にあたる甲斐上野原《うえのはら》（山梨県上野原町）で行われた。そこからは北条家が派遣した受け取りの家臣たちが供奉することになる。上野原から相模津久井（神奈川県相模原市）に出て、そこから相模川沿いに南下して、座間（神奈川県座間市）あたりで西進（現在の国道二四六号）したか、大磯（神奈川県大磯町）まで出て西進（現在の国道一号線）したかして、小田原にいたったものと思われる。北条家から迎えのために派遣した家臣の代表は、やはり武田家への取次を務めていた宿老で武蔵江戸城代の遠山綱景、氏康の側近家臣の桑原盛正、そして宿老筆頭の松田盛秀《もりひで》であったことが知られる。上野原からは彼らが先導して、行列がすすめられた。しかし、武田家から供奉してきた人数も、すべてそれに続き、小田原で越年したという。そうすると、北条家は武田家の人数一万人の世話をしたことになる。いかに大がかりな婚儀であったかがわかるだろう。

また、蟇目役を務めた小山田信有の熨斗付けは、両国の家臣のなかでも一番のものであったという。それほどに贅を尽くした拵《こしら》えにしたものであったことがうかがわれる。北条家への取次を務めるものとして、抜群に煌めく様が必要であったということであろう。さらに、その家老の小林尾張守は、氏康の御前に伺候したという。彼は武田家の直臣ではなく陪臣（家臣の家臣のこと）で、あくまでも小山田家の家老でしかなかった。それを氏康は御前に召したのであったが、それは小林が、小山田家の家老として、この婚儀の段取りをとるのに大いに尽力したからであり、そのため氏康は、あえて小林を御前に召して、その労苦を直接に労《いたわ》ったのであろうと推測される。しかし、そうしたことは本来あり得ないことであった。

そのため「勝山記」の筆者は、「末代に有る間敷き」こととして、特筆したのであった。

これらのことからみて、この婚礼が極めて大規模に行われたことがうかがわれる。送り出す側も、受け取る側も、贅《ぜい》をこらした装飾を施した武具を身につけ、その煌びやかな様を競ったのであった。供奉の人数も数千騎ずつ、供回りなども含めればそれぞれ一万人規模という大人数であった。それはそれこそ、大名本軍の規模にも匹敵するものといえるであろう。ここには沿道の民衆について記されていないが、先の早川殿の場合と同じく、ともに領国の民衆の見物がなされていたに違いない。この婚礼の規模と煌びやかな様は、民衆たちへのアピールでもあった。そしてこれをみて、北条家と武田家の親密な関係の構築を実感し、両国間に生まれた平和を感じたことであろう。

こうして氏政は、武田晴信の長女（黄梅院殿）を正妻に迎えた。彼女は天文十二年（一五四三）生まれであったから、氏政より四歳年少の十二歳であった。母は晴信の正妻三条公頼の娘（円光院殿）であり、同母の兄弟には、兄に同七年生まれの義信、同十年生まれの竜宝《りゅうほう》（海野《うんの》信親《のぶちか》）があり、おそらく晴信の嫡出子としては三番目の子であったとみられる。以後においては氏政の正妻として、それを支えることになる。小田原では「南殿」と呼ばれているので（「諸州古文書」戦武六五五）、城内の南に位置した屋敷に居住したことがうかがわれる。そして瑞渓院は、ここに姑となった。そこに一つの世代の変わり目を感じたことであろう。

第四章　北条家の御前様

御前様として

本書は、北条氏康の正妻・瑞渓院を中心にしながら、北条家の動向を辿っていこうとするものであるが、肝心の瑞渓院の動向を伝える史料は、残念ながら極めて少ないのが実状である。瑞渓院が氏康に嫁いだのは、天文四年（一五三五）末から翌同五年初めのことと推測されるが、婚姻にともなって、おそらく「御新造様」とか「駿府御料人様」などと称されたと思われる。そして同十年七月に、夫の氏康が北条家の当主になり、前代氏綱の後室・近衛殿が引退して「御大方様」と称するようになったことにともなって、瑞渓院は「御前様《ごぜんさま》」と称された。

瑞渓院に関する最初の史料となるのは、天文二十一年八月吉日に、北条家の宿老で武蔵江戸城代を務めていた遠山綱景《つなかげ》が、武蔵府中（東京都府中市）に所在する六所《ろくしょ》明神社の本地釈迦像を修理した時、その台座に記したとされる銘文である（「新撰総社伝記考証附巻」戦北四一九）。そこに瑞渓院のことが記されている。遠山綱景はそこで、自身への加護を祈願するとともに、合戦での冥加を得て、「北条氏康の御意良く、御前の御意良く、北条幻庵《げんあん》（宗哲《そうてつ》）の御意良く」なるように、加護してほしいと願っている。ここで遠山綱景が、覚え目出度《めでた》くありたいと願っているものとして、当主氏康に次いで、「御前」すなわち瑞渓院があげられているのである。

ここで瑞渓院があげられているのは、もちろん氏康の正妻であったからであり、その立場が当主に次ぐものであったからである。遠山綱景のような宿老、さらには他の家臣たちにとっても、瑞渓院から良く思われることは、北条家における立場を維持していくうえで不可欠であったことがわかるであろう。ちなみに、瑞渓院に次いであげられている北条宗哲は、前代氏綱の末弟で、氏康の叔父にあたる存在であり、おそらく北条家御一家衆における長老であったためと思われる。

次いで、弘治三年（一五五七）十一月十五日付けで北条家が出した朱印状に「御前様」がみえる。これは相模西郡国府津《こうづ》（小田原市）の村野惣右衛門と、相模三浦郡落切《おちきり》（神奈川県横須賀市）の二見《ふたみ》隼人佑《はやとのじょう》の、それぞれに宛てた朱印状で（「相州文書」戦北五五九・六〇〇）、「御前様御台所船《おだいどころ》」の諸役の免除を認める証文である。「御前様御台所船」とは、瑞渓院の食事用の魚を上納する役割を負った漁船のことを指している。具体的にはそれらの持ち船のうち一艘がそれに充てられたものになる。そしてその見返りに、それまで賦課されていた諸税のうちいくつかの免除を認められている。

それは五ヶ条あり、①相模三浦郡浦賀（北条家の水軍基地、横須賀市）に定詰《じょうづ》めする船方《ふなかた》一

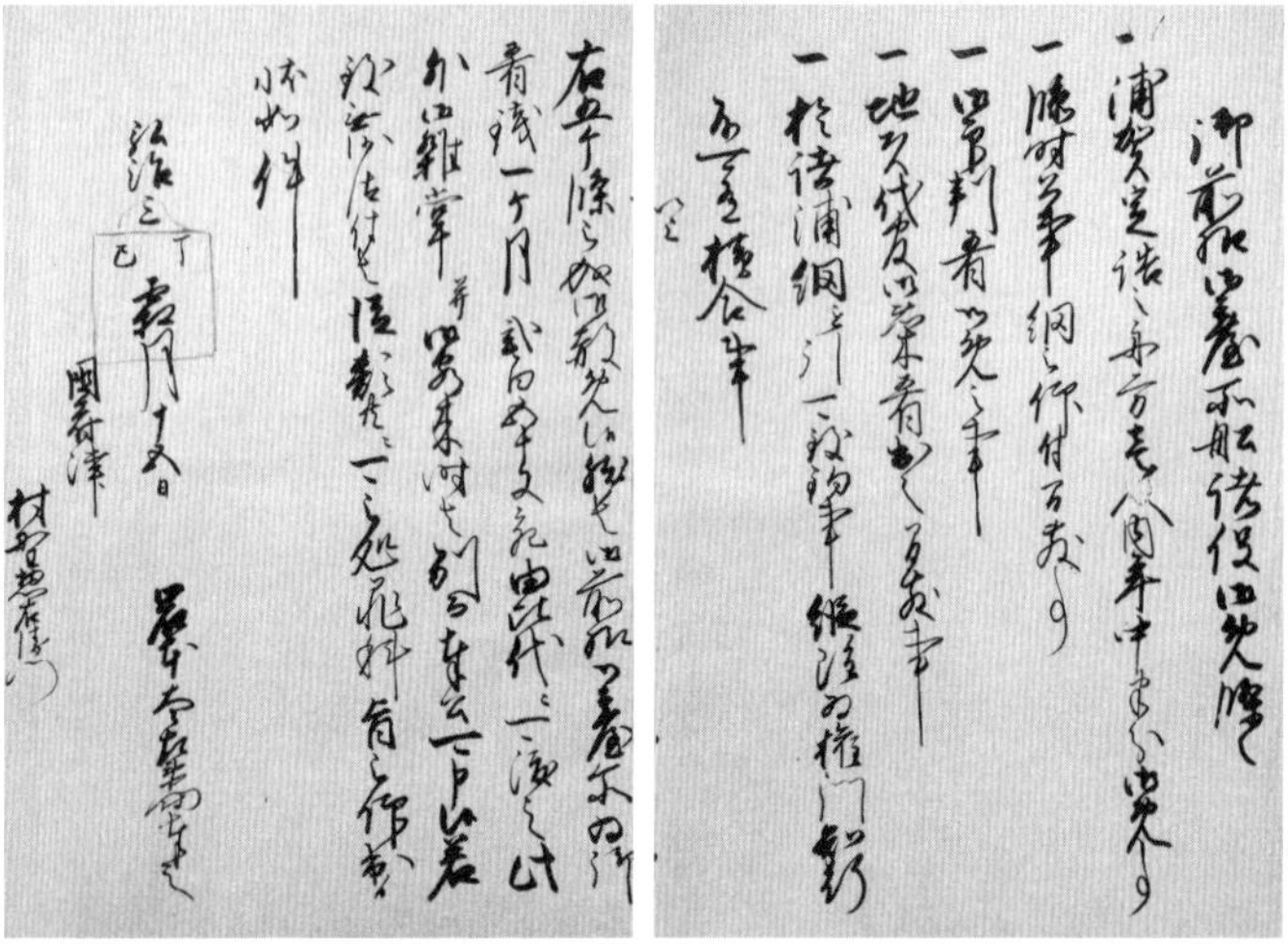

弘治３年（1557）11月15日付北条家朱印状写（国立公文書館蔵「相州文書」より）

人のうち年中半分を免除する、②臨時の公《く》事《じ》網《あみ》（魚の上納のための漁業）を命じない、③朱印状で命じない魚の上納は免除する、④地頭（北条家から所領を与えられた給人《きゅうにん》）・代官に食事用の魚は供出しなくてよい、⑤各浦で網を引いたり釣りをしたりすることについて、たとえ勢威のある家臣の所領であったとしても、妨げがあることはない、というものであった。瑞渓院に食事用の魚を上納することの見返りとして、他の漁民ならば負担しなければならないことのいくつかが、免除されているものとなっている。なかでも⑤の内容は、特権というべきもので、瑞渓院に上納する魚のための漁業は、他の浦でも行えることが保証されているものになる。

村野や二見などは、瑞渓院に食事用の魚を上納することを請け負った漁民である。それぞれの浦の有力者であった。彼らはこの五ヶ条の免除をうけるかわりに、瑞渓院の食事用の魚のための「御肴銭《ごこうせん》」を、一ヶ月につき二五〇文（現在の二万五〇〇〇円）、台所奉行の由比千《ゆいせん》菊《ぎく》の代官に納入することを命じられている。そしてその他にも「御雑掌《ござつしよう》」や「御客」が来た時には、それとは別に納入することを命じられている。注目されるのは、実際に納入されるのは銭貨であったことであろう。現物の魚ではなかった。上納目的で漁業をし、その漁獲を市場で換金して納入することになっていたことがわかる。国府津などは小田原の近所であるから、現物の魚を納めてもよいように思われるが、そうではなかったらしい。実際に瑞渓院の食事に供される魚は、それら納税された銭貨により、おそらく小田原城下の市場で、購入されるものであったことがうかがわれる。また「御雑掌」や「御客」が来た時には、追加の上納があったことがわかる。

台所奉行としてみえているのが、由比千菊という人物であるが、詳細は不明である。ここには「由比」としかみえていないが、別の史料でその名が千菊であったことがわかっている（「相州文書」戦北六二二）。由比の名字で想起されるのは、今川家臣の由比氏である。北条家臣の由比氏としては彼しかみられないので、おそらく元は今川家臣で、瑞渓院が氏康に嫁いだ際に随行してきた存在と思われる。瑞渓院の家臣についてはよくわからないが、そのように今川家から随行してきたものたちによって構成されていたに違いない。

相次ぐ子どもたちの婚儀

天文二十三年（一五五四）に、実子の次女で氏康四女の早川殿が今川氏真に嫁ぎ、また次男で嫡子の氏政が武田晴信の長女（黄梅院殿）を妻に迎えるというように、甲相駿三国同盟の締結にともなって、瑞渓院の二人の子どもが相次いで婚姻したことについては、前章で詳しく述べた。それ以外の子どもたちも、この頃になると相次いで婚姻していった。

一人は長女とみられる七曲殿である。天文十年頃の生まれで、弘治二年（一五五六）頃、十六歳くらいで、有力御一家衆の玉縄北条家の嫡子康成（のちに氏繁）に嫁いだと推測される。そして翌同三年頃に嫡子氏舜を生み、永禄二年（一五五九）、次男で後に家督を継ぐ氏勝を生んだとみなされる。さらにその後は、三男となる直重も生んだとみなされるものの、生年は不明である。

夫の康成は、後の元亀二年（一五七一）の家督相続にともなって、実名を氏繁に変えるので、以下では改名以前についても氏繁の名で記すことにする。

氏繁は、氏康の妹婿の玉縄北条綱成の嫡子で、天文五年生まれであった。母は氏康妹の大頂院殿であるので、氏康には外甥にあたった。氏政が婚姻した時期、氏康の一門衆には、壮年の者としては三十四歳の弟氏堯があり、年齢は不明であるが、叔父宗哲の長男で嫡子の三郎、次男の新三郎氏信がいたにすぎず、彼らにしても翌年の弘治元年（一五五五）頃から、ようやくに活躍がみられるようになっている、という状況であった。

氏政が婚姻した時はまだ十六歳であり、活躍できるようになるには、まだ数年を必要とした。そうしたなか、甥の氏繁は、氏政より三歳年長で、いわば次世代の最年長者であったので、そろそろ活躍できる状況になっていた。元服はおそらく十五歳となる天文十九年頃に行われたとみられるが、甥であり、かつ有力御一家衆の嫡子であったことから、氏康の長女との婚姻がその頃には取り決められていたと推測され、そうして彼女の成長を待って、婚姻したと思われる。そして氏繁は、二十三歳になった永禄元年（一五五八）から、御一家衆の一人として活躍していくのである。

またその前後には、庶出であったとみられるものの、次女千葉親胤妻、三女岩付太田氏資妻（長林院）も、相次いで婚姻したと推測される。瑞渓院が彼女たちと養子縁組を結んだかはわからないが、北条家の「御前様」として、その婚礼には関与したことは間違いないであろう。瑞渓院の役割のなかで、この頃は、相次いで行われていく子どもたちの婚姻への関わりが大きくなっていたことがうかがわれる。

氏照の境遇変化

そして、瑞渓院の実子としてももう一人、三男氏照の養子縁組と婚姻が行われることになる。氏照が十一歳になった天文二十一年（一五五二）に、氏康の長男新九郎氏親が死去したことで、後継スペアであった次男氏政がそのまま嫡子に繰り上げされ、それにともなって三男であった氏照が、氏政の後継スペアの地位に繰り上げられることになった、とみられる。

そうした立場が如実に示されたものとなっているのが、弘治元年（一五五五）十一月に下総葛西城で行われた古河公方足利義氏の元服式への参加であった（「鎌倉公方御社参次第」『北区史資料編古代中世2』所収）。そこに、氏康以外で北条家の人物として参加したのが氏照であった。足利義氏は、氏康の妹芳春院殿の子であったから、氏康の甥にあたり、天文十二年生まれで、氏照よりもわずかに一歳年少であった。父足利晴氏の末子であったが、氏康の甥であったため、天文二十一年十二月に晴氏から家督を譲られて、古河公方家当主になっていた。

その元服式に、氏照がまだ元服前にもかかわらず、北条家の人間として唯一参加しているのは、この後において氏照が、義氏を補佐する役割が予定されていたことを意味している。

義氏は、北条家の血統を引いた初めての古河公方である。古河公方家は、「関東の将軍」の立場にあった、関東政界トップの存在であった。そして北条家は、その外戚として、またそれを補佐する関東管領職として、公方家と一体化していた。将来にわたって公方家と北条家は、一体的に存在し、関東政界に君臨し続けることが予定されていた。氏照が、その足利義氏の補佐を務めることになったことは、嫡子氏政のすぐ下の実弟として、実に相応しいものであったといえる。

ところがその直後に、氏照の立場は急変する。武蔵国衆の大石家の婿養子に入るのである。大石家は、武蔵多西《たさい》郡由井城（八王子市）を本拠に、多西郡南部から、多東郡西部・入東《にっとう》郡南西部、さらには相模東郡北部までにわたる、かなり広域の領国を形成していた有力国衆であった。領国の南部は、北条領国の相模中郡・東郡・津久井領、武蔵小机領に接し、西部は武蔵江戸領、河越領に接する、という状態で、北条領国の外縁部に位置していた。その大石家当主の大石綱周《つなかね》が、弘治元年頃に死去し、しかも嫡子がいなかった。

そこで氏照が、綱周の一人娘の婿養子に入ることになったのである。翌弘治二年五月には養子入りが決められていたとみられ、大石領国の相模座間郷の神社の再興にあたっている（「鈴鹿明神社棟札銘」戦北五一八）。ちなみに、氏照の妻となった大石綱周の娘は、氏照よりも五歳年少の天文十六年生まれで、名を「比佐」とも「豊」とも伝えられている。この弘治二年にはわずか十歳にすぎなかった。また氏照も元服前であったため、婚姻は氏照の由井領入部を待って行われることにされたとみられる。

　氏照の元服時期は不明だが、十五歳となっていた弘治二年の五月の時点では、先の棟札《むなふだ》銘（鈴鹿明神社棟札銘）でまだ幼名藤菊丸を称しているから、元服はその後のことであったことがわかる。おそらくはその年の末頃のことであったろうか。元服後は、先代綱周の仮名を襲名して「源三」を称した。また実名の氏照は、瑞渓院の兄今川氏輝のそれと同音であることからすると、それが意識されていたように思われる。

　瑞渓院は、先に長男に父氏親の名を承け継がせ、ここに兄氏輝の名を承け継がせていることからすると、今川家当主の実名を、実子に承け継がせたい、という想いがあったように感じられてならない。そしてその底流には、氏親と実母寿桂尼の血統を引くものこそが、今川家の正統である、というような意識があったのではなかろうか。現在の当主の義元は、庶出子であった可能性が高いことをみると、どうもそうした意識があったように感じられるのである。

　そして、氏照が由井領に入部するのは、それから二年後の永禄二年（一五五九）のことであった（「三島明神社文書」戦北六一五）。婚姻は、おそらくその際に行われたとみられる。このようにして氏照は、大石家継承により、当然ながら、氏政の後継スペアの立場は解消されることになる。この後は、北条家御一家衆であるとともに、国衆大石家の当主として存在していくこととなったのである。

この突然ともいうべき立場の変化の背景には、ちょうど大石家を継承する直前になる弘治元年十一月二十八日に、氏政と黄梅院殿の間に、長男が生まれたことがあったと思われる。それについて「勝山記」は、「相州の新九郎殿（氏政）霜月（十一月）廿八日曹子様をもうけたまう」と記している。氏政に長男が生まれたことで、それまで氏照が担っていた後継スペアの役割は不要になった、という判断があったように思われる。

氏政長男の誕生は、氏康と瑞渓院にとっては、初孫であるとともに、待望の嫡子誕生であったといえ、これによって北条家は、さらに氏政の次の世代までの継承が確保されたと、喜んだであろう。しかし、この氏政長男については、その後の存在が確認されないので、成長することなく早世したとみなされる。死去の時期は不明であり、永禄五年（一五六二）には次男国王丸（氏直）が誕生し、嫡子とされたとみられるので、死去はその間のことであったことしかわからない。

ただ、弘治二年十月二日の時点で、弟氏規が「北条次男」とされていることからすると、それまでに死去していた可能性が高いとみられる。おそらくは生後数ヶ月で死去してしまったのであろう。彼については、法名すらも伝えられていないが、それもそうしたことからであろう。これにより、にわかに後継スペアの地位が必要になった。ところが、それまでその立場にあった氏照は、すでに他家を継承してしまっていた。そして新たな後継スペアの地位につけられたのが、瑞渓院の実子で、氏照のすぐ下の弟であった四男氏規であった。こうして氏規が「北条次男」の立場となった。

駿河での氏規の生活

氏規は、前章で述べたように、天文二十一年（一五五二）頃から、祖母寿桂尼に預けられるかたちがとられて、駿府に送られていたとみられる。妹早川殿が婚姻できるまでの、ある種の「人質」としてであったと考えられる。その二年後、早川殿は今川氏真に嫁いだが、氏規はその後も駿府での生活を続けた。早川殿の婚姻によって、当初の役割が果たされたのであるから、すぐに小田原に帰還してもよさそうなものであろう。理由はわからないが、婚姻したとはいえ早川殿はまだ八歳にすぎなかったので、出産適齢期になるまでしばらくかかるから、それまで滞在が続けられることになったのかもしれない。

引き続いて駿府で生活しているなかで、北条家での立場に変化があった。それまでは嫡出の末子という程度であったのが、弘治二年（一五五六）になって、突如として、嫡子氏政の後継スペアの地位につけられたのである。事情は先に述べた通りで、すぐ上の兄の氏照が、国衆大石家の当主になったため、後継スペアの地位につけなくなっていたからであった。氏規はこの時、まだ十二歳であったが、こうして氏政の後継スペアとして、駿府で生活を送りながらも「北条次男」の立場となった。

駿府での氏規の動向が知られる史料はあまり多くはない。しかし弘治二年十月二日には、寿桂尼が駿河湯山（静岡市）に湯治のために出かけた際に、寿桂尼の次女で伯母にあたる中《なか》御門宣綱《みかどのぶつな》妻と、そして氏規が、それに同行していることが知られる（『言継卿記』同日条〈静二三六九〉）。ここからは氏規が、駿府では、寿桂尼の家族として扱われていたことがわかる。

そして十五歳になった永禄二年（一五五九）頃に、駿府で元服したと推測される。

元服にともなって仮名「助五郎」を称した。これは今川家の歴代の通称「五郎」に「助」の一字を加えたものであった。ここからは、今川家では寿桂尼の外孫にあたる氏規を、今川家の一門衆として扱おうと考えていた可能性がうかがわれる。というのも、今川義元には男子が嫡子氏真しかおらず、氏真を支えることができる有力一門が存在していなかったからである。このことからすると、実名のうちの「氏」字も北条家の通字としてのものではなく、今川家の通字としてのもので、義元から与えられた可能性も考えられる。

それだけではなかったかもしれない。というのは、今川家御一家衆のなかに、仮名助五郎

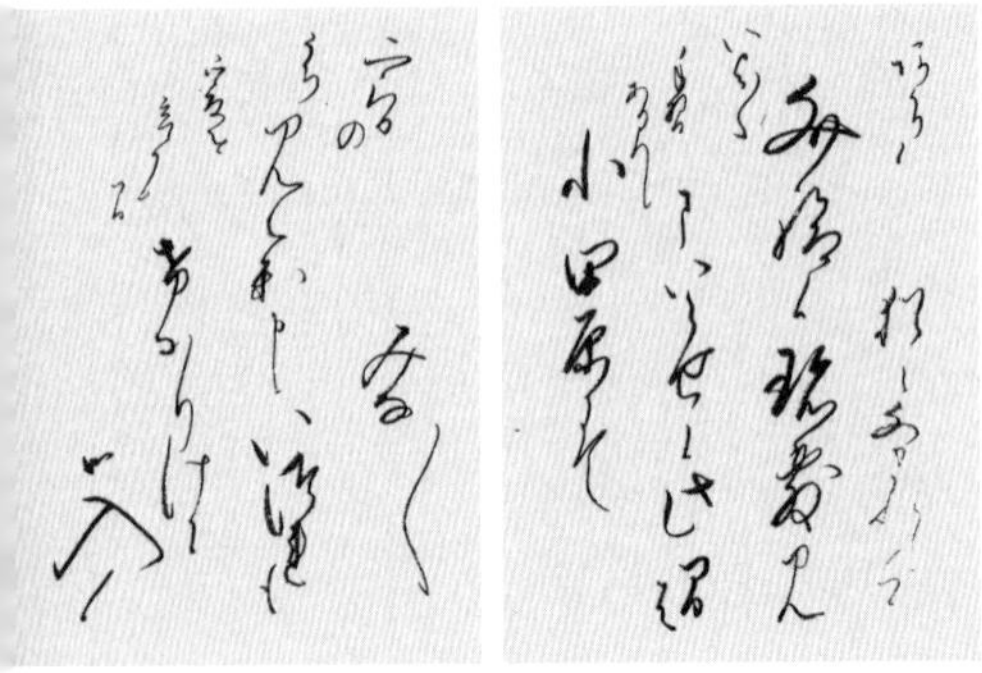

を称する家系が存在していたからである。それは関口刑部少輔家で、当時の当主は瀬名貞綱の弟にあたる人物であった。瀬名家から養子に入っていたのである。仮名助五郎、次いで官途名刑部少輔を称し（「土佐国蠧簡集残篇」所収今川系図）、実名は氏広（または義広・親永とも）と伝えられている（「今川記」など）。そしてその娘は、三河国衆の松平元康（のち徳川家康）の妻の「築山《つきやま》殿」である。氏広の存在は、当時の史料では確認されないが、もしかしたら後継者がなく、そのため氏規がそれに迎えられた可能性が考えられる。今川家御一家衆で助五郎の仮名を称す家系が存在していたなかで、それと関係なく、同じ仮名を称することは考えにくいように思われる。

元服後のある時期に、義元から「助五郎」の宛名で送られている消息（仮名書きの書状）がある（「喜連川文書」戦北四四三三）。それによれば義元は、その直前に小田原を訪問していたらしい。今川家の当主が小田原を訪問するのは、瑞渓院が氏康に嫁いだ直後にあった氏輝・彦五郎兄弟以来となる。逆に氏康は駿府を訪問していないので、義元が小田原を訪れたということは、かなり特異な

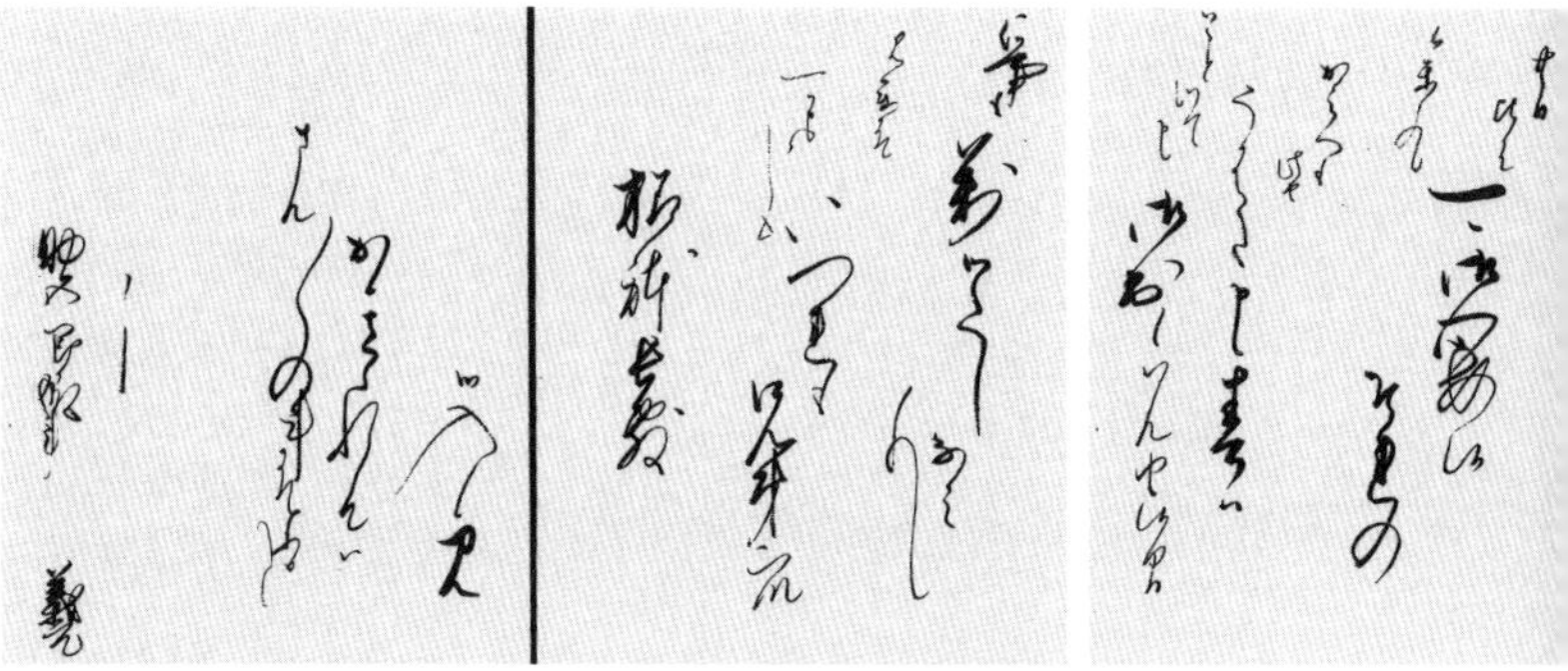

北条氏規宛今川義元書状（喜連川文書　東京大学史料編纂所所蔵影写本）

出来事とみることができる。義元と氏規の関係をうかがわせる貴重な史料なので、全文を掲げることにしよう（本文読み下し）。

猶々文御うれしく候、あかり候、いよ〳〵手習あるべく候、二三日のうち爰を立ち候べく候、かみへも此の由御言づて申し候、何事も見参にて申すべく候、かしく、

文給い候、珍しく見まいらせ候、此の間は小田原にて皆々いずれも見参申し候、けなりげ（健気）に御入り候、御心安かるべく候、それの噂申し候、春は御出で候わん由に候間、万御嗜み候べく候、いずれも兄弟衆の様体長（大人）しく御入り候、見限られては散々の事にて有るべく候、

内容は、義元が小田原訪問中に、氏規から手紙が送られたことをうけて、「手紙をもらった、大事に中身を読んだ。この間は小田原でみんな（兄弟たち）に会った。立派になっていた。御安心なさい。あなたのことを話した。春には（駿府に）来るということであった。何事についても修練しておきなさい。いずれの兄弟も成長していた。（彼らから）見限られないようにしなさい。（追伸）手紙をもらって嬉しい、（文章が）上達している、さらに手習いするように。二、三日のうちにこちらを出立するつもりだ。「かみ」にもこのことを御伝えして欲しい、何事も会った時に話す」というものであった。

義元がこの返事を出したのは、小田原からの帰途の途中（「爰《ここ》」）からであったようである。そこで氏規には、小田原で兄弟たち、すなわち氏政・氏照らに対面したこと、氏規の話をしたことを伝え、氏政たちは立派に成長していたので、氏規も負けずにいろいろなことが上達するよう心懸けることをすすめている。こうした義元の心遣いは、あたかも親のようであったと感じられる。義元は、親代わりのようにして、氏規の成長を見守っていたように思われる。

なお、義元の帰還について、伝言を依頼されているものとして「かみ」があげられている。これは通常、母か妻を指す用語である。義元と氏規の関係者でいえば、義元の母（寿桂尼）の場合は「大方様」と記されるはずであり、義元にはこの時に正妻はおらず、氏規の母（瑞渓院）は小田原にいるから該当しない。そうすると、残るのは氏規の妻ということになる。氏規が駿府時代に妻を娶っていたことはこれまで知られていない。しかし、そのように考えざるをえない。そうであれば、氏規は駿府で元服した前後に、義元の仲介によって妻を娶っていた可能性が高いとみられる。そうなればなおさら、義元は氏規を有力一門として扱おうとしていたことになろう。

氏規が関口氏広の後継者とされていたとすれば、この妻は、関口氏広の娘の可能性が想定される。そうであったとしたら、氏規は、徳川家康とは相婿《あいむこ》の関係にあったことになる。後の徳川家では、駿府時代に、家康と氏規の屋敷は隣同士であったとする伝承があるが（『武徳編年集成』など）、両者が相婿であったとすれば、そのことはしごく自然のこととして受けとめることができるといえるであろう。

ちなみに、義元が小田原を訪問した時期については判明しないが、これからのこととして「春には」とあるので、秋か冬のことであったと推測される。氏規の元服時期との関係から推測すると、永禄二年のことか、あるいはその前年（その場合には氏規は十四歳で元服したことになる）のことであったと推測される。今後、義元の動向がさらに明らかになることで、およその時期の推定も可能になってくるものと思われる。

氏康から氏政へ

ちょうどその頃、北条家でも大きな動きがあった。永禄二年（一五五九）十二月二十三日に、氏康が隠居して、嫡子の氏政が新たな北条家当主になったのである。氏康は四十五歳、氏政は二十一歳であった。もしかしたら義元の小田原訪問は、この家督交替に際してのことであったかもしれない。

しかしながらこの家督交替は、必ずしも当初から予定されていたわけではなかったと考えられる。北条領国を含む東国は、これより二年前の弘治三年（一五五七）から、天候不順や災害による不作が続いていて、この永禄二年にはかなりの深刻化をみせるようになっていたらしい。そのため氏康は、この危機を克服するために、代替わりを行い、新しい国王による復興政策をとることにし、そのために隠居して、氏政に家督を譲ったと考えられる。そうして永禄三年二月から三月にかけて、新当主となった氏政は、領国内の各村落を対象に、年貢納入規定の改定と徳政（債権・債務関係の破棄）を行っている（拙著『戦国大名の危機管理』）。

理由はどうであったとしても、ここに北条家当主の地位は、氏康から氏政に交替された。隠居した氏康は、この後は小田原城の「本城」に居住したため、「御本城様」と呼ばれ、代わって氏政が「御屋形様」と呼ばれるようになっている。もっとも氏康は、隠居とはいっても北条家の権力主宰者の立場にあり続けるのであり、そのため両者あわせて「二御屋形」「御両殿」などと称されていくのである。そして、瑞渓院も「御前様」の呼称は氏政の妻黄梅院殿に代わられたとみられ、以後は「本城御前様」と称されるようになった。氏政が当主になってすぐの（永禄三年）二月二十三日付けで国府津船主村野宗右衛門に宛てられた北条家朱印状（「相州文書」戦北六二二）では、「本城御前様」とみえている。

ちなみにこの文書は、以前に瑞渓院の「御台所船」に指定された村野の持ち船一艘について、あらためて一ヶ月につき肴銭二五〇文の納入を命じたものであるが、先の朱印状とは異なって、ここでは具体的な魚の種類や内容それぞれについて、銭貨との換算値を規定したものとなっている。これは先の朱印状からは大きく内容を転換したもので、銭貨で納入するのではなく、現物の魚での納入を命じるものになっている。この変化はおそらく、この時期、流通から質の低い銭貨が排除される「撰銭《えりぜに》」という現象が起きていて、良質の銭貨の調達が難しく、また質の低い銭貨を納入されても、それで物資を購入することができない事態にあったため、納入方法が現物の魚に切り替えられたことによっていた。

具体的な内容をみてみると、上納する魚は塩漬けでも無塩でも、船主次第であること、国府津からの上納は月の上十日、すなわち上旬であること（中旬・下旬は別の村落から上納されるのであろう）、その十日のうちに二度でも三度でも二五〇文分になるまで上納すること、十一日を過ぎたら追加負担させること、魚は台所奉行由比千菊・清五郎左衛門に納入すること、納入ごとに請取状をもらっておくこと、が規定されている。そのうえで、六、七寸の鯛一枚は一〇文、一尺の鯛一枚は一五文というように、魚の種類や大きさに応じて銭貨との換算値が規定されている。ここであげられている魚は、鯛が三種、その他では鰹・大鯵・鮑・鰯・いなだ、の五種である。これらの魚が上納の対象になっていたとみなされる。

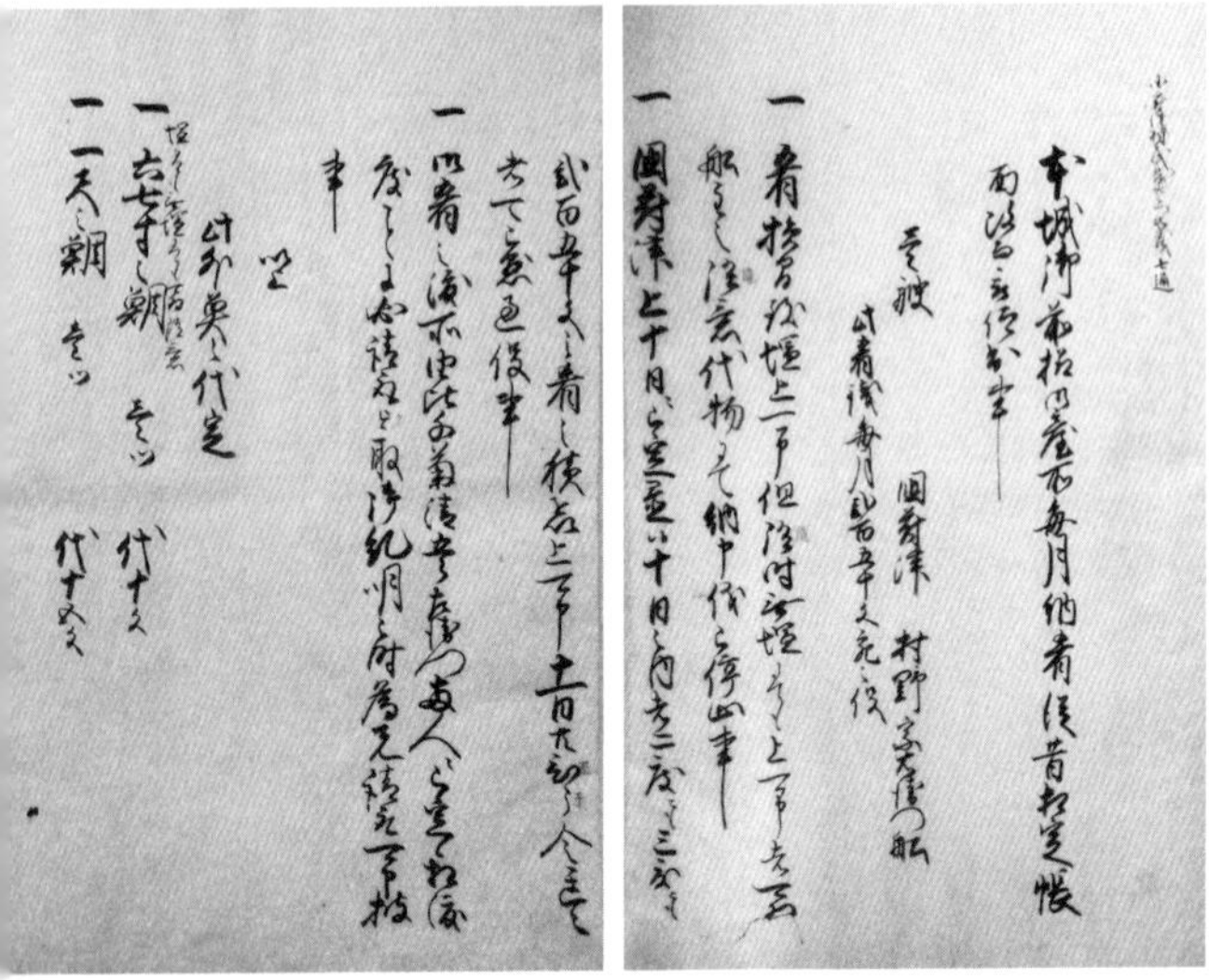
（国立公文書館蔵「相州文書」より）

瑞渓院が「本城御前様」と呼ばれているのは、この史料しか残されていないが、氏政妻・黄梅院殿が「御前様」と呼ばれるようになったので、それと区別するために、居所の「本城」を冠して、そのように呼ばれるようになったのであろう。

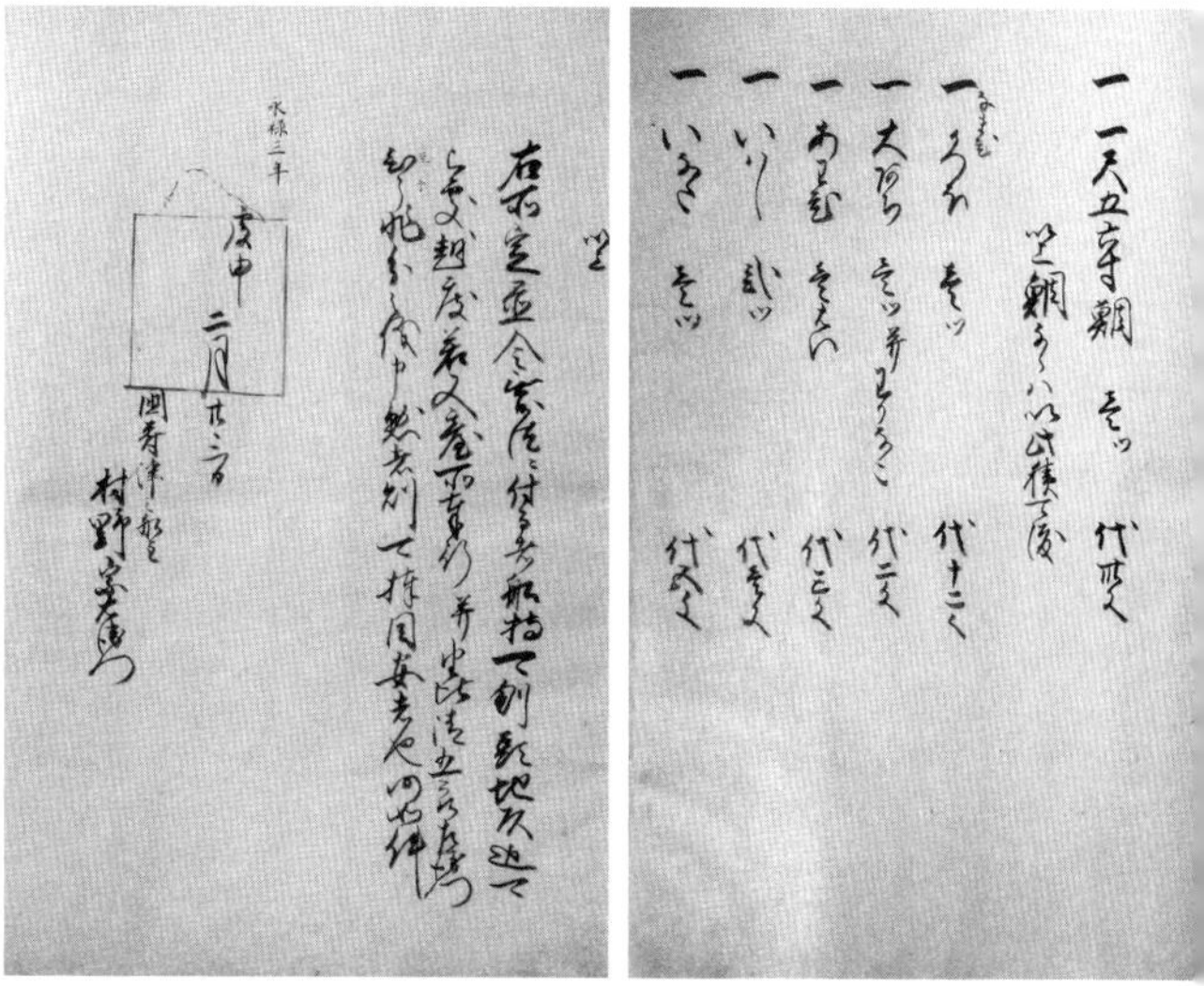

（永禄３年）２月23日付村野宗右衛門宛北条家朱印状写

ただ、あくまでも「御前様」とされていて、「御大方様」とは呼ばれていないことからすると、瑞渓院はまだ引退しなかったことがうかがわれる。それは氏康が、引き続いて「二御屋形」「御両殿」の一人として存在したのと同様であろう。北条家の家督と正妻の地位は、氏政とその妻に譲られたものの、氏康と瑞渓院は、引退したのではなく、引き続いてそれらと同等の立場にあったとみなされる。

氏規の帰還と氏照のアピール

そうしたところに、今川義元が永禄三年（一五六〇）五月十九日に尾張桶狭間（愛知県名古屋市）の合戦で戦死した。すでに今川家の家督は、弘治三年（一五五七）正月には氏真に譲られていたものの、今川家の最高権力者であったことは間違いなく、その死去により、実質的な代替わりとなった。ちなみに氏真も、後継者が確保できていない状態で家督を相続している。現在のところ、明確な後継候補の存在は見あたらない。そうすると、それに氏規があてられていた可能性も想定できるかもしれない。そうであれば氏規は、北条家と今川家双方にとって、後継スペアの立場に置かれていたことになり、とても興味深い。

それはともかくとして、氏規は義元の死去後も、しばらく駿府での生活を続けていた。永禄五年六月の時点でも駿府滞在が確認されるとともに、遠江浅羽庄内（静岡県袋井市）に所領があったことが知られる（「尊永寺文書」戦今一八二四）。これにより氏規が、すでに今川領国で所領を与えられていたことがわかる。このことは氏規が、少なくとも氏真を補佐するような、今川家の一門として扱われていたことを示しているように思われる。

しかしその氏規も、二年後の永禄七年六月八日には、小田原に帰還していた（「小西八郎氏収集朝比奈文書」）。帰還の時期は明らかにならないが、永禄五年六月から同七年六月の間、ということになる。義元の死去があっても帰還がなかったのに、なぜこの時期になって帰還したのか、と考えると、おそらくは早川殿の成長によるのであろう。その頃には十六歳から十八歳くらいにまで成長していたからである。ようやく出産適齢期になり、それによりそれを補うものとしての氏規の駿府滞在の役割が、本当に終了することになったのであろう。それをうけてようやくに氏規の帰還が実現されたとみられる。

もっとも今川家では、氏規を氏真の後継スペア、そこまではいかなくても有力一門として扱う姿勢をとっていたとみられることからすると、そう簡単に小田原帰還をすすめたとは思われない。おそらくは氏康・氏政からの強い要請があったのであろう。そもそも氏規は、氏政の後継スペアの立場にあったことからすると、一刻も早く手元に呼び戻しておきたい、という考えであったように思われる。

もう一つは、この時期、北条家は関東での越後上杉輝虎（法名謙信）と、関東支配をめぐる激しい抗争を展開するようになっていたが、当主家の分身になりうるような御一家衆は氏照の他におらず、また一門衆そのものも、氏康の叔父久野北条宗哲（幻庵）とその子新三郎氏信、氏康の妹婿玉縄北条綱成とその子康成（のち氏繁）・康元《やすもと》（のち氏秀《うじひで》）兄弟くらいしか存在していなかった。上杉家との抗争は、北関東から房総にわたる広範囲で展開されるようになっていて、そのためには当主家の分身となりうる御一家衆が必要になってきていたと考えられる。氏規は、氏照以外で唯一の嫡出子であったから、そのために氏康は、氏規を手元に呼び寄せることにしたのであろう。

ただし、氏政の後継スペアという立場は、ちょうどその頃に変化することになった。というのは、永禄五年に氏政の嫡子（国王丸）の誕生をみたからである。これが氏規の帰還前のことなのか、後のことかは確定できないが、少なくとも帰還後には、氏政の嫡子が存在するという状況となった。ただ、早世した氏政長男の事例があったから、氏康・氏政にしても、国王丸（氏直）が無事に成長するかどうか心配であったに違いない。そのため以後もしばらくは、氏規は氏政の後継スペアの立場に置かれ続けた可能性が高い。永禄九年（一五六六）頃には、室町幕府将軍家の直臣とされていて、そこでも「氏康次男」と位置づけられているのである（「光源院殿御代当参衆幷足軽以下衆覚」『後鑑』所収）。

しかし、その後はそのような立場からは離れたととらえられる。それがどの時点のことであったのかはわからないが、氏政の嫡子国王丸の成長にともなうものであったことは確実であろう。氏規は、同九年に北条為昌（氏康の弟）の後継者の地位に就き、翌同十年からは相模三浦郡支配を担うことからすると、その頃には、有力御一家衆としての立場が確定したとみることができる。そして為昌の遺領の一部と、相模玉縄城主の地位や三浦郡支配権を継承していたのが御一家衆北条綱成であり、氏規はその娘（高源院殿）を正妻に迎えるのである。

婚姻の時期は不明だが、嫡子氏盛は天正五年（一五七七）の生まれなので、高源院殿がその時に十六歳とすると永禄五年生まれ、二十歳としても同元年生まれとなるので、永正十二年（一五一五）生まれの綱成にとっては、晩年の子であったとみなされる。推定される年齢から考えると、婚姻そのものは天正年間に入ってからのこととみられ、そうすると、氏規が為昌後継者の地位に確定され、綱成から三浦郡支配権を継承するにともなって婚約が成されて、高源院殿の成長を待って婚姻となったように思われる。

なお先に、氏規には駿府時代にすでに妻がいた可能性を述べた。その妻は、氏規が小田原に帰還すると、通常であればそれに従ったとみられるものの、現在のところその様子をうかがうことはできない。もし一緒に小田原に移ったのであれば、その妻はすぐに死去するなどしたために、氏規は北条綱成の娘を後妻として迎えた、と考えられることになる。しかし、一緒に移っていなければ、氏規の小田原帰還に際して離婚したことになる。氏規が関口氏広の婿養子の立場にあったとすれば、小田原帰還によりその立場は解消されることになったから、離婚した可能性のほうが高いかもしれない。もっとも駿府時代の妻については、確定した事柄ではないので、今後に関係史料が出てくることを期待したい。

こうして氏政の後継スペアの地位にあった氏規が、小田原に帰還し、その後しばらくのうちにその立場から離れるものとなった。それと時期を同じくするようにして、氏政との間に位置した兄の氏照が、北条家御一家衆としての立場を強めるようになっている。氏照は、大石家の婿養子に入ってその領国を継承していたが、その後の永禄五年には、北接する国衆三田家の領国を併合していた。そのうえで新たな本拠として滝山城を構築して、滝山領を形成していた。また、同年から北関東の国衆への「指南」を務め、それだけでなく同十年になると、それまで玉縄北条綱成が担当していた国衆への「指南」を務めるようになっている。ちょうど氏規が為昌後継者化の立場が確定したのと同時のことであった。

もちろんそれらの動向は、彼らの意志ではなく、氏康・氏政が決めたことである。氏康・氏政は、氏照を御一家衆の筆頭に位置づけていったと考えられる。そしてそれに対応してであろう、氏照は、名字を大石から北条に復称するのである。氏照が北条名字に戻したことが確認できるのは、同十一年十二月まで下るが、このような状況からすると、もう少し以前のことであったかもしれない。こうして氏政の弟の序列は、北条名字に復した氏照を筆頭に、それに氏規が続く、というかたちが確定されたとみなされる。

駿河での早川殿

ここで駿府での早川殿の動向についてみておくことにしたい。とはいっても、関係史料はわずか三点が存在しているにすぎない。

一つは、『言継卿記』弘治二年（一五五六）十一月二十三日条（静二四二九）で、駿府に滞在していた公家の山科言継から薬を贈られていることである。「五郎殿（今川氏真）女中（早川殿）へヒイナハリコ以下一包〈数五十〉、金竜丹〈五黄〉、これを送る」と記されている。氏真に嫁いで二年後のことであり、まだ十歳くらいの時のことになる。

次に、それから十二年も経った永禄十一年（一五六八）十一月十一日付けで出している朱印状である（「岡埜谷文書」戦今二一九四）。これは駿河笹間《ささま》郷上河内《ごうかみごうち》村（静岡県島田市）に所在する峯叟院《ほうそういん》に、「竜雲寺殿」（寿桂尼）の朱印状の内容の通り、寺領を安堵したものになる。同所はかつて寿桂尼の所領であったが、ここでは早川殿が「れうしよ《（料所）》」と記しているので、この時には早川殿の所領になっていたことがわかる。寿桂尼はこの年の三月二十四日に死去していたから、その所領を早川殿が継承していたことが知られる。

早川殿が、寿桂尼の所領のすべてを継承したのかどうかはわからないものの、そうした所領の継承という側面からみれば、かつての寿桂尼の立場を継承する地位になっていたとみることはできるであろう。寿桂尼はすでに、永禄六年から同八年の間に、駿府からも出て、沓谷の竜雲寺に隠遁するようになっていた。おそらくそれにともなって早川殿は、寿桂尼に代わり今川家の「御前様」として、その家政を取り仕切る立場となったと思われる。

また年代は明確ではないが、伊勢御師《おんし》亀田大夫から氏真の家族への贈り物があったことを記した史料（「勢州御師亀田文書」戦今二六五五）に「御前様」とみえていて、さらに続けて「御料人様」とあって、両者は「御二方」と表現されている。「御前様」はいうまでもなく早川殿のことで、「御料人様」はその嫡女（のち吉良義定妻）のことである。彼女の生年は明確ではないが、第二章で推測したように永禄十年頃とすれば、同文書も同年か翌同十一年頃のものと推測される。

このように早川殿は、今川家の「御前様」として、また一女の母となって、今川家の家政において存在感を強めるようになっていたとみられる。今川家においては独自の所領を与えられていて、それに対しては独自の朱印を用いて、朱印状を発給していた。この在り方も、寿桂尼の場合と同様であった。朱印の印文については「幸菊」と読まれている。現在は先の峯叟院宛のもの一通しか残されていないものの、実際には多くのものが出されていたに違いない。早川殿が朱印状を出すようになったのが、いつからのことであったのかはわからないが、所領支配を朱印状で行うという、今川家の方法を踏襲していたことが知られるであろう。

ところが、その文書を出した翌月には、今川家は武田家から領国への侵攻をうけて、没落することになるのである。

今川と武田のすきま風

今川家と武田家は、今川義元が今川家の当主となった直後の天文六年（一五三七）に、義元が武田信虎の長女（定恵院殿）を正妻に迎えたことで、攻守軍事同盟を成立させ、以後もその関係を継続していた。同十九年（一五五〇）に定恵院殿が死去すると、同二十一年に義元の長女（嶺寒院殿）が、武田晴信（信玄）の嫡子義信に嫁いで、婚姻関係を更新していた。

ところが、両家の間柄がおかしくなりはじめたのは、永禄八年（一五六五）十月、武田義信がクーデターを計画したものの発覚し、義信が甲府東光寺に幽閉されてからであった。ちょうどその頃、武田信玄は、今川家にとって仇敵にあたる尾張織田信長との同盟関係を結ぶようになっていたから、義信のクーデターは、親今川派による信玄の外交政策批判から生まれたものであったとみられる。信玄は、しばらく義信を幽閉したままにしていた。

そうした状況に対して、今川氏真は、信玄の外交政策に再考をうながそうとしてか、二年後の永禄十年八月に、駿河から甲斐に輸送される塩荷を留めた。現代でいうところの経済封鎖である。これは「手切れ」、すなわち国交断絶の一歩手前の措置となる。かつて北条氏綱は、今川義元の外交政策の転換を妨害しようとしたことがあったが、それと同じような事態とみることができるであろう。信玄はおそらく、この氏真の態度をうけて、やがては今川家との「手切れ」に踏み切る決意をしたとみられる。そして、その二ヶ月後の十月十九日に、義信を自害させるのである。享年は三十であった。

これをうけて氏真は、妹嶺寒院殿を、駿府に返還することを要請した。もし彼女が駿府に返還されれば、両家の婚姻関係は解消されることになり、それは同時に同盟関係の解消を意味した。しかし信玄は、この時点で今川家との関係を破棄することは考えていなかった。そのため信玄は、この氏真の申し出に応じなかった。時期尚早とみていたのか、あるいは氏真への対抗策が準備できていなかったためかもしれない。これをうけて氏真は、両家と同盟関係にあった氏康・氏政父子に仲介を依頼した。氏康・氏政は、基本的には氏真の要求、すなわち嶺寒院殿（「甲州新蔵」）の駿河帰国の実現を第一に信玄にはたらきかけ、信玄は氏真からの起請文がないと応じられないと言ったので、氏真から信玄に、同盟関係を継続する旨の起請文を出すことで、嶺寒院殿は帰国することになった。

今川家と武田家の同盟関係は、北条家の仲介によって継続されることになったが、嶺寒院殿が帰国すると、今川家と武田家との間には婚姻関係はなくなることになったので、その関係は極めて不安定なものになってしまった。そもそも氏真はこの期に及んで、信玄との同盟を継続するつもりはなかったに違いない。その証拠にその年の冬、氏真は、信玄そして北条家と抗争関係にある越後上杉輝虎（謙信）と同盟を結ぶべく、遊雲斎永順《ゆううんさいえいじゅん》という人物を使者として派遣しているのである。そして、同盟とはいかないまでも、軍事行動の連携を成立させているのである（長谷川弘道「永禄末年における駿・越交渉について」）。

嶺寒院殿の帰国時期については、『武徳編年集成』は永禄十年十一月十九日のこととしていて、これまではそれが採用されてきた。しかし実際には、翌同十一年二月頃のこととみられる。そしてその引き取りも、北条家が行っていた。二月二十一日付けで、氏政は宿老で伊豆郡代の清水康英に書状を出して、伊豆三島での「御新造」の宿所について、三島護摩堂に決めたので、相応の建物を建築することを指示している（「小出文書」戦北一〇一〇）。これによって、嶺寒院殿を武田家から引き取ったのが北条家であったこと、引き取った後は三島に宿泊させることにしたこと、おそらくそこから今川家に引き渡されることになったことなどが知られる。

寿桂尼の影響力

今川氏真が上杉家と交渉をすすめるようになっていたことを、具体的にどこまで把握していたのかはともかく、武田信玄もその動きを警戒するようになっていった。そして、駿河との国境に近い甲斐本栖に、有力親類衆であった栗原伊豆守を配置していた。その栗原から、永禄十一年（一五六八）三月二十四日に、「沓屋の大方」、すなわち寿桂尼が死去したという報《しら》せが、信玄四男の諏訪勝頼のもとにもたらされた。

勝頼は信玄の庶子で、天文十五年（一五四六）生まれの二十三歳、信濃伊那郡の有力国衆の高遠《たかとお》諏訪家を継いでいた存在であったが、嫡子義信亡き後においては、信玄の男子では最年長の存在で、その家督後継者に最も近い位置にあった人物である。勝頼は甲府で留守を務めていたとみられ、この報せをすぐに出陣中の信玄のもとに連絡している。そして栗原には、何か変化があればすぐに報せるよう指示している（「恵林寺文書」戦武一二五二）。

武田家にとって、寿桂尼の死去は、すぐに信玄に報さなければならないものであったことがわかる。寿桂尼を、いまだに今川家の最高権力者に匹敵する存在ととらえていたことがうかがわれる。それだけ寿桂尼の存在が、今川家において大きなものと認識されていたことがわかる。それは今川家における「御大方様」の立場によるだけではなかったであろう。その娘は氏康の正妻で「本城御前様」の瑞渓院であった。その母子関係が、北条家の動向にも大きな影響を与えていた、という認識もあったと思われる。実際、かつて「河東一乱」の時には、武田家は寿桂尼から北条家・今川家の和睦斡旋を依頼された、ということがあったように、北条・今川両家の動向を左右したからである。

信玄は、寿桂尼が死去したことで氏真と敵対関係になっても、氏康・氏政父子を味方につけることができるとの感触を強めたのかもしれない。北条家の当主氏政は娘婿であったから、こちらからのはたらきかけに分があると踏んだとしても不思議ではない。また、そうした信玄の思惑を、氏真も強く感じるようになったようで、四月十五日の時点で、すでに「信玄表裏は程有る間敷く候」と述べるなど、じきに信玄が裏切ると見通している（「歴代古案」戦今二一七五）。

ここまでくると、もはや今川・武田両家の関係修復は不可能であった。そして十二月六日、信玄は氏真と「手切れ」して、甲府を出陣し、駿河に侵攻するのである。その際、北条家に対しては、「駿河（今川家）と越後（上杉家）は示し合わせて、信玄を滅ぼそうと企んでいて、そのことを確認したので、今回（氏真とは）手切れした」「信濃と越後の間が深雪で軍勢が通行できないうちに、駿河を支配するために、戦争を開始した」といったことを連絡したのであった（「春日俊雄氏所蔵文書」戦北一一二七・「上杉文書」戦北一一三六）。これは、信玄が氏真との同盟を破棄して、その領国に侵攻することの正当性を、北条家に訴えるものであった。それにより北条家が、今川家に味方することを阻止し、自身に味方することを促すためであった。

駿府からの逃避行

武田軍が駿河に侵攻してきたことをうけて、今川家は重臣庵原《いはら》氏（安房守とされるが誤り）を大将とした軍勢を派遣し、十二月十二日武田軍が富士上方《かみかた》の内房《うつぶさ》（富士宮市）に在陣すると、今川軍は薩埵《さった》山《やま》（静岡市）に在陣して、迎撃の姿勢をとった。氏真も駿府を出陣して興《おき》津《つ》清見寺に着陣した。ところが、あらかじめ信玄から調略をうけていたらしく、侍大将二十一人が武田方に寝返った。そのため氏真は抵抗できないと考えて、駿府に退陣するのである。

武田方に寝返ったものには、御一家衆で駿東郡の国衆葛山氏元（氏康の妹婿）、御一家衆の瀬名氏詮（のちに信輝、氏真の従弟）、宿老の朝比奈右兵衛大夫《ひょうえのだいぶ》（のちに駿河守信置）など家中の錚々たるメンバーがいた。それらの面々が離叛したとなれば、もはや抵抗は不可能であった。

氏真は十三日、武田軍が侵攻してきたため、家族や近臣らをともなって駿府を脱出した。そして、宿老朝比奈泰朝《やすとも》が在城する遠江懸河城に籠もることにした。こうして駿府は陥落、武田軍に占領された。しかし氏真は、武田軍の侵攻をうけて、すでに早川殿の実家である北条家に支援の要請を行っていたから、その援軍が武田軍を撃退することを頼りにし、それまで遠江で抵抗することを考えたのであろう。北条家も、氏真から援軍要請をうけるとすぐに、援軍を派遣した。十二日には氏政自ら小田原を出陣、軍勢は駿東郡に進軍しており、十四日には、武田方の最前線になっていた薩埵山と対峙する蒲原城に、軍勢を籠もらせている。

北条家には、信玄からも味方に誘う書状が送られてきていた。しかし、氏康・氏政はそれを一顧だにせず、氏真への加担を決めている。十二日に氏政が出陣しているのであるから、氏真からの支援要請をうけると直ちに出陣したとみてよいであろう。いわば即決であった。おそらくそれは、氏真と信玄の同盟継続の仲介を行ったにもかかわらず、信玄がそれを一方的に、しかも事前に連絡もなく破棄したからであろう。

こうした信玄の行為は、いわゆる「中人《ちゅうにん》」（仲介者）としての面子を潰すものであったのである。面子を潰されることは名誉を侵害されたことになるので、こうした場合、名誉を回復するために、侵害した側を攻撃するのである。氏康・氏政は、そうした社会通念にそった行動をとったのであった。

それだけではなかった。駿府を脱出した今川氏真・早川殿一行は、十五日には懸河城に到着したようであるが、その際、早川殿は乗り物を用意することができず、徒歩で移動したという。このことを聞いた氏康は、翌永禄十二年（一五六九）の正月二日付けの書状で、「愚老息女（早川殿）は乗り物を求め得ざる体、此の恥辱雪ぎ難く候」（「歴代古案」戦北一一三四）と激昂している。そしてこのことは、早川殿をそのような目にあわせた、武田家への怒りとして、それに向けられていくのである。

これらのことは信玄にとっては、予想外であったかもしれない。氏政は娘婿なので、情勢を鑑みて自身に味方すると踏んでいたのかもしれない。しかし、そうであったとすれば、信玄はあまりにも当時の社会通念を無視しすぎていたといえるであろう。信玄はのちにも、織田信長との同盟を一方的に破棄し、そのため信長は激しく武田家を憎むことになるが、そのことをみると、そもそも信玄は、そのような社会通念から逸脱した思考をしがちな人物であったのかもしれない。

氏政の離婚

さらに、北条家が打った手はそれだけではなかった。氏政と正妻黄梅院殿を離婚させ、黄梅院殿を武田家に送還したのである。その時期については正確にはわかっていない。しかし、氏政が同年（永禄十一年）十二月十二日に小田原を出陣した時には、それが行われていたか、その段取りがつけられていたように思われる。氏政の出陣は、武田家と対戦するためであったから、それは北条家と武田家とが「手切れ」したことを踏まえての行動ととらえられる。そうすると、氏康・氏政父子は出陣に先立って、黄梅院殿との離婚、武田家への送還を取り決めたと思われるのである。

これにより、北条家と武田家との婚姻関係は解消されることになり、同時に両家の攻守軍事同盟も解消されることになった。もっとも、敵対関係になったからといって、必ずしも離婚しなければならなかったわけではない。そもそも瑞渓院は氏康に嫁いだ直後に、北条家と実家の今川家が戦争状態（「河東一乱」）となったが、離婚されていない。またこの後においても、氏康六男の三郎（景虎）は、越後上杉輝虎（謙信）の養子に入った後、北条家と上杉家が「手切れ」になっても、景虎は離縁されることなく、輝虎の養子として存在し続けているし、氏康六女（桂林院殿）は、武田勝頼（信玄の子）に嫁いだ後、同じように北条家と武田家が「手切れ」になっても、やはり離婚していない。

そうすると、ここで氏政と黄梅院殿が離婚することになったのは、かなり特異な状況といえることになる。その理由を示した史料はみられないものの、北条家の立場を踏まえると、武田家への怒りは相当なものであったとみられ、それ故の離婚であったかもしれない。武田家との繋がり一切を断ち切らないでは済まない、そのような強い感情があったように感じざるをえない。あるいは、武田信玄のほうから返還を求めてきたとも考えられる。駿河侵攻に同意してもらえると思っていたところ、全否定されたために、婚姻関係を維持する必要はないということで、離婚させたとも考えられる。いずれの見方が妥当なのか、今後の関係史料の出現を待つ他はない。

氏政と黄梅院は、天文二十三年（一五五四）に婚姻してからすでに十五年が経っていた。その間、早世はしたものの弘治元年（一五五五）に嫡子が生まれ、同三年に長女（千葉邦胤《くにたね》妻）、永禄五年（一五六二）に次男で嫡子の国王丸（氏直）、同九年に次女（里見義頼《よしより》妻）が生まれていた。とくに国王丸は、氏政の嫡子として、次代の北条家当主の地位を予定されていた。夫妻の間柄は円満であったといわざるをえない。氏政が当主になってからは、「御前様」として、家政の取り仕切りも担っていたに違いない。そうした両者が、実家と婚家の関係変化によって、離婚する事態となったのであった。

これにより、氏政に正妻はいなくなり、同時に「御前様」もいなくなることになった。そこで瑞渓院が、再び北条家の家政の取り仕切りにあたることになったとみられる。もっとも瑞渓院も、氏政が当主になって以降も、「本城御前様」と呼ばれ続けたことから考えて、決して引退したわけではなく、家政に対して一定の発言力を維持していたとみられる。ただしそれは、氏政「御前様」との役割分担の範疇のものであった。しかしこれからは、北条家の「御前様」として、すべてにわたって取り仕切る立場に復帰するのであった。

ちなみに、黄梅院殿は武田家に送還された後、おそらく甲府に居住したのであろうが、離婚されてからわずか半年後の、永禄十二年六月十七日に死去してしまった。享年二十七、法名は黄梅院殿春林宗芳大禅定尼といった。離婚にともなう心痛の末であったろうか。あまりにも早い死去といえるであろう。北条家と武田家はその後、元亀二年（一五七一）末に同盟を再締結するが、それから四年後の天正三年（一五七五）七月、氏政は、北条家の菩提寺である箱根早雲寺に、塔頭として、その菩提寺黄梅院を建立しているのである（「早雲寺文書」戦北一七九二）。ちょうど七回忌にあたるから、それを機に、菩提寺を建立したとみられる。

このことをみれば、氏政の離婚は不本意ながらのことであったとみてよいであろう。しかし、当時の両家の関係は、そうしないでは済まない状況にあり、仕方なくそのような処置をとったのであろう。また、嫡子国王丸の生母でもあったから、北条家としてその菩提を弔うことにしたとも思われる。黄梅院殿は、生前には北条家から追われることにはなったが、死して後に、再び北条家に迎え入れられるのであった。

氏照・氏邦の上杉家との同盟交渉

北条家はまた、それまで敵対関係にあった越後上杉輝虎（謙信）との同盟を図った。北条家としても、上杉家と抗争しながら武田家と新たな抗争を展開するのは不利と認識していたし、すでに今川家が上杉家との盟約を成立させていたので、それに同調しようとしたのであろう。このことは、永禄十一年十二月十二日に氏政が出陣する以前には取り決められていた。上杉家への交渉は、上野新田領の国衆で、かつて上杉家に従属していた経緯を持つ、由良成繁《ゆらなりしげ》にあたらせることとした。そして北条家の側で、由良家への指南を務めていたのが、氏康の五男で武蔵鉢形城主の藤田氏邦であった。そのため氏康・氏政は、上杉家との同盟交渉を氏邦に担当させることにした。氏政はそれを氏邦に指示したうえで、駿河に向けて出陣したのであった（拙稿「北条氏邦と越相同盟」）。

しかし、取次を務めた由良家に対して、上杉方に「佞人《ねいじん》」がいて、なかなか取り次いでもらえない状態が続いた。それでも十二月十七日には、上杉方の最前線の上野沼田《ぬまた》城（群馬県沼田市）に在城していた家臣への接触に成功し、氏康の側近家臣の遠山康光が、沼田に行くことが決められている。その一方で、由良家を通じての交渉が進捗していなかった状況を知った氏照が当時、下総関宿《せきやど》城（千葉県野田市）攻めをすすめるなかで、かつては上杉家の重臣で自身が指南を務める上野厩橋《まやばし》領の国衆・毛利北条高広《もりきたじょうたかひろ》を通じて、十九日、独自に上杉方への接触をこころみている。

すでにその時には、由良家の交渉ルートは機能するようになっていたが、氏照はそのことを知らずに、そのルートが難しいのならばと考え、独自の交渉ルートを開拓しようとしたと思われる。ただ、上杉家のほうでは、氏邦・由良家のルートとは異なるため、扱いに困ったのであろう、しばらく氏照・毛利北条家のルートには返事もしないという状況になっている。しかし、ともかくも氏邦・由良家ルートによる上杉家との交渉ルートが機能し、以後において両家は同盟締結のための交渉を展開していくのである。

この北条家と上杉家の同盟交渉の展開については、すでに拙著『関東戦国史』でも比較的詳しく述べているので、具体的な経過についてはそちらを参照していただきたい。おおよその経緯としては、翌永禄十二年四月に同盟のための条件交渉がすすめられ、六月に双方で血判起請文が交換されて同盟が成立、さらに元亀元年（一五七〇）三月、氏康の六男三郎（景虎）が輝虎に養子入りしたことで、両家は条件の一つであった姻戚関係を成立させ、それをうけて領土割譲などが行われ、同盟は正式発足する。

　ここで注目しておきたいことは、五男で庶子の氏邦が、上杉家との同盟交渉の仲介を務めるという大役を担ったことであろう。そして、それを見事に成し遂げるのである。同盟の成立、さらにはその後の維持は多大な困難をともなうものであった。双方の主張や思惑が、あまりにも隔たっていたからである。氏邦はそれを何とか仲介し、ともかくも元亀二年に北条家のほうから破棄するまで、その維持に尽力し続けたことは間違いない。そのことについて、氏邦自身も「昼夜の障り無く、懸け廻り申し候」（「上松文書」戦北一三六一）と、昼夜を問わずに奔走した、と述べている。

　この頃氏邦は、領国の武蔵鉢形領が武田領国の信濃・西上野に接していた関係から、武田家と激しい抗争を繰り広げていた。そんななか、越相同盟交渉を成し遂げたことで、北条家内部での評価を高めたとみなされる。同時に、敵対関係にあった武田信玄からも、その存在を十分に認識されるものとなり、「源三（氏照）・新太郎（氏邦）・助五郎（氏規）」と、兄弟のなかでは年長で嫡出の氏規よりも上位に認識されるまでになっている（「平成十一年古裂会目録」戦武一四六四）。

　もう一つ注目しておきたいのは、越相同盟交渉は氏邦の役割とされた一方で、氏政弟のなかで最年長であった氏照も、それに加わっていったことである。そもそものきっかけは、氏邦・由良家ルートの不調を見かねてか、自身の外交ルートを開拓して交渉開始を実現しようとしたことだが、氏照が上杉方への接触を果たした時には、すでに氏邦・由良家ルートで交渉できるようになっていた。しかし一度、上杉方にはたらきかけたため、氏照は年明け後の永禄十二年正月七日に書状を出すなど、数度にわたって上杉方にはたらきかけを続けていて、何とか交渉の窓口を開こうと尽力していた（「上杉文書」戦北一一三六〜七）。

上杉方では、同月十四日には「大石源三《(氏照)》殿御悃望の御取り扱い、外聞実儀目出度く存じ奉り候」（「上杉文書」上越六四二）と、氏照から同盟の嘆願があったことはすぐに周知され、それは目出度いことだと認識されていた。これは氏照の書状をうけた上杉家の宿老直江景綱《なおえかげつな》から連絡されたものに限られたのかもしれないが、氏照からの同盟申し入れが、上杉家では一定の評価の対象となっていたことがわかる。また上杉家は、関東の味方勢力に対して、氏照からの書状だけを写して送っている（「山吉文書」上越六五八）。ちょうどそれらの人びとは、直接に氏照と抗争する関係にあったということであろうが、氏照の行為の影響力の大きさを示すとみることもできる。氏照の行為が、北条家の一定の意向を示すものとしてうけとめられたことがうかがわれる。

もっとも、氏照からの接触に、上杉方ではしばらく返事もしなかった。これについては氏照自身も、三月九日になってようやく上杉方から返事がもたらされたことに際して、「数度申し届くるところ、この度回章（返事）に預かり、寔にもって本望に候」（「歴代古案」戦北一一七五）と、何度も書状を出したが、今回返事をもらえて本望である、と述べていることからもわかる。

こうして氏照は、正式に越相同盟交渉に加わるようになるのであるが、その背景には氏康の配慮があった。その六日前の三月三日、氏康は上杉方の窓口になっている上杉家臣に対して、「源三（氏照）についても、精一杯周旋していたので、放っておくことはできないので、天用院が起請文を届けるにあたって、源三と新太郎（氏邦）の取り次ぎを一つにして、両者が署判した副状《そえじょう》を出させることにした」「源三についても由良成繁を通して、同じ交渉ルート（手筋）で申し入れるので、こちらで見分けがつかなくなることはない」（「歴代古案」戦北一一六七）と述べている。

氏照が上杉方にはたらきかけをしたのは、彼の独断であったとみなされる。しかし、そのように交渉に乗り出していたからには、氏康としては見捨てておけなくなったので、機能している氏邦・由良家ルートに合流させることにしたのである。氏照が北条家御一家衆の筆頭に位置していたから、面子を潰すことはできないとの判断があったと思われる。氏康・瑞渓院夫妻にとって、氏照は当主氏政に次ぐ実子であったから、その立場に相応しく対応する必要があると考えたのであろう。

国王丸の今川家継承

武田軍の駿府占領にともなって、今川氏真は遠江懸河城に籠もり、抵抗を続けた。そこには北条家から、宿老清水新七郎《しみずしんしちろう》（康英の嫡子）・大藤政信《だいとうまさのぶ》・太田十郎（豊後守泰昌《やすまさ》の嫡子か）らの軍勢が海路で派遣されて、ともに籠城していた。その懸河城に対しては、武田信玄と同盟を結んで遠江経略をすすめた三河徳川家康の軍勢が侵攻し、懸河入城から一ヶ月ほど経った永禄十二年（一五六九）正月二十日に合戦が始められ（「古今消息集」戦今二二六二）、徳川軍に包囲されることになった。

氏真支援のために駿河駿東郡に進軍した北条軍も、蒲原城を最前線にして、武田方の薩埵陣と対陣した。そして、この年二月六日に同陣を攻略して、逆にこれを最前線拠点とした。武田軍は興津城に後退、そこを前線拠点とし、以後は興津川を挟んで対陣が続く状態になった。信玄自身は、甲斐への退路を断たれることを恐れて、興津城・久能城の守備を固めたうえで、四月二十四日に甲斐に帰国した。しかし、残った武田軍は、興津城から後退してしまうと本国甲斐への退路を断たれることになるため、必死に対抗することになる。そのため北条氏政は、直接に懸河城を支援することができないでいた。

そこで氏政は、今川氏真・早川殿夫妻の身柄確保を優先させて、徳川家康との和睦交渉をすすめる。懸河城を明け渡す代わりに、氏真ら一行の駿河帰国、北条家への引き取りを交渉した。ちょうど徳川家でも、遠江領有をめぐって武田家と衝突が起きるようになっていたうえに、信玄も帰国してしまったし、遠江の領国化を遂げられることになるからであろう、氏政の提案に乗ってきた。そして、五月九日には和睦が成立し（「古今消息集」戦北一二二九）、同月十五日、懸河城は開城され（「歴代古案」戦北一二四〇）、氏真一行と在城衆は出城し、十七日、おそらくは海路を使って北条方の蒲原城に引き取られている（「色々証文」戦北一二三二）。

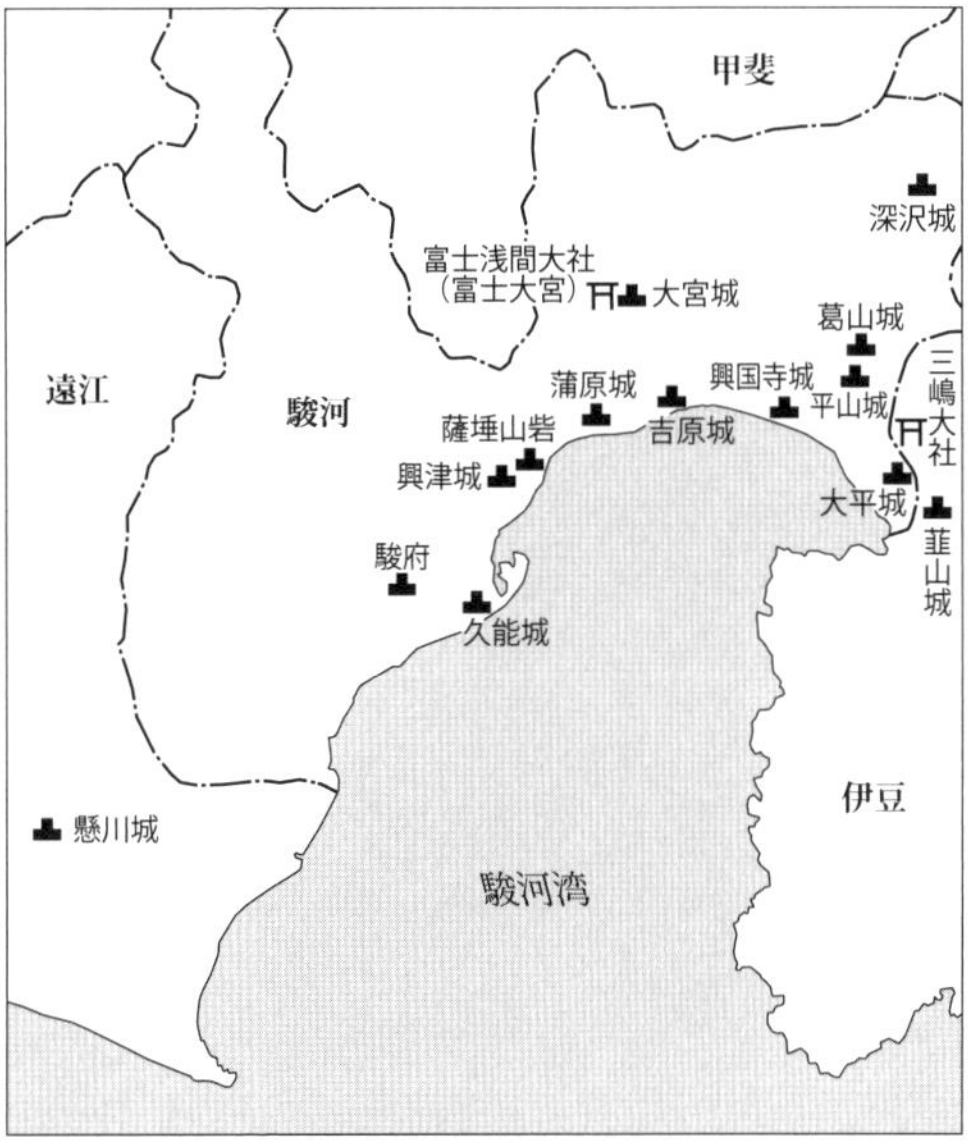

永禄12年（1569）頃の駿河情勢図

その際、氏真の家族については「氏真・御二方」と記されているが、「御二方」とは先にみたように、早川殿と嫡女（のちに吉良義定妻）のことである。かりにこの娘が先の推測通り、永禄十年くらいの生まれであったとすれば、まだ三歳であり、満年齢では二歳かそれ以下になるから、早川殿にとっては幼児を抱えての逃避行であり、籠城であったことになる。不安な日々が続いていたことと想像される。

ちなみに、懸河開城に際しては、氏政から徳川家康へ、そのことに関する起請文が送られている。その返答となる起請文も家康から氏政に出されていて、氏政のもとには二十四日に到着している。そして、氏真一行の出城にあたっては、家康の宿老酒井《さかい》忠次《ただつぐ》が、途中まで和睦の「証人」として付き従ったことが知られる（「酒井文書」戦北一二二九）。おそらく、氏真一行が北条方の船に乗るところまで、「人質」の役割を務めたものであろう。

氏真・早川殿夫妻は、蒲原城にしばらく滞在したと思われ、そこで氏政と氏真の間で、今後の駿河統治をどのようにするか話し合いが行われたらしい。そして五月二十八日の未明、駿河支配を氏政に委任するという結論に達し、以後において、今川家臣は氏政の軍事指揮下に置かれることになり、氏政はその日のうちに、その旨を今川家臣に通達している（「富士文書」戦北一二三〇）。さらにそれにともなって、「氏真縁者の筋目をもって」、すなわち氏真にとって親戚なので、という理由で、今川家の名跡は氏政嫡子の国王丸（氏直）に譲り渡された（「諸家所蔵文書」戦北一二三一など）。

もっともこのことは、それより五日前の二十三日には決まっていたとみられ、氏真は国王丸を養子とし、駿河支配については氏政と相談することを述べている（「三浦文書」戦今二三七五）。そしてこの日に、氏政は三島まで帰陣している（「井田文書」『戦国遺文房総編』一三三六号）。そうすると二十八日未明の決定とは、氏真から国王丸への家督譲与と駿河支配権についてであったと思われる。いずれにしても、国王丸の氏真養子化と駿河支配権の氏政への委任はセットで取り決められたと考えられる。もっとも、国王丸は他家養子になるが、これについては氏真にとって親戚、すなわち妻早川殿の甥であることで納得させるものとされている。

そして氏政は、そのことをもとに、駿河在陣の北条家臣に対して、武田家に味方した今川家臣の所領の没収、それの再配分などについて指示している。支配権の委任がなければ、そのようなことを自由に行うことができず、そうでなければ、駿河において武田方との抗争に柔軟に対応することができなくなる。そのため、氏真にそれを認めさせることになったのであろう。また氏真も、現状において武田方との抗争は、氏政を頼る他はなかったから、それを受け容れることにしたのであろう。

ただしこのことは、あくまでも駿河は今川家の領国であり、今川家は駿河国主であることが前提になっている。氏政は、単純に今川家とその領国を併合しようとしたのではなく、今川家の駿河支配権を前提にしたうえでの処置であった。その際、単に支配権を氏政に委任しただけでは、表面的にも今川家が北条家の属国になったかたちになってしまう。そのため、名跡を国王丸に譲ることにすることで、氏政の行為は、新たな今川家当主の国王丸の後見としてのもの、という体裁をとることができ、今川家臣も抵抗感なく、氏政の指揮に従うことができたと思われる。

ここに、今川家の家督は、氏政嫡子の国王丸に継承されることになった。これにより、国王丸はおそらく「今川国王丸」となったといえる。しかし、わずか八歳にすぎないから独自の判断は行えない。そのため以後においても、今川家の御料所などへの支配は、氏真が引き続き行い、軍事行動や領国支配については、実父の氏政が後見として管轄していくことになる。だが、そもそも国王丸は氏政の嫡子であった。元服して北条家の嫡子として確立する段になったら、このことはどう処置するつもりであったのか気になるところではあるが、おそらくはそこまで見通してのことではなく、あくまでも現在の状況への対応で考えられたに違いない。このまま駿河領国化を遂げ、今川家の存続が果たされた時には、あらためて検討すればよいという程度のものであったように思われる。

とはいえ、氏真の名跡継承が国王丸とされたことには意味があろう。それは今川家の家督を継承するのであれば、北条家の庶子ではだめで、やはり嫡子クラスでなければならない、という考えがあったことをうかがわせる。それだけ北条家において、今川家の存在が重要視されていたことを示していよう。氏政の母瑞渓院は今川家の出身、氏真の妻早川殿はその娘であるとともに、氏政にとっても実妹であった。そのような今川家との深い繋がりをもとに考えられたに違いない。そこではおそらく、氏康・瑞渓院夫妻、氏真・早川殿夫妻の意向をも汲み取りながら、国王丸が選ばれたのだと思われる。

その際、瑞渓院の意向がどこまで影響したのかはわからない。しかし、瑞渓院は氏親・寿桂尼の嫡出子であったから、実家今川家の行く末には、大きな関心を寄せていたに違いない。氏親・寿桂尼の実子として、今川家の存続に尽力しようとしたとみて間違いないであろう。また、単に今川家の名跡を継承するだけなら、何も氏政嫡子であった国王丸にする必要はなかったといえる。かつて今川家の御一家衆の待遇を与えられていた氏規でもいいし、まだ地位が確立していない氏康六男の西堂丸（景虎）、養子の氏忠・氏光、あるいは氏政の庶子（国増丸・菊王丸など）でもよかったであろう。しかしそうではなく、氏政嫡子の国王丸をわざわざあてているところに、今川家への強い思い入れを感じざるをえないし、その背景には瑞渓院の存在が大きく影響していたように思えてならない。

小田原での氏真夫妻

氏真・早川殿夫妻はその後、永禄十二年(一五六九)閏五月三日には、駿東郡南部に位置し、伊豆にも近い沼津に移された(「岡部文書」戦北一二三四)。それから同月十五日までに、駿河の東南端で伊豆にも接していた今川家の御料所の大平郷に入り、同地に大平城を構築してそこを拠点にした(「矢部文書」戦北一二五〇)。氏真はしばらく同城に在城し、駿河に在国し続けて武田方との抗争を展開している家臣に、戦功に対する感状を発給したり、知行を与えたり、といった家臣統制や御料所支配を行っている。

ちなみに、氏真はその間の八月十七日付けのものから、印文未詳であるが、新たな方形朱印を使用するようになっている(「判物証文写」戦今二四一八)。それまで氏真は、父義元から継承した方形「如律令」朱印を使用していたのだが、それの使用を停止して、別の朱印使用に切り替えているのである。「如律令」朱印は、戦国大名今川家の権力を象徴する性格のものであったが、事実上、今川家は没落し、家督も名目的には国王丸に譲られて、氏真は今川家当主ではなくなっていた。そのため氏真は、同朱印を使用する立場にはないということで、新たな朱印を使用するようになったのだと考えられる。

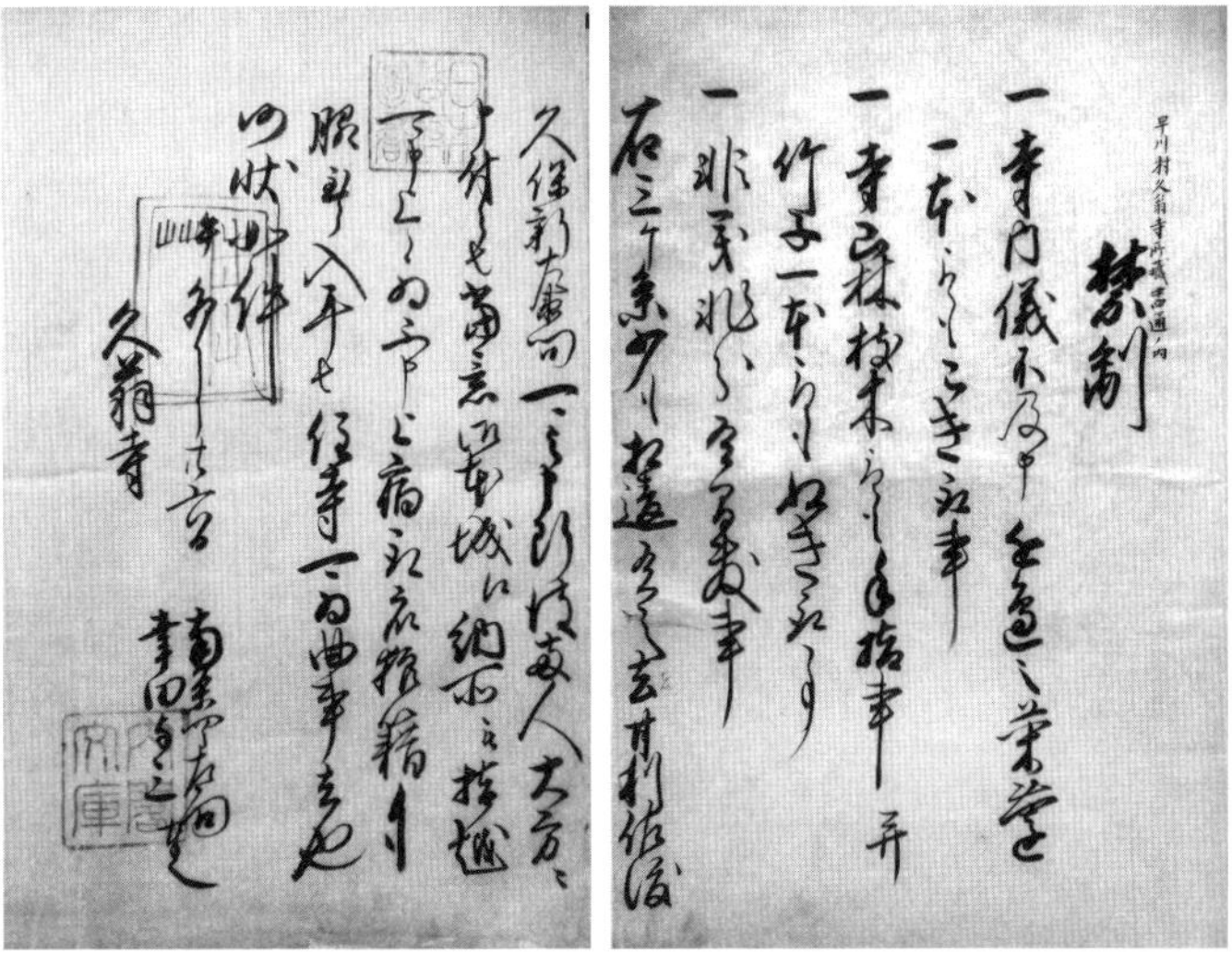

元亀元年（1570）4月26日付北条氏康禁制写（国立公文書館蔵「相州文書」より）

その一方で早川殿は、翌元亀元年（一五七〇）四月には、小田原に近い早川郷に居住するようになっていたらしい。「早川殿」という呼び名は、同地に居住したことによって生まれたものであった。また早川郷は、氏康の叔父久野北条宗哲の所領であったから、氏真・早川殿夫妻は、北条家のもとでは、その北条宗哲の庇護をうけていたとみられる。宗哲は北条家御一家衆の長老としてこれまでにも氏康弟の氏堯を後見するなど、一門のなかの庶流の立場にあったものを庇護する役割を務めてきた。ここでも氏真・早川殿夫妻について、事実上の後見を務めることになったととらえられる。

早川殿の早川居住をうけて、氏康は四

月二十六日付けで同地所在の海蔵寺と久翁寺《きゆうおうじ》に対して、禁制を与えている（「相州文書」戦北一四一四〜五）。そして、それに違犯するものがあった場合は、富士常陸と甘利佐渡に連絡し、彼らは「大方」が言いつけている者なので、違犯の内容を寺の「納所」（事務官）から「御本城」、すなわち氏康まで訴えることを認めている。富士常陸・甘利佐渡は、今川家の家臣であるから、「大方」は早川殿を指すとみてよい（前田利久「後北条氏庇護下の今川氏真について」）。早川殿は、前当主の妻、あるいは新当主の母としての「大方」と呼ばれるようになっていたことがわかる。これはもちろん、今川家の当主が、名目的には国王丸とされたことにともなうものとみられる。逆にこのことから、国王丸の今川家継承は、実際のことであったと認識される。

氏康の禁制の内容に違犯する行為があった場合、今川家臣の富士・甘利に連絡することになっているのは、不法行為をするのが今川家臣であったからであろう。早川郷には、早川殿に従って多くの家臣が在所したとみられ、彼らの行為が問題になっていたのであろう。しかし、訴訟先はそこではなかった。富士・甘利に連絡をしたうえで、寺から直接、氏康に訴訟することが認められているのである。したがって、違犯者処罰は氏康が行ったことがわかる。富士・甘利に連絡が入れられているのは、今川家臣を氏康が処罰することになるので、あらかじめ通知しておくためのものであったととらえられる。

ここからわかるのは、早川郷で今川家臣の不法行為があった際、それを処罰するのは氏康であったことである。けっして氏真ではなかった。それは同郷が北条領国であったからである。氏真の所領であれば、氏真が処罰することになるが、そうではなく北条領国での行為であったため、氏康の処罰になったのである。ただし、そこで処罰するのが、当主の氏政ではなく氏康であるのは、氏真夫妻とその家臣に対しては、氏康が管轄することになっていたからと思われる。氏康そして妻の瑞渓院にとって、早川殿は実子であった。その家族や家臣についてのことはこちらで担当する、と取り決めたのであろう。

氏真はその後も大平城に在城したが、その翌月五月になると武田軍が伊豆に侵攻してきて、大平城も籠城戦を展開する事態になったようである（「三浦文書」戦今二四九八。文書中の「大手」は「大平」の誤写）。氏真の家臣はそれほど多いとは思われないので、この後、攻撃をうけても堪えられないと判断されたのであろう、同年八月までのうちに、氏真は大平城を退去して、妻のいる早川郷に移住するのである。そして、早川郷の屋敷には、氏真の家政機関が置かれて「早川御奉行所」と呼ばれることになる（「安房妙本寺文書」『静岡県史資料編8』二六九号）。代わって大平城は、北条宗哲が管轄するようになったとみられ、以後においては、宗哲が大平郷や泉郷などの氏真所領の治安維持や、氏真家臣の軍事行動を管轄していくのである。

こうして氏真・早川殿夫妻は、小田原近所の早川に居住することになった。氏真には付き従う家臣も多くなかったため、駿河に在国することもできなくなった結果であった。これからは、北条家の軍事行動によって駿河を回復し、復帰することを願うしかなくなっていた。そこでの生活は、妹の武田義信後室（嶺寒院殿）、伯母の中御門宣綱後室をはじめとした中御門一族など、今川家の家族をともなうものであった。ただそこでの立場は、今川家の前当主、そして「大方」というものになった。名目的には国王丸が、今川家当主として扱われたことによるものである。

もっとも、早川殿にとっては、八歳くらいに小田原から駿府に嫁いでから、十六年ぶりの実家近くでの在住となった。すでに二十五歳くらいになっており、そしてこの元亀元年に待望の嫡子（範以）を生むのである。早川殿としては、この嫡子に、やがては今川家再興の夢を託したいと思ったに違いない。そして瑞渓院は、こうした事態になったことをどう思ったであろうか。早川殿のためにも、何としても今川家の再興を実現させたい、と思ったかもしれない。

古河公方家の領国復帰

北条家は今川家支援を掲げて、武田家と全面抗争を展開する一方で、それまで抗争していた越後上杉家と同盟関係を結んだ。その条件交渉のなかで、古河公方家の当主については、北条家が支持していた足利義氏とすることで合意をみていた。上杉輝虎（謙信）は、かつて永禄三年（一五六〇）に関東侵攻を開始した際には、北条家の支持をうけている義氏ではなく、その庶兄にあたる藤氏《ふじうじ》を古河公方家当主として認めていた。しかし、その藤氏はすでに死去していたので、輝虎も義氏を公方家当主として承認したのであった。

足利義氏は天文二十一年（一五五二）、公方家当主となった時には、北条領国の下総葛西城に在城していたが、永禄元年に下総関宿城に移って、公方領国への入部を遂げていた。しかし同四年、上杉方の攻撃をうけて同城を退去し、下総小金《こがね》城（千葉県松戸市）、武蔵江戸城を経て上総佐貫《さぬき》城（千葉県富津市）に移り、次いで相模鎌倉に在所するようになっていた。ちなみに、関宿城を出城する直前、母で氏康妹の芳春院殿が死去している。公方領国から退去せざるをえなくなったことの心痛によるものであったかもしれない。義氏は母の死去の哀しみを抱きながらの、公方領国からの退去であった。

それから八年経った永禄十二年（一五六九）、義氏は上杉家からも古河公方家当主として承認をうけ、その本拠は歴代の本拠であった下総古河城とすることが取り決められた。当時、同城は宿老で上杉方にあった簗田家が領有していたが、越相同盟にともなって、同城は義氏に提供されることになった。そして翌元亀元年（一五七〇）六月、義氏は鎌倉から古河城に移って、ようやく公方領国への復帰を果たした。おそらくはこれにともなって、氏康の五女（浄光院殿）が義氏に正妻として嫁いだとみられる。婚姻時期は正確には不明だが、翌年の氏康死去以前のことであることはわかっているので、義氏の古河城入部にともなうものであったとみてよいであろう。

氏康五女は、瑞渓院の実子ではなく、庶子と推定される。生年も明確ではないが、その後の子女の出産状況などを勘案すると、この時は十五歳くらいと推測され、およそ弘治元年（一五五五）頃の生まれであったとみられる。もっとも庶子とはいえ、「関東の将軍」たる古河公方足利家当主の正妻、すなわち「御台」になるのであるから、北条家からの嫁入りという体裁をとるために、瑞渓院と養子縁組して、嫡出子としての体裁がとられたと考えられる。のち氏康が死去した際、瑞渓院とともに氏康の供養をしていることから、そのように考えられる。

こうして北条家は、古河公方足利家と二代にわたって婚姻関係を結ぶことを実現させた。義氏は天文十二年（一五四三）生まれで、もう二十八歳になっていた。その間、妾もおらず、そのため子もいなかった。このことからすると、義氏の正妻を北条家の娘とすることは、それこそ公方家当主になった時には取り決められていたと思われる。そうでなければ、この年まで一人の妾も持たないことは考えがたいからである。おそらくその時には、婚姻適齢期でかつ嫡出の娘がいなかったために、その状況が調うまで延期されることになったのであろう。ちょうど、早川殿がそれに相応しかったが、すでに今川氏真との婚儀が決まってしまっていた。

しかも、永禄四年からは公方領国を退去することになって、いわば流浪の身になってしまったことで、婚姻を取り結ぶ状況ではなくなっていた。そうして元亀元年になって、ようやく公方領国への復帰を果たしたことで、婚姻の状況が生まれることになったのであり、また、ちょうど氏康の娘に婚姻適齢期を迎えていた者がいたことで、この婚姻の実現となったと考えられる。

ここで注目しておきたいのは、庶子ではあっても、氏康正妻である瑞渓院と養子縁組を結ぶことで、その立場は嫡出子とされた、ということである。このことは、戦国大名家の婚姻において嫡出子か庶子かで大きな違いが生まれることを想定させるであろう。北条家にとって、いわば主人筋にあたり、かつ関東武家社会の頂点に位置した古河公方家と婚姻し、しかも正妻として「御台」となるものは、嫡出子こそが相応しいとする観念があったことをうかがわせる。

しかもその際、実際の嫡出子がちょうどいなくても、正妻と養子縁組をすることで、その体裁をとることができたのであった。そしてその子にとって、実母はもはや「母」ではなく、養母たる瑞渓院こそが、正式な「母」になったのである。瑞渓院と浄光院殿の場合についても、その後はこのような関係となったと思われる。ここに、戦国大名家における正妻の地位の重要性、そして大名家の子女の立場における正妻との関係の重要性を認識することができるであろう。

瑞渓院の戦勝祈願

北条家と武田家との駿河支配をめぐる抗争は、残念ながら次第に武田家の優勢ですすんでいくようになった。永禄十二年(一五六九)十二月に、武田信玄は再び駿河に侵攻し、そこで北条方の最前線となっていた薩埵陣・蒲原城を攻略して河東地域西部を領国化し、さらには駿府も回復して、駿河中央部を確保するようになっていた。その後は北条家が支配していた駿東郡に、武田家から攻勢がかけられてくるという状況となっていた。

そうしたなか、いつのことか正確には判明していないが、北条氏政を大将とした北条軍の出陣に際して、瑞渓院は相模江の島(神奈川県藤沢市)の岩本坊に、戦勝祈願を行っている。その時期については、今川氏真が氏政らと行動をともにすることから、氏真が早川に居住して以降のものとみられ、かつ「春」とみえているので、おそらく元亀二年（一五七一）正月十日に、駿河駿東郡御厨の深沢城（御殿場市）支援のために出陣する際のものと推測される。これは、瑞渓院と当時の北条家一族の関係の在り方をうかがわせる重要な史料となるので、全文を読み下し、かつ平仮名に漢字を宛てたものを掲げることにしたい（「岩本院文書」戦北四九一二）。

　なお〳〵申し候、御油断無く御精に入れられ、御祈念御申しあるべく候、目出度く、
　穴かしく、
此の春よりの御喜び目出度さ、いず御方も同じ御事と覚えさせおわしまし候、さては今度一戦に御定め候て、うちまささま《（氏政様）》・うちてるさま《（氏照様）》・うちさねさま《（氏真様）》・五郎殿《（氏規）》・六郎殿《（氏忠）》・太郎殿《（氏邦）》・四郎殿《（氏光）》、何れも各々御立ち成され候、御神前において御油断無く怠らず御祈念候え由、御せんさま《（御前様、瑞渓院）》仰せ事にて候、御小袖御納め成され候、思し召すままに切り勝ち成され候様に、御精に御入れ肝要にて候、御切り勝ち成され候上にて、一廉の御事有るべく候、目出度く、穴かしく、

（上書）
江の島　　をた原《（小田原）》より

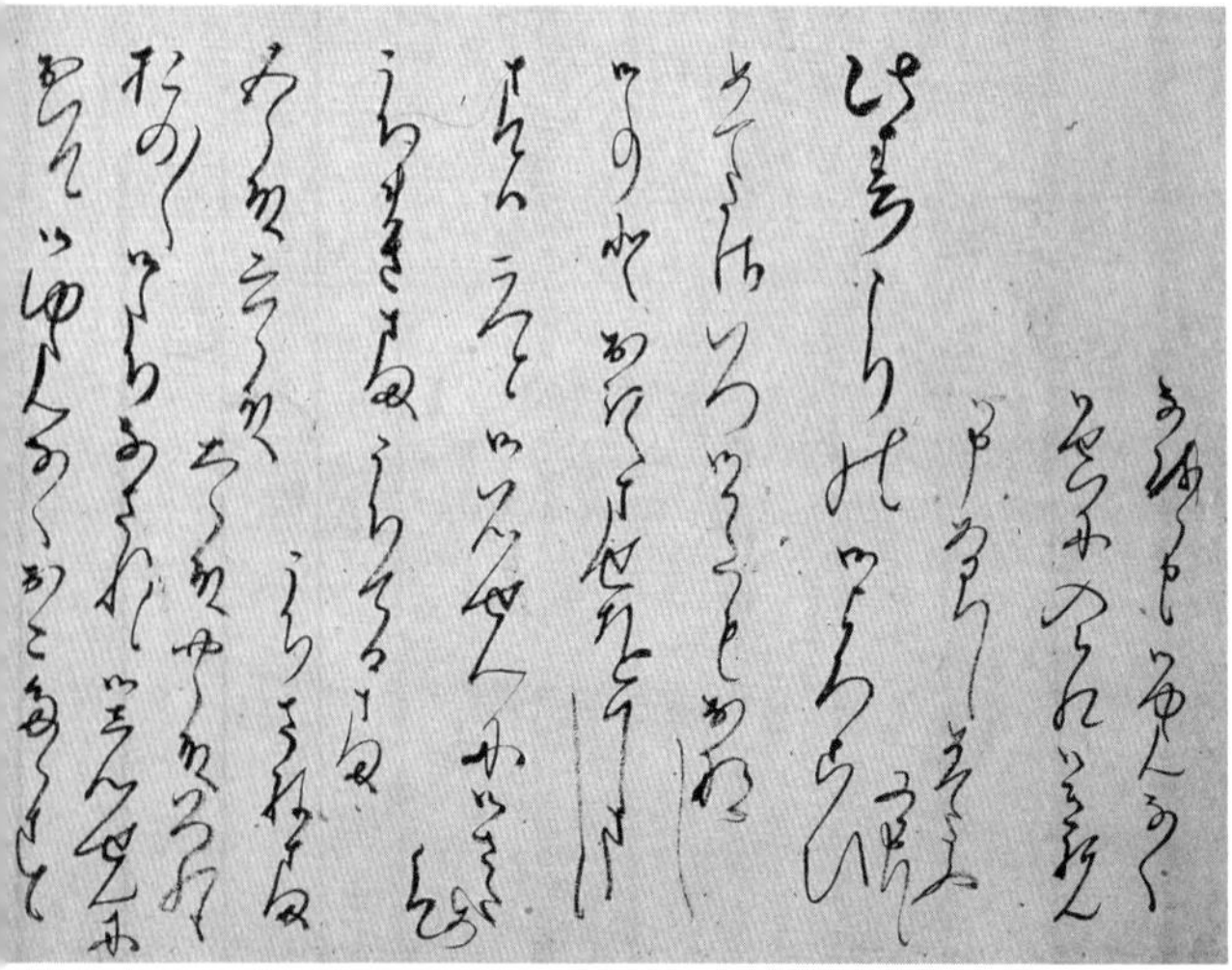

岩本坊へまいる　　本しやう《（本城）》

申し給え　　　　　つほね

これは仮名書きであるので、消息にあたる。差し出しは「小田原本城局」とあるので、「本城」の瑞渓院の侍女（局）であり、瑞渓院の意をうけて出したものである。宛先は、相模江の島の岩本坊という寺院である。

内容は、今回、武田方と決戦をすることが決まって、氏政・氏照・氏真・氏規・氏忠・氏邦・氏光が揃って出陣したので、神前でしっかりと祈念するようにと御前様（瑞渓院）が命じられたので小袖を奉納する、思い通りに戦勝するように、懸命の祈禱をするように、戦勝したらそれなりの御礼を

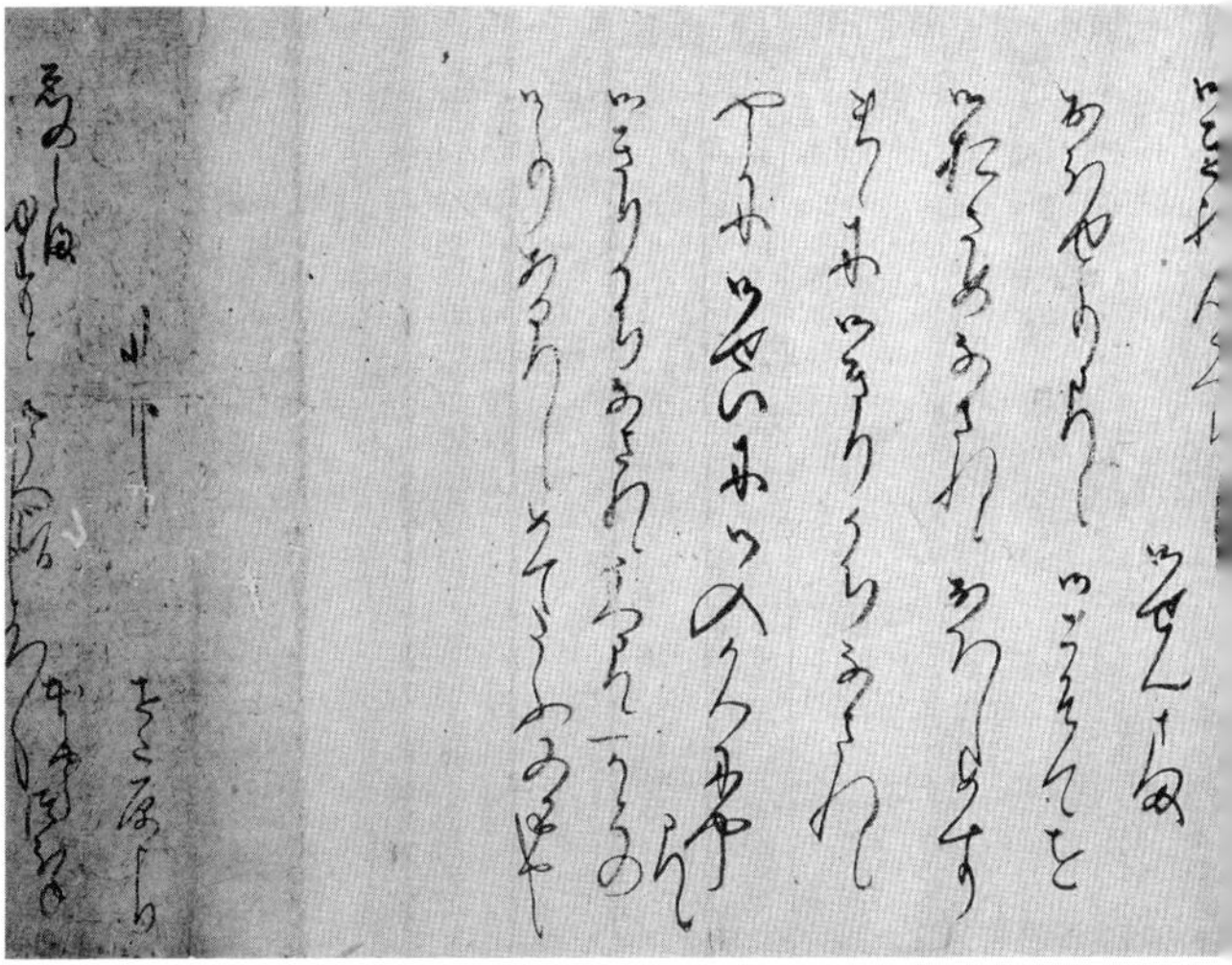
ほんしょうの局書状（岩本院文書　個人蔵、神奈川県立歴史博物館寄託）

する、といったものになる。ここで瑞渓院は、氏政らが武田方との決戦のために出陣したことをうけて、戦勝の祈願を江の島岩本坊に依頼したのである。

このなかで、瑞渓院は「御前様」と呼ばれている。これは差し出しに「小田原本城」とあるので、「本城御前様」のことになる。瑞渓院は、氏康の生きているうちは「御前様」と呼ばれ続けていたことがわかる。隠居の妻は、たいてい「大方様」と呼ばれることになるのだが、瑞渓院はこの時点でも「御前様」と呼ばれていたのである。とくにこの時には、氏政には「御前様」はいない状態であった。そのため瑞渓院は、再び北条家の「御前様」として、その家政を取り仕切る立場にあり、そうであるからこそ、ここで戦勝祈願も行っているのである。

この消息で何といっても注目されるのは、氏政以下の氏康の子どもたちの序列が示されていることであろう。そのなかでも氏政・氏照・氏真は「様付け」されていて、以下の弟たちとは明確に区別されていたこともわかる。まず筆頭の氏政は、いうまでもなく北条家当主であった。それに次ぐものとされていたのが、長弟の氏照であったことがわかる。かつては氏政の後継スペアの地位を弟氏規に回されたかたちになっていたが、この時点では氏政弟のなかでは筆頭に位置づけられていたことが確認される。さらには、氏政と同じく「様付け」されていて、その立場が別格とされていたこともわかる。いわば、氏政に匹敵する地位を与えられていたといえる。これは、かつて氏政の後継スペアにあった段階に戻されたに近いとみることができそうである。

それに次いであげられているのが、今川氏真であったことは興味深い。氏真も氏政・氏照と同じく「様付け」されていて、他とは明確に区別されているが、その一方で、氏照よりも下位の位置づけとなっているのである。氏真は、北条家と同等の戦国大名家たる今川家の前当主であった。「様付け」されて以下の氏政兄弟と区別されているのは当然といってよい。また、氏政の下位に置かれるのは、北条家の庇護下にある以上、これも当然のことといえよう。ところが氏真は、さらに氏照の下位に置かれているのである。

このことからすると、当時の氏真の立場は、北条家一門の論理に取り込まれたものとなっていて、そしてそこでの序列は、当主氏政、それに匹敵する氏照のさらに次点に位置づけられていたのであった。独立した戦国大名家ではなくなって、北条家の庇護下に置かれていること、今川家の家督も名目的には国王丸に譲って、自身は「隠居」の立場にあることがそのような位置づけとなったのであろう。

氏真に続けては、「様付け」なしで他の氏政弟たちが列記されている。筆頭は嫡出の四男氏規であり、これは妥当であろう。続いて養子氏忠となっている。これは氏忠が、氏康弟で実父とみられる氏堯の家名を継承していて、その家格に基づいたものであろう。次には庶出の五男氏邦、そして最後は養子で氏忠弟の氏光、という具合になっている。養子氏忠のほうが、庶子氏邦よりも家格が高くされていたことがわかる。年齢も、氏邦が二十四歳くらいに対して、氏忠は十六歳か十七歳くらいで年少であったが、この段階では氏邦よりも高い地位を与えられていたのであった。

ところが、氏政弟のなかでの氏邦の地位は、次章で述べるように、以後において段階的に上昇をみせていくのである。

北条氏康の死去

武田家との駿河領有をめぐる抗争をすすめているなかで、「御本城様」氏康は重病を患うようになっていった。それは元亀元年（一五七〇）のことであった。その年六月以降は、花押を据えた書状はみられなくなっていて、そして八月には病態にあったことがわかる。八月六日に、側近家臣の安藤良整《りょうせい》と板部岡《いたべおか》融成《ゆうせい》が、「上様」の病気に関して鎌倉鶴岡八幡宮の神前で大般若経転読を行うことを、円覚寺塔頭の仏日庵《ぶつにちあん》に通達している（「仏日庵文書」戦北一五〇二）。また、この八月に小田原を訪れていた上杉家臣の大石芳綱《よしつな》は、上杉謙信の側近家臣の山吉豊守《やまよしとよもり》に送った書状のなかで（「上杉文書」『上越市史別編1』九二九号）、氏康の病状に関して、次のように伝えている。

御本城《（氏康）》は御煩い能き分か、今に御子達をもしかじかと見知り御申し無く候由、批判申し候、食い物も飯と粥を一度に用い候えば、喰いたき物に指ばかり御指し候由申し候、一向に御舌内叶い申さず候間、何事も御大途の事など御存知無く候由申し候、少しも御本生候わば、今度の御事は一途に御意見有るべく候か、一向無体に御座候間、是非無き由、各々批判申し候、

御本城の御様能々無体と思し召すべく候、今度豆州へ信玄働かれ候事、御存知無き由、批判申し候、

これらは大石芳綱が伝聞を伝えたものになる。交渉担当の遠山康光は不在、藤田（北条）氏邦も本拠の鉢形城に在城していたため、しばらく小田原に滞在させられていたなかでのものであった。おそらくは滞在の世話をしていた北条家の家臣、あるいは奉公人などからの情報なのであろう。

そこでは、氏康は病気がひどく、子どもたちの見分けもつかない状態であるという。食事も御飯と粥を同時に用意すると、食べたいほうを指さしするだけで、まったく口の中に入れられないという。何事も重要事は知らないという。少しでも正気であったなら、今回の事（大石らが使者として小田原を訪れたこと）についてすぐに指示があるはずなのに、まったく正体ない状況なので、こうした事態（小田原に滞在させられたまま）になっているのだという。氏康の様子はまったく正体がない状態で、今回、武田軍が伊豆に侵攻してきたことについても知らないという、というものであった。

これらのことからすると、氏康の病状はかなりの重態であったとみられる。ところが、年末になる頃には復調したらしく、相模足柄城在城の武将に、駿東郡での武田軍への対応について指示を出すまでに快復をみせている（「岡部文書」戦北一三五八・一三六三）。しかしそれ以降は、花押を据えた書状は再び出されなくなり、唯一、翌元亀二年四月十五日付けで上杉謙信に書状を出しているが、そこでの署判は、花押ではなく、印文「機」の朱印を、花押の代わりに捺したものとなっている（「上杉文書」戦北一四七五）。もはや、花押を自署することはできない状態にあったことがわかる。そうすると、この書状自体、本当に氏康が出したものなのか怪しいと思われなくもないが、文書の筆跡は確かに氏康の右筆《ゆうひつ》のものであるから、氏康が出したものとみて間違いない。そうであれば、自署ができない状態のなか、最後の気力を振り絞ってのものとみることができるであろう。

氏康は隠居後の永禄九年（一五六六）五月から、当主氏政が出陣中、印文「武栄《ぶえい》」朱印を使用して、自身の所領・家臣支配、あるいは氏政出陣中での政務に朱印状を出すようになっていた。その「武栄」朱印状も、元亀二年五月十六日付けのものを最後に、以後はみられなくなっている（「相州文書」戦北一四八四）。そして七月十五日には、再び病態になったことが知られる。すなわち氏規家臣の朝比奈泰寄《やすより》が、氏規が小田原城に滞在していることについて、「御本城様（氏康）御煩い、今に爾々《しかじか》にてこれ無く候間、殿様（氏規）昼夜御詰め成され候間、御隙これ無く候」（「越前史料」戦北四〇五九）と、氏康の病状はいまだしっかりとした状態にはなっておらず、氏規は昼夜、小田原城に詰めているので隙がない、ということであった。

ここから氏康は、七月半ばには再び重態になっていたことがわかる。そこでは氏規が昼夜詰めているというのであるから、かなり深刻な状況になっていたことがうかがわれる。そして八月に入ると、それまで氏康が担当していて、「武栄」朱印状で命じていた、領国内への課税に関わる内容の文書にも、氏政が虎朱印状で出すようになっている（「新編武蔵国風土記」戦北一五〇六など）。もはや、氏康の快復は見込まれない状態になっていたのであろう。そして十月三日、氏康は死去した。五十七年の生涯であった。法名は大聖寺殿《だいしょうじでん》東陽宗岱大居士といった。『異本小田原記』によれば、二日後の十月五日に葬儀が行われたという。

ここに瑞渓院は、夫を失うことになった。天文四年（一五三五）か同五年に婚姻してから、三十五、六年におよんで、ともに生きてきた人との別れとなった。すでに三年前、実家の今川家は、家名こそ存続してはいたものの、戦国大名家としては没落した状態にあり、今度は夫の死を迎えることになった。今川家の嫡女、次いで北条家の「御前様」として、これまで政治的な日々を過ごしてきたが、夫氏康の死去は、瑞渓院の生涯において、大きな転換点となるものであった。

氏康の菩提は、菩提寺早雲寺とともに、高野山での宿坊であった高室院《たかむろいん》でも弔われた。高室院への取次は、氏照が務めた。その十八日後の十月二十一日付けで瑞渓院は、その氏照を取次にして高室院に逆修《ぎゃくしゅ》供養を依頼した。さらに、その二日後の十月二十三日付けで、古河公方足利義氏の「御台」（浄光院殿）が、やはり氏照を取次にして逆修供養を依頼している。すなわち氏照は、氏康の菩提供養とあわせて、瑞渓院と妹浄光院殿の逆修供養を取り次いでいる（「北条家過去帳」杉山博『北条早雲』所収）。

これに関しては、氏照が十一月二十日付けで高室院に依頼している書状がある（「集古文書」戦北一五五七）。そこには「大聖院（氏康）」追善供養として、高野山奥院に灯籠一基の建立費用を「老母（瑞渓院）」が寄附すること、また高室院に逆修の日牌《にっぱい》二膳、すなわち瑞渓院と浄光院殿のものを、同じく瑞渓院が寄附したことを伝え、その取り計らいを依頼している。氏康の追善供養と、自身と浄光院殿の高室院への逆修供養は、すべて瑞渓院の意向であったことがわかる。

浄光院殿は実子ではなかったとみられるものの、養女として、古河公方足利義氏の「御台」としての行動であった。瑞渓院は、氏康の死去をうけて、自身とその養女との逆修供養を依頼したことになる。瑞渓院が自身と同時の逆修供養に、なぜ浄光院殿だけを選んだのかはわからない。古河公方家正妻として、そうするのが通例であったのであろうか。あるいは『異本小田原記』によれば、浄光院殿は、古河城下に氏康の菩提寺として大聖院を建立したことを伝えているので、ともに氏康を追善するものとして、逆修供養することになったのかもしれない。

第五章　子どもたちとの別れ

御太方様になる

元亀二年（一五七一）十月三日に、瑞渓院の夫である北条氏康が死去した。瑞渓院はそれまで「本城御前様」と称されていたが、氏康の死去にともなって、いよいよ引退となり「御太方様」と呼ばれるようになったとみられる。現在のところ、「御太方様」と呼ばれていることが確認できる最初の史料とみられているのが、同年に推定されている十月二十九日付けの北条家朱印状である（「青木文書」戦北一五五四）。

同文書は石切《いしきり》職人に対して、「御太方様」が使用する石火鉢三個の納入を命じたものである。年代は記されていないが、奉者《ほうじゃ》（文書発給の取次者）として興津筑後の名がみえている。この興津筑後が北条家朱印状の奉者を務めているのは、これ以前の永禄十一年（一五六八）と元亀元年にしかみられない。このことから同文書の年代は、元亀元年からそれほど下らない時期のものであると推測されることになる。

そして、瑞渓院が「御太方様」と呼ばれるのは、氏康死去後であることは間違いないので、同文書の年代は、もっとも早くみれば、氏康が死去したその年の可能性が高いということになる。ただし、この推定は決定的ではなく、もう一、二年下る可能性も十分に考えられる。

しかし、いずれにしても同文書は、瑞渓院が「御太方様」と呼ばれるようになったことを示す史料として、最初のものになることは確実と思われる。

また「御太方様」と呼ばれるだけで、政治的に引退したことを意味するわけではない。瑞渓院に近いところでも、実母の寿桂尼は夫氏親の死去後において、「御太方様」と呼ばれながら、今川家における最高権力者として存在していたからである。だが、瑞渓院についてみてみると、この後は表立って政治的な動きはまったくみられなくなるので、引退した可能性が高いとみてよいように思う。ただ、そうした場合、氏政には「御前様」がいないので、正妻としての家政の取り仕切りを誰が担ったのか、ということが問題になろう。

氏政は、後に新たな正妻（鳳翔院殿《ほうしょういんでん》）を迎えることになるが、その存在が確認できるのは、これより十一年も経った後の天正十年（一五八二）のことになる。しかし、その婚姻時期は不明であるため、彼女がいつから「御前様」になったのかはわからない。それまでは、家政を取り仕切ることができたのは瑞渓院しかいないことになるので、氏政と鳳翔院殿の婚姻までは、引き続き瑞渓院が家政の取り仕切りを行ったとも考えられる。この点については、今後、氏政がいつ新たな正妻を迎えたのか、明らかになることを期待したい。

早川殿との別離

氏康が死去した後、氏政は外交政策を反転させることになる。すなわち、上杉家との同盟を破棄し、武田家との同盟を復活させる、というものであった。上杉謙信との同盟では、結局、謙信からは一度も援軍が得られたことはなく、そのために氏康生前の時期から、北条家は上杉家との同盟破棄をすすめるのではないか、と謙信からも観測されるような状況にあった。よって政策の反転は、おそらく氏康生前からの既定路線であったものと思われる。それが氏康の死去を契機にして、本格的にすすめられることになったのであろう。

北条家と武田家の同盟交渉は、元亀二年十一月上旬には開始されていたとみなされる。そこでは、上杉方となっていた上野厩橋領の国衆・毛利北条高広も関与しており、当初は北条・上杉・武田の三和が想定されていた。謙信は、このことについて毛利北条高広から打診をうけたが、十一月十日付けで毛利北条高広に宛てた書状で(「新潟県立文書館所蔵文書」『上越市史別編1』一〇六八号)、ならば武田信玄と結んで北条攻めを行うなどといって、まったく乗る気をみせていない。

北条家と武田家の同盟交渉は、十二月中旬には成立の見通しがたったようで、十二月十七日付けで武田家宿老の跡部《あとべ》勝資《かつすけ》は、毛利北条高広・同景広《かげひろ》父子に宛てた書状で（「高橋耕田氏所蔵文書」戦武一七六二）、北条家と武田家の同盟が成立したことを踏まえて、三和の働きかけを行っている。しかし、上杉謙信はこれにも応えることはなく、そのため北条家と上杉家は、年末の十二月二十七日までに、双方で「手切れ」の書状を取り交わして、断交するのである（「由良文書」戦北一五七二）。

こうして再び氏政は上杉謙信と抗争し、武田信玄とは同盟を結ぶことになった。ところがこのことは、駿河を武田領国として承認する、ということでもあった。すでに武田家との抗争で、北条家が領有していたのは、駿東郡南部の平山城（静岡県裾野市）・興国寺《こうこくじ》城（沼津市）・大平城の領域にすぎなくなっていたが、武田家との同盟にともなって、平山城・興国寺城を明け渡し、わずかに駿東郡東南端の大平城の領域のみが、残されたにすぎなかった。駿河のほぼ全域は、武田領国とすることで合意したのであった。

これに衝撃をうけたのが、駿河への復帰を夢見ていた今川氏真・早川殿夫妻であったことはいうまでもなかろう。それにより駿河への復帰は絶たれることになったからである。これまでは、この甲相同盟の復活をうけて、今川氏真は北条家から退去したといわれてきた。しかし実際には、氏真はその後、しばらく早川に居住し続けたことが明らかになっている。そうしたなかで、甲相同盟復活後は、氏真の朱印状の出し方が、それまでの今川式（袖に朱印を捺す）から、北条式（日付に朱印を捺す）に変化していることが指摘されている（久保田昌希『戦国大名今川氏と領国支配』）。これは氏真の立場が、もはや単なる北条家御一家衆の一人となってしまったことを示している。

氏真は元亀三年（一五七二）五月、早川の久翁寺で、亡父義元の十三回忌法要を行っている。こののち氏真・早川殿夫妻は、駿河復帰の夢を絶たれたまま、北条家庇護の下での生活を考えるようになっていたように思われる。ところが同年十月から、武田信玄は美濃織田信長・三河徳川家康との抗争を展開し始め、しかも翌天正元年（一五七三）四月には、信玄が死去するにいたった。信玄の死は表向きには秘匿され、同年七月、病気により隠居し、勝頼が家督を継いだという体裁がとられた。氏政もそれを前提にして、勝頼の家督相続を祝い、あらためて起請文を交換しているほどであった（「秋山吉次郎氏所蔵文書」戦北一六六五）。

しかし氏真にとっては、仇敵である武田信玄の死去は、好機と映ったようである。信玄死去の報は、抗争関係にあった徳川家康らにはすでに確信され、家康による武田方への反撃が展開されるようになっていた。氏真はこうした状況を踏まえて、北条家から退去して、家康のもとに身を寄せることを決意したのだろうと考えられる。そして同年八月には、相模を出国して家康のもとに身を寄せ、家康が本拠とする遠江浜松に居住するのである（「譜牒余録」戦今二五三六）。氏真の相模出国の時期は明確になっていないが、家康の庇護下にあったことが確認されるこの天正元年八月から、それほど遡らない時期であったと思われる。その契機となったのは、まさに信玄の死去だったに違いない。

氏真の相模出国には、それまで同行していた家族も付き従った。早川殿も例外ではなかった。早川殿にとってみれば、せっかく実家の庇護下にあったにもかかわらず、駿河復帰の実現のために、あえて他国に移住することに決めたのであった。この氏真・早川殿夫妻の決断に、瑞渓院はどのように接したのであろうか。相模にとどまるよう説得したのではなかったか。あるいは、実家今川家の再興を、瑞渓院も夢見たのであろうか。いずれにしても、これが結果として、瑞渓院と早川殿との永遠の別れとなった。果たしてこの時、両者はそこまで想像していたのかどうかはわからないが、こうして早川殿は、再び相模から出て行ったのである。

氏真・早川殿夫妻は、その後、天正十八年（一五九〇）までは浜松、次いで駿府に在住していたとみられる。その間の同十年（一五八二）に、仇敵の武田家は滅亡したものの、駿河は徳川家の領国となり、駿河回復の夢は完全に絶たれることになった。その間、夫妻の間には、天正四年に次男高久《たかひさ》、その後に三男安信《やすのぶ》、同七年に四男澄存《ちょうぞん》が生まれており、また長女は徳川家のもとで、同家の家臣になっていた吉良義定に嫁いだとみられている。同十四年には徳川家は新たな本拠として駿府に移っているので、あるいは氏真・早川殿も同地に移ったかもしれない。そうであれば、十七年ぶりの駿府への帰還となる。かつては自身が駿府の主人であったが、今は徳川家の庇護をうける身となっていることに、どのような想いを抱いたことであろうか。

同十八年に北条家が滅亡し、徳川家は関東に転封になるが、それを機に、氏真・早川殿は徳川家から退去し、翌同十九年からは京都で隠遁生活を送ることになる。そこでの生活は、徳川家やかつての旧臣たちの仕送りによって賄われたようである。さらに時期が下って、慶長三年（一五九八）になって、次男高久が、徳川家康の嫡子秀忠の家臣に取り立てられている。また氏真も、いつからかは不明のようであるが、徳川家から知行五〇〇石を与えられ、扶持されたらしい。

しかし、慶長十二年（一六〇七）には長男範以が京都で死去してしまった。その子範英《のりひで》（直房《なおふさ》）は同十六年、すでに江戸幕府二代将軍になっていた徳川秀忠の家臣に取り立てられ、今川家は幕臣となった。それをうけて、氏真夫妻も東国に下ることになり、翌同十七年に駿府に下っている。ここに再び、氏真夫妻は、かつての本拠の駿府に赴いたのであるが、この時は、将軍を引退して「大御所様」となっていた徳川家康の本拠となっていた。その後、おそらくは孫範英らが居住する江戸に下って、同地で居住したとみられている。

そして同十八年二月十五日、早川殿はその生涯を閉じる。享年は六十七くらいであったとみられる。法名は蔵春院殿天安理性禅定尼といった。永禄十二年（一五六九）に駿府から没落してから四十年以上、天正元年に小田原を退去してからも四十年が経っていた。長期にわたった隠遁の日々であったといえるであろう。ただし、最後の二十年ほどは、京都で安穏とした生活を送ることができていたともいえるであろう。最後は、江戸幕府家臣という立場ながら、まがりなりにも武家としての今川家の再興を見届けての死去となった。結果として、瑞渓院の子どもたちのなかでは、最も長生きをした存在となっていた。

それから二年近く経った同十九年十二月二十八日、今川氏真も死去した。享年は七十七。長年連れ添ってきた早川殿の死去をうけて、気落ちしたことによるのかもしれない。

重病を患う

瑞渓院は、夫北条氏康の死去によって「御太方様」となったが、その動向を示す史料はほとんどみられなくなる。そうしたなかで瑞渓院が史料に出てくるのは、天正三年（一五七五）六月から七月にかけてのことであった。そこでは瑞渓院は重病を患っていた。氏康の死去から四年が経ち、瑞渓院は五十八歳くらいになっていた。

まず六月二十三日付けで、氏政が、北条家の宿老で伊豆郡代の清水康英《しみずやすひで》に宛てた書状に（「開善寺文書」戦北四七一一）、「御太方様御煩い、年月を経て大病に候間、更に治り難く候、

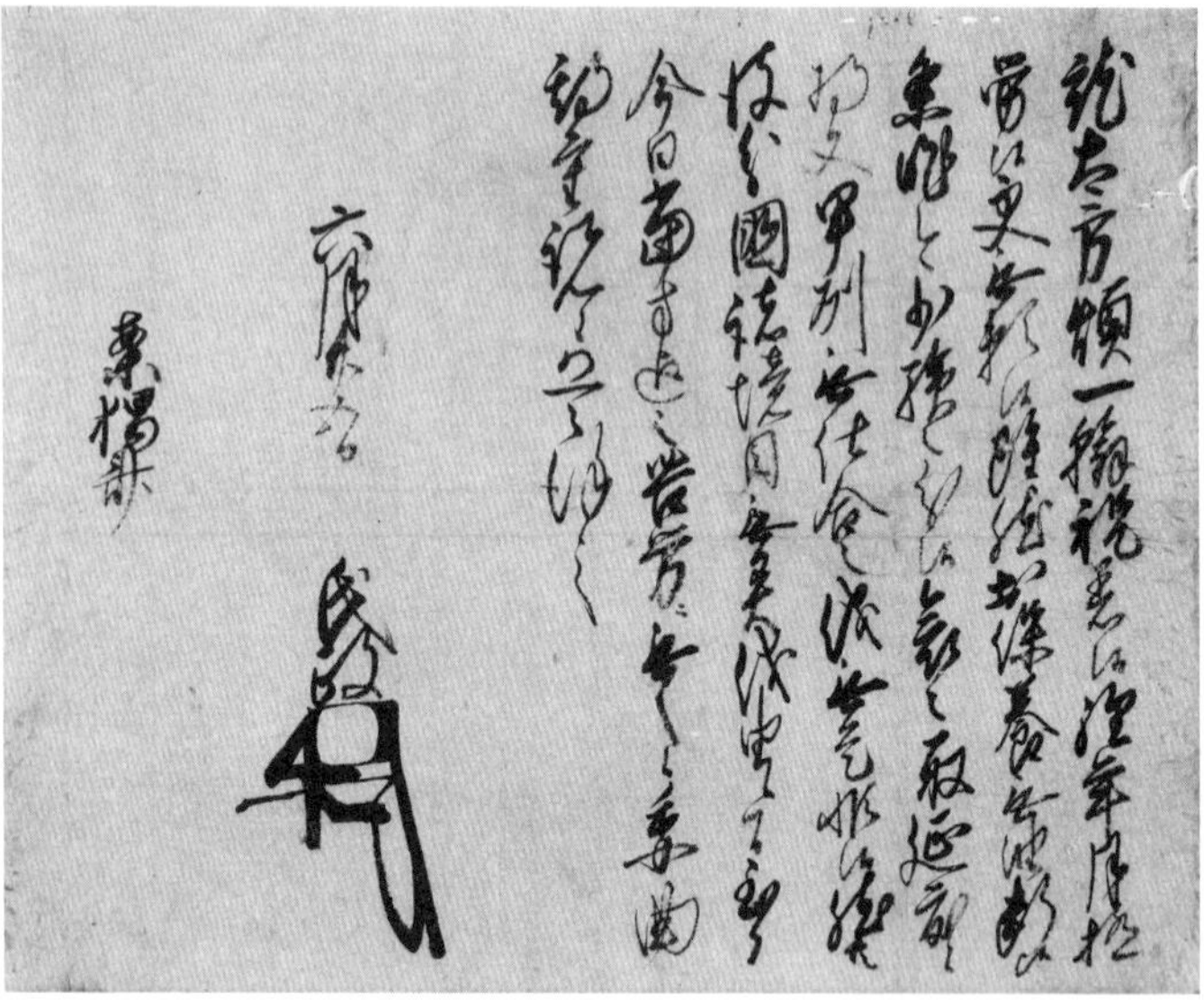

（天正３年）６月25日付上田宗調宛北条氏政書状（大野〔正〕家文書　個人蔵　埼玉県立文書館寄託）

土用中極々養性し候、少しも験気無く候、此の上も勿論保養においては、少しも不足有る間敷く候」と、述べている。瑞渓院の病気は、年月にわたっている大病であり、治る見通しがない、土用の間もとても養生しているが、少しも治らない、これからももちろん養生するので、少しも不十分なことはない、といっている。瑞渓院の病気は、「年月を経て」といわれているので、少なくとも前年からのものであったことがうかがわれる。

次いでその二日後の六月二十五日付けで、氏政が、武蔵松山領の国衆の上田《うえだ》宗調《そうちょう》（朝直《ともなお》）に宛てた書状に

（「大野〔正〕家文書」戦北一七八九）、「太方煩いに就き、一翰祝着に候、年月を経て極労に候、更に頼り無く候、然りと雖も、保養においては油断無く候条、昨今少験の分に候、哀れ哀れ取り延べたく候」と、述べている。瑞渓院の病気に関して、上田宗調から見舞いの書状が送られてきたことに答えて、年月にわたってとても煩っていて、とても頼りない状況であるが、養生は怠りなくしているので、最近は少し持ち直している、なんとか安心できるようになりたい、といっている。病態の深刻さは先の清水康英に伝えた内容と変わりはないものの、ここでは、最近は養生のかいがあって少し持ち直している、とみえている。

最後は、七月八日付けで、氏政が、武蔵滝山領毛呂《もろ》郷（埼玉県毛呂山町）の国衆の毛呂土佐守に宛てた書状に（「林一郎氏所蔵文書」戦北一七一二）、「太方煩い長病には、更に治り難く候、但し近日は少し見直し候、折角推察有るべく候」と、瑞渓院の病気は長期にわたる病気であり、治る見通しがない、けれども最近は少し持ち直してきている、全力を尽くしているることを察してほしい、といっている。ここでも瑞渓院の病気は、長い期間にわたっているものであるが、最近は持ち直してきていることが述べられている。

これらの氏政の書状をみると、瑞渓院の病気は、かなりの期間にわたるものであったことがうかがわれる。そしてこの時期に、北条家の家臣や国衆から、相次いで病状を見舞う書状が送られてきていることからすると、瑞渓院の病態は相当に深刻なものとみられるようになっていたのであろう。それに対して氏政は、養生を続けているが、決して良くなっていないことを、素直に伝えている。

しかし、宿老の清水康英以外には、最近は持ち直してきていることを伝えている。清水康英に宛てたものが六月二十三日付けで、上田宗調に宛てたものは六月二十五日付けで、その間はわずか二日しかないにもかかわらず、上田宗調宛では持ち直してきていることを伝えている。これが文面通りに、その二日の間に快復の徴候がみられるようになったとも考えられるが、相手は外様の国衆であることを踏まえると、少し外聞を気にしての表現であったようにも思われる。

いずれにしても氏政が、それら国衆に対しても、瑞渓院の病態が思わしくないと伝えなければならないほど、病状は深刻なものであったことは間違いないのであろう。しかしこの後、瑞渓院の病気に関しては、触れられなくなっている。それからしばらくのうちに、瑞渓院の病気は快復したのであろう。氏政が、最近は少し持ち直してきたといっていたのは、もしかしたら本当であったのかもしれない。

ちなみに、これらの史料が、当時における史料において、瑞渓院の存在が知られる最後の史料となっている。これから死去するまではまだ十五年があるが、その間に、瑞渓院の動向を示す史料はみられていない。少なくともこのことから、氏康死去後からなのか、あるいはこの大病をきっかけにしてなのかはわからないが、この後においては引退した状態となったことが確実とみてよいと思われる。その後は、当主氏政、それを継承する氏直（天正八年に家督を相続）、それらを支える氏照・氏規・氏邦らの活躍をみながら、北条家の安泰を見守る余生を過ごしていったように思われる。

婿・氏繁の死去

それから三年後の天正六年（一五七八）十月三日に、長女七曲殿の婿の玉縄北条氏繁が死去している。四十三歳であったから、まだ早すぎる死去といっていい。家督は長男の氏舜《うじきよ》が相続した。正確な年齢は不明だが、弘治三年（一五五七）頃の生まれとすれば二十二歳くらいであったとみられる。しかし、氏舜と次男とみなされる氏勝《うじかつ》が別人であったとすれば、氏舜は天正八年八月から同十年五月までの間に死去したとみられ、代わって氏勝が家督を継いでいる。氏勝は永禄二年（一五五九）生まれなので、家督として確認される天正十年には二十四歳であった。ちなみに氏勝の妻は、武蔵松山領の国衆の上田宗調（朝直）の娘（蓮覚院）で、氏勝よりも二歳年少であった。

夫氏繁の死後、七曲殿は天正十一年十一月、三男新八郎直重とともに、鎌倉観福寺（慈眼寺）に十一面観音立像を修造、寄進している（「同像銘」戦北四七四八）。また、翌同十二年正月五日付けで、印文未詳の方形朱印を使用して朱印状を出している（「鈴木文書」戦北二六一三）。内容は、鯛・鮑などの上納を命じるものである。現物の上納を命じているので、いわば台所用のものであろう。

次いで、同十四年八月二十付けで、同じ朱印を使用した朱印状を出している（「相州文書」戦北二九八八）。内容は、舞々治部左衛門が玉縄北条家（「玉なわさま」）の被官であることをもとに、玉縄領での活動を保障したものになる。舞々は一種の芸能者であるが、それを保護する役割を果たしていたことがうかがわれる。そして年代は不明だが、同じ朱印を使用した朱印状がもう一通あり（「鈴木文書」戦北四〇四九）、小机領の有徳人《うとくにん》に宛てて、宛名人の被官のものが、玉縄領内の所領に在所し七曲殿の被官になっていたことについて、宛名人からの申請に基づいて、返却を約束したものである。

このように七曲殿は、夫氏繁の死後、自身の所領や被官支配などのために朱印状を出すようになっている。ただ、それだけにとどまらず、玉縄北条家被官の活動保障をしているので、引き続き玉縄北条家の家政を取り仕切る立場にあったことがうかがわれる。鯛・鮑の上納命令も、それに基づいたものであったかもしれない。

しかし七曲殿の存在は、その天正十四年を最後に、以後は確認されない。死去年も不明であるが、このような状況からすると、同十八年の小田原合戦までのうちに死去していたとみなされる。そうであれば瑞渓院にとっては、実子の娘のなかでは、最初に死去したものとなる。

氏邦との養子縁組

氏康の五男の氏邦は、庶子ではあったが、永禄十一年（一五六八）末からの越相同盟交渉に尽力し、また武田家との抗争にあたった。元亀二年（一五七一）末から再び始まった上杉家との抗争では、東上野の領国化を担当し、国衆の従属をすすめていった。このようにして氏邦は、北条家御一家衆のなかでの存在感を強めるようになった。

氏政は、そうした氏邦の力量や役割の重要性を大いに評価したとみられ、天正三年（一五七五）から同四年の間に、氏邦に受領名安房守を与えている。ここで注目されるのは、この受領名への改称は、嫡出の兄氏照の陸奥守、長姉婿の玉縄北条氏繁の常陸守と、同時とみられることである。このことは氏政が、氏邦の存在を、氏照や氏繁と同等に位置づけるようになったことを意味している。

それまで、氏邦の兄弟のなかでの序列は、年少の、しかも養子の氏忠よりも下であった。ところがその後、天正十年（一五八二）の時点では、氏忠よりも上位に位置づけられるようになっている（「相州御道者賦日記」『埼玉県史料叢書12』六五七号）。おそらくそれは、この安房守を与えられた時点からのことであった可能性が高いとみられる。

氏邦はさらにその天正十年から、旧武田領国であった信濃経略においては、氏照とともに国衆の調略を担い、同時に西上野を含めた上野全域の領国化を担当し、すすめていくことになる。下野の領国化や陸奥の政治勢力との交渉を担っていた氏照とあわせて、いわば北条家の両翼の片方を担うような存在となっていった。その結果、同十四年頃に作成されたとみられる「小田原一手役之書立写」（「佐野家蔵文書」戦北四二九五）において、嫡出の兄である氏規をも抜いて、兄弟のなかでは氏照に次ぐ地位に位置づけられるのである。

それだけではなかった。氏邦は武蔵国衆の藤田家の婿養子であったため、名字は藤田を称していて、それは同十年七月までみられていた（「武州文書」戦北二三五八）。ところがその後、同十五年十一月には北条名字を称しているのであり（「薄郷薬師堂鰐口銘写」戦北三二一八）、この間に、名字を藤田から北条に戻しているのである。こうした現象は、かつて兄氏照が、養家の大石名字から北条名字に戻したのと同じ事態といえるであろう。

このように氏邦は、天正十年以降になって、北条名字を称し、兄弟のなかでの序列も、氏照に次ぐ第二位の地位に位置するようになっているのである。もっとも通常は、氏邦にどれほど力量があったとしても、庶出で年少の氏邦が、嫡出でかつ年長の氏規よりも上位に位置づけられることはありえない。そこでそれを可能とするものとなったのが、瑞渓院との養子縁組であったと推測される。これにより氏邦は、表向きは嫡出子の立場となり、そうであるからこそ、氏規よりも上位に位置することができたのである。

　このこと自体は、おそらく氏政の考案であったとみなされる。しかし瑞渓院も、そうした兄弟衆の役割の在り方を踏まえて、それが適切と判断して、この考案に応じたものと思われる。しかしそうなることは、氏邦に抜かれたかたちになる氏規にとっては、決して面白いことではなかったに違いない。それを納得させることは、氏政そして瑞渓院の役割であったと思われる。瑞渓院は北条家の「御太方様」として、氏政とその兄弟衆、それら兄弟衆同士の関係に在り方について、気を配っていたように思われるのである。

氏照・氏邦の後継者

　またこの頃のこととして、興味深い事柄がある。氏照と氏邦が、相次いで氏政の子を後継者に定めていることである。氏照・氏邦がそのような選択をした背景には、やはりそれぞれの母である瑞渓院の配慮があったように思われるのである。

　氏照には男子がなく、子としても北条家重臣の山中大炊助《おおいのすけ》頼元の妻になった娘一人が確認されるだけである。その娘に婿をとってもよかったようにも思われるが、なぜそうしなかったのか、理由はわからない。ともかくも氏照には後継者が不在であった。そこで氏照の養子に入ったのが、氏政の五男七郎直重《なおしげ》であった。生年については確定されていないが、「堀尾古記」によれば天正元年（一五七三）生まれとみられる。直重が、はじめ氏照の養子になったことについては、早雲寺所蔵「平姓北条家系図」に、「北条陸奥守氏輝《(氏照)》子無シテ直重ヲ養子トス」とあり、また直重の子孫の阿波蜂須賀《はちすか》家家臣伊勢家で作成された「成立書幷系図共」にも、直重について「伯父北条陸奥守養子ニ罷り成り申し候」と記していることから、確実とみられる。

養子に入った時期については明らかではないが、直重はその後、天正十三年（一五八五）に下総佐倉領の国衆の千葉邦胤の婿養子に入ることが決められているので、氏照の養子になったのは、それ以前のこと、すなわち天正十二年以前のこととみなされる。それ以上は時期を絞ることはできないが、かりに同年のことであったとしても、直重はまだ十二歳にすぎない元服前であったことがわかる。

ちなみに、直重が下総千葉家の婿養子に入ることが決まった後、氏照は新たな養子として、氏政の七男鶴千代を迎えている。鶴千代の生年も確定されていないが、「堀尾古記」によれば、天正十二年生まれとみられる。「小田原編年録」所収「北条系図」に「初めは於鶴、後に采女、陸奥守養子《氏照》」とあり、年齢から考えると、元服は北条家滅亡後のことであったと推測されるが、元服後は仮名「源蔵」を称したとされている。「源蔵」はすなわち氏照の仮名「源三」のこととみなしてよかろう。直重が氏照の養子から離れた天正十三年には、鶴千代はわずか二歳であったが、おそらく直重に代わって、すぐに氏照の養子に決められたのであろうと思われる。

次に、氏邦についてては何人かの子の存在が知られるが、長男の東国丸《とうごく》は、天正十一年（一五八三）三月に死去してしまった。次男亀丸は武将として生きていくことはできなかったようで、三男光福丸《こうふく》が生まれるのは同十五年であった。そうすると、東国丸の死去によって氏邦は、後継者が不在となったことになる。そこで養子に入ったのが、氏政の六男直定《なおさだ》であった。直定の生年も確定されていないが、やはり「堀尾古記」によれば、天正四年生まれとみられる。氏邦の長男東国丸が死去した時には、八歳であった。

直定が氏邦の養子に入った時期だが、氏邦の三男が天正十五年に生まれていることを踏まえると、東国丸が死去した天正十一年か翌年頃のことであったとみなしてよいであろう。ちなみに、直定の元服時期も明確ではないが、同十八年の小田原合戦の際には、ちょうど十五歳で、すでに元服して仮名新太郎を称していたことが確認されている。

これらの状況をみると、氏照が直重を、氏邦が直定を、それぞれ養子に迎えたのは、天正十一年もしくは同十二年頃のことで、相次いでのことであったことがうかがわれる。そうするとこれは、氏政と氏照、あるいは氏邦との個別の話ではなく、北条家としての取り決めにあたるものであった、とみられるであろう。これからの北条家の行く末を見通して、宗家である氏政・氏直を支える有力一門として存在していく、氏照家（八王子家というべきか）と氏邦家（鉢形家というべきか）が、宗家と姻戚関係を結ぶことで、その関係を次世代にも継続させよう、という意図がはたらいていたと考えざるをえない。

その場合、彼ら氏政・氏照・氏邦の母であった瑞渓院が、その取り決めに関わっていなかったはずはないように思われる。あるいは、その調整を務めたかもしれない。瑞渓院の実家の今川家では、長兄氏輝・三兄彦五郎が死去した後、次兄恵探と弟義元が家督を争うという、兄弟間の抗争が起きていた。その後の氏真に兄弟はなく、そのためそれを支える一門衆がみられないという状況にあった。瑞渓院は、そうした今川家の状況を思い起こして、北条家の兄弟衆が世代を超えて結束していくことを願い、それをかたちにしようと構想していたのかもしれない。

もちろん、氏照と氏邦に後継者が不在であったのは、偶然の結果にすぎない。しかし、そうした状況が生じた際、このようにともに宗家から養子を迎えて、あらためて宗家と有力一門家との関係を繋いでいくという構想は、意図的に生み出されたものであったことは確実であろう。そうしたことを考えると、その背景に瑞渓院の存在をみないわけにはいかないように思われる。

小田原城内での自害

瑞渓院が最後に史料にみえたのは天正三年（一五七五）のことであったが、それから十五年が経って、同十八年（一五九〇）、いよいよ北条家が滅亡する小田原合戦を迎えることになった。その間、とくに同十三年から、新たな中央政権を樹立させた羽柴（豊臣）秀吉と対抗関係となり、それに従属するかしないかという政治交渉が積み重ねられたものの、結果として、同十七年十二月になって交渉は決裂、羽柴政権による小田原攻めが行われることになった。その過程についてここで触れる必要はないであろう。詳しくは、拙著『小田原合戦と北条氏』を御覧いただきたい。

ただし、その状況を、瑞渓院はどのようにみていたのであろうか。

すでに引退していたことからすると、隠居後も「御隠居様」と称されて、なお北条家の最高権力者の地位にあった氏政、そして当主の氏直にすべてを委ねるしかなかったとは思う。また、戦国大名家としての北条家が、中央政権に本格的に従属するという事態についても、それまで経験がないだけでなく、そもそも想像すらもできないことであっただろうから、ただただ、成り行きを見守るだけしかできなかったかもしれない。

そうこうするうちに、小田原城は籠城態勢をとった。ただ、これは初めてのことではなく、これ以前の同十六年にも行われていたから、瑞渓院も、その頃から羽柴政権と戦争になる情勢は感じるようになっていたと思われる。それがついに、現実のものとなったのであった。

戦端は天正十八年三月三日、伊豆三島での合戦によって開かれた。北条家は、伊豆・相模国境での迎撃態勢を整えていたが、同月下旬に山中城を攻略されて崩壊、相模への進軍をゆるし、四月三日に羽柴軍の先陣であった徳川家康軍が小田原に侵攻してきて、翌四日から、羽柴軍によって小田原城を包囲する態勢がとられていった。こうして開戦から一ヶ月後に、早くも本拠小田原城は籠城戦を行うことになった。

羽柴軍はその一方で、北条領国の各方面に侵攻し、拠点城郭を次々に攻略していった。そうして六月初めの時点で維持されていたのは、氏規が在城する伊豆韮山城、重臣内藤家の本拠の相模津久井城、氏照の本拠の武蔵八王子城、氏邦が在城する武蔵鉢形城、国衆成田家の本拠の武蔵忍《おし》城（埼玉県行田市）、くらいになっていた。こうした情勢を踏まえてのこととみられるが、当主氏直は和睦を模索するようになり、六月六日・同七日に、羽柴方の徳川家康と、彼と親交の深い織田信雄《のぶかつ》と計らって、織田信雄の家臣を小田原城に入れて、それと密談

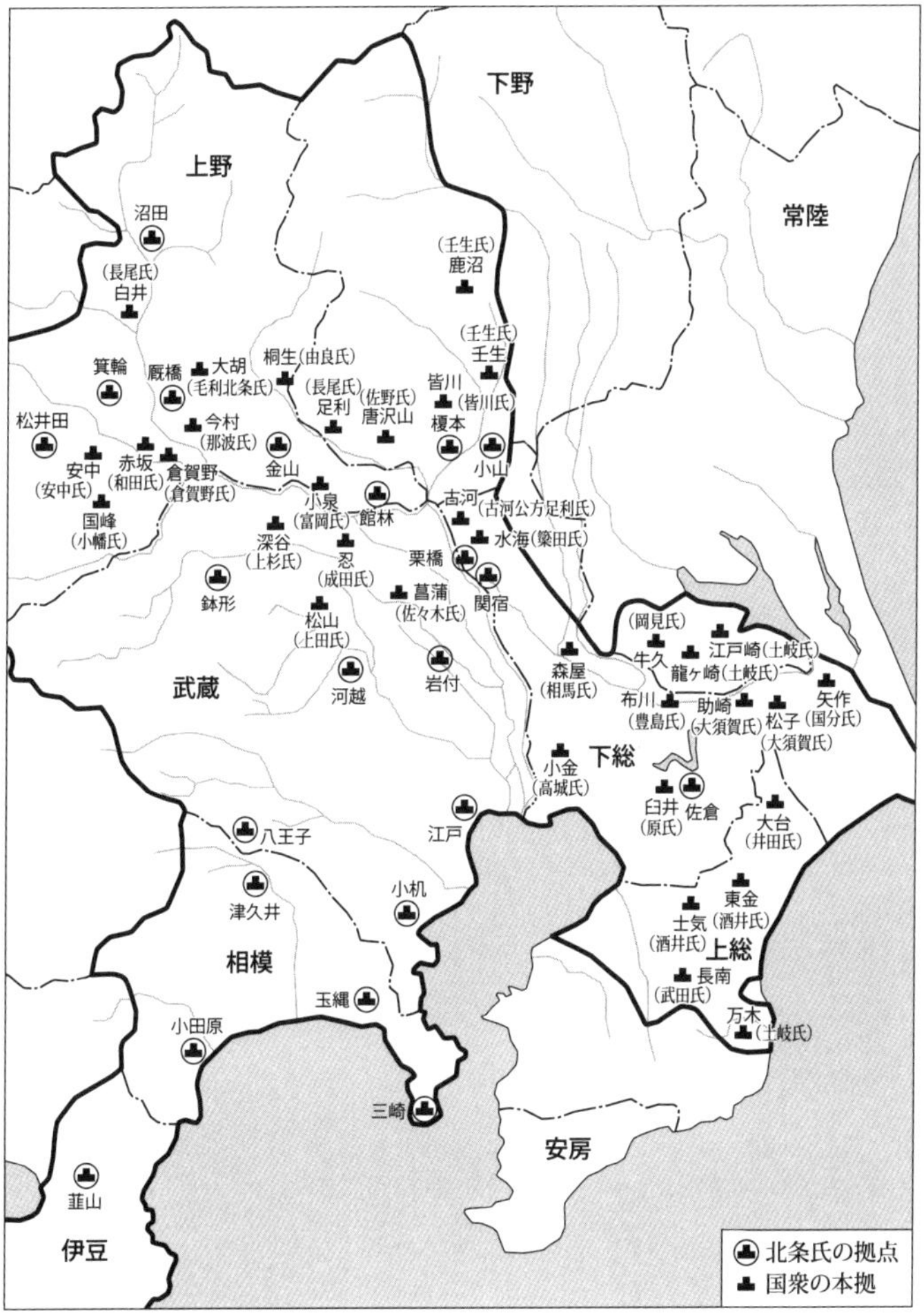

小田原合戦時の北条領国図

するようになっている。これをうけて、城内では和睦の気運が生まれていった。

さらに六月八日、宿老松田憲秀《のりひで》の長男笠原政晴《かさはらまさはる》が羽柴方に内通し、同十八日にはその弟憲秀嫡子の直秀がそれを察知して氏直に報告、氏直は笠原政晴を処刑する、という事件も生じるようになってきた。これまで北条家の家臣では、敵方から調略をうけて寝返るということはほとんどみられなかったし（わずかに天正九年に同じ笠原政晴が武田方に寝返っただけ）、この籠城戦のなかでもそうした家臣は出ていなかった。ところがここにきて、宿老にそのような動きが出るようになったのである。

そうした状況にあったところ、それから数日後の六月二十二日に、瑞渓院が小田原城内で死去した。瑞渓院の忌日については、これまでは高野山高室院の「北条家過去帳」にみえる逆修供養日がそれにあたるとみられることが多かったが、それはあくまでも逆修供養日であった。実際には、小田原伝心庵（初代伊勢宗瑞の妻の菩提寺）の「過去帳」二十二日条に、

瑞渓寺殿光室宗照大禅定尼　〈天正十八年六月／北条氏政御老母〉

とあり、忌日が確定できる。なお私はこれまで、同史料に基づきながら忌日を「十二日」としてきたが、単純な誤認である。ここに訂正しておきたい。

願修寺墓地
瑞渓院が中興開基と伝わる寺院。写真は2005年頃の寺内の様子。『新編相模国風土記稿』にも寺名が記されるが、現在はなくなっている。

永正十五年（一五一八）生まれとすれば、享年は七十三くらいであった。法名は、後に瑞渓院殿（もしくは瑞渓寺殿）光室宗照大姉とおくられた。小田原城はまだ籠城中であったから、当然ながら葬儀は行われなかったに違いない。しかも、それから半月も経たない七月五日に、氏直は羽柴方に投降し、翌六日から小田原城の引き渡しが始められるので、そもそも葬儀は行われなかったと思われる。

ちなみに、瑞渓院の菩提寺と伝えられているものが、小田原城外に二ヶ寺ある。一つは谷津《やつ》願修寺で、瑞渓院が中興開基となった寺院と伝えられている（現在はない）。もう一つは栢山《かやま》善栄寺で、やはり瑞渓院が中興開基となったと伝えられ

善栄寺瑞渓院殿墓碑

ている寺院である。瑞渓院の墓碑とされるものが伝存しているが、後世における供養塔であろう。おそらくは、中興開基とされた瑞渓院を供養したものであったと思われる。あるいは、氏政たちは出城にあたって、この寺院に供養を依頼したということもあったかもしれない。

しかし、瑞渓院の死去は、通常の自然死であったかどうか、考えてみる余地がある。というのは、それと同日に氏政の正妻鳳翔院殿も死去しているからである。おなじく伝心庵「過去帳」には、瑞渓院に続けて、

鳳翔院殿奇雲宗祥大禅定尼　〈同年（天正十八年）　同（六月）／同（北条氏政）　後御前〉

と記されている。同日に、氏政の生母と正妻が死去しているのである。これが尋常のことでないことは容易に想像できる。死因について明記されているわけではないが、開城間近とい

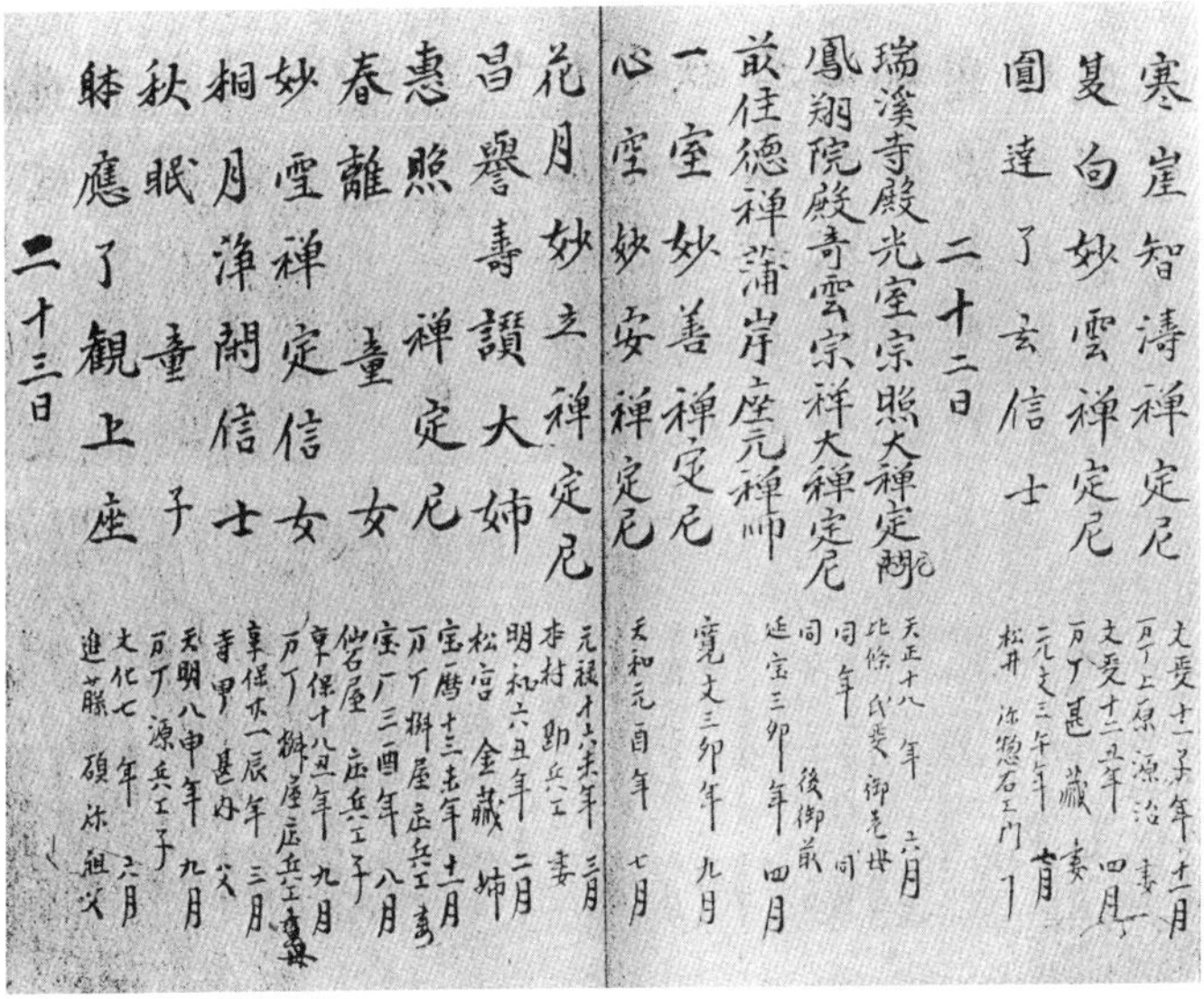
寒崖智濤禅定尼
旻白妙雲禅定尼
圓達了玄信士
二十二日
瑞溪寺殿光室宗照大禅定門
鳳翔院殿奇雲宗祥大禅定尼
前住徳禅蒲岸座元禅師
一室妙善禅定尼
心空妙安禅定尼
花月妙立禅定尼
昌譽寿讃大姉
恵照禅定尼
春離童女
妙雲禅定信女
桐月浄閑信士
秋眠童子
昧應了観上座
二十三日

伝心庵過去帳
伝心庵は、北条家初代伊勢宗瑞の妻である南陽院殿を開基とする早雲寺派の寺院。その過去帳の22日条の冒頭に、瑞渓院と氏政妻鳳翔院殿の法名が並んで記載されている。

う状況のなかでの氏政の母と妻の同日死去、ということからして、それは自殺の可能性が高いとみなさざるをえない。ちなみに、北条家歴代の当主・妻の過去帳記載がある「駿河大宅高橋家過去帳一切」（拙編『伊勢宗瑞』所収）にも、瑞渓院と鳳翔院殿の忌日を同日にし（ただし十二日としている）、しかも、鳳翔院殿については「自害」と記している。このことからも両者の死は、自殺であったと判断できるであろう。

瑞渓院は、氏政の妻鳳翔院殿とともに、小田原籠城中のなかで、自らその生涯を閉じたのであった。

籠城戦が開始されてから三ヶ月近くが経って、和睦交渉も模索されるようになっていたなかでのことであった。その時に瑞渓院は何を思ったのであろうか。北条家の滅亡という事態を目にすることを嫌ってのことであったろうか、それとも滅亡後に余生を送ることを嫌ってのことであったろうか。あるいは、氏政・氏直に一刻も早い開城を促すためであったろうか。いろいろと理由は想像されるものの、真意を伝える史料が残されていないため、真相は不明である。しかしながら最後の段階で、両者が自殺という行為に出ているところに、北条家滅亡という事態の重大さが示されているように感じられる。

瑞渓院が北条家に嫁いできたのは、天文四年（一五三五）か同五年のこととみられた。その時の当主は二代目の氏綱であった。それから五十五年の長きにわたって、北条家の滅亡直前まで、瑞渓院は北条家を見続けてきた存在であった。約百年におよんだ戦国大名北条家の歴史のうち、半分以上にわたって、その歴史を歩んできた人物といえる。その死の直後に北条家そのものが滅亡していることを思うと、かならずしも史料は多くはなかったが、北条家の歴史における存在感をあらためて認識できるように感じる。

氏政・氏照の自害

瑞渓院と鳳翔院殿の自殺から八日後の七月一日、当主氏直は、ついに開城・降伏を決意し、羽柴方の使者と、開城にともなう段取りについて協議を重ねていった。そして五日、弟氏房とともに出家姿となって出城し、羽柴方の陣所に投降した。それをうけて、徳川家の軍勢により、翌六日から城の請け取りがすすめられていった。しかし、氏政は出城になかなか応じず、十日になってようやく出城した。城内では、本城には当主氏直が在城していたが、氏政はそれとは別に、新たに構築していた「新城」に在城していたのであった。

その日、本城には徳川家康が入城した。北条領国は、羽柴秀吉によって、家康に与えられることが決まっていた。またその日、氏直は家康の陣所に移動してきており、出城した氏政も同所に入っている。ここに数日ぶりに親子の対面となったのであったが、同時にそれは最後の対面でもあった。そして翌十一日、小田原合戦の戦争責任を負わされて、氏政と氏照は切腹させられた。本来であれば、当主の氏直が切腹すべきところとなるが、氏直は徳川家康の娘婿であったために助命され、代わりに前当主で最高権力者の氏政、御一家衆筆頭の氏照が切腹となったと思われる。氏照はおそらく、氏直の投降後に出城していたとみられるが、その間、どこに置かれていたのかはわかっていない。

切腹の場所については、城下の医師・田村長伝《ちょうでん》の屋敷であったと伝えられている（『異本小田原記』）。氏政は享年五十二、法名は後に慈雲寺殿勝厳宗傑大居士とおくられることになる。氏照は享年四十九、法名は後に青霄院殿透岳宗関大禅定門とおくられた。両者の首は京都に送られて、十六日、秀吉の京都における本拠であった聚楽第《じゅらくてい》の橋に晒されるのである。そして二十一日、すでに十二日に高野山への追放と決められていた氏直とその他の御一家衆らは、高野山に向けて小田原を出立した。

ちなみにそのなかには、瑞渓院の実子のうち、男子のなかで唯一生存することになった氏規の姿もあった。その氏規の嫡子氏盛が、翌年に氏直死去をうけて、その名跡を相続し、後世に北条家の家名を継承させていくことになる。それが瑞渓院の血を引く人物であったことに、あの世にいる瑞渓院にとって多少なりとも救われる思いになったかもしれない。

さて、瑞渓院の死去からわずか半月後、氏政・氏照の二人の実子の生涯が閉じられた。それは、戦国大名北条家の滅亡を象徴するものであった。氏政には、最後まで出城を拒んでいたらしい様子がうかがわれたことをみると、瑞渓院と鳳翔院殿は、ともに自ら命を絶つことで、氏政にこそ降伏・開城を促そうとしたのかもしれない。もし、そうであったとしたら、氏政はそれをも聞き入れなかったことになる。氏政は、北条家滅亡という事態が目前に迫っていたなかで、何を思っていたのであろうか。非常に気になるところではあるが、これについても真相は不明である。

おわりに

すでに私には、小田原北条家の歴史を取り上げた著書が数冊ある。にもかかわらず、本書はあらためて氏康・氏政時代の北条家の動向を取り上げるものとなっている。ここで、その成り立ちの背景について、少し述べておきたいと思う。

氏康・氏政時代の小田原北条家の動向を把握するうえで、瑞渓院の存在が大きな軸になるのではないか、という感触を抱くようになったのは、直接には二〇一四年に論考「北条氏邦と越相同盟」を発表した頃からであった。そこで氏邦の年齢を、従来の説よりも下げるとともに、さらに通説とは異なって、瑞渓院の所生ではなく、庶出と考えたことに始まっている。そのような考えを持つ前提となったのは、新出の「松野文書」により、氏政の四男氏房が通説とは異なって、正妻黄梅院殿所生の嫡出ではなく、庶出であったことが判明し（拙稿「岩付衆『松野文書』の検討」〈『埼玉地方史』七〇号、二〇一四年〉・拙編『北条氏房』）、これにより、江戸時代初期成立の系図史料であっても、その記載はあくまでも公表のものでしかない、と認識できたことである。

さらに、そのように認識できた背景には、福田千鶴氏の刺激的な研究の存在が大きい。『淀殿』（ミネルヴァ日本評伝選　二〇〇七年）で、「正室・側室」の在り方は江戸時代以降のもので（実際にも「側室」という語の初見は江戸時代半ば）、江戸時代初期までは「妻と妾」という在り方であり、妻は複数いてそのなかで「本妻・別妻」の区別があったとすることや、『江の生涯』（中公新書、二〇一〇年）で、公的な母と実母が異なる場合があることや、庶出でも正妻と養子縁組すれば嫡出になる、という事態が、江戸時代初期からみえていたこととして認識できるのであった。これらによって、大名家における正妻の在り方とその存在の重要性を認識できるようになったといえる。

それらをうけて二〇一五年、浅倉直美氏との共編で『北条氏康の子供たち』（宮帯出版社）を刊行する機会を得ることができた。そこでは日頃、研究活動をともにしている仲間たちと、氏政らの生年や母について根本的に再検討を行うことになり、新たな事実の確認や推定を得ることができた。なかでも氏政の生年が、江戸時代初期以来の、かつ公的な系図史料の記載による通説とは異なって、一年下るものであったこと、氏政の兄弟たちの序列が、生年通りではなく、嫡出・庶出の別や家格の影響によって、あるいは時期によって変化していることを確認できたことなどは、大きな成果であった。それにともない、その弟・妹の生年や嫡出・庶出の別について、注意して検討することの必要性も認識された。

そうしたうえで氏康の子どもたちの動向をみていくと、どの時点でどのような立場にあったのか、それが何時どのように変化したのか、どのような婚姻を結んだのかといったことが、生年や嫡出・庶出の別により大きな規定をうけていることを認識できるようになった。しかも、その関係の基点に位置するのが、氏康正妻の瑞渓院であることがみえてきたのである。そこで、瑞渓院を主軸にして、それら氏康の子どもたちの動きをとらえ直し、北条家の動向を追うことで、さらにその具体像に迫ることができると思い、本書をなしたのであった。

あらためて振り返ってみると、嫡子新九郎氏親の死去にともなう次男氏政への嫡子の移行、後継スペアの地位の存在とその移行の変遷、甲相駿三国同盟における氏規・早川殿の駿府行き、駿府での氏規の立場の変化、兄弟の序列の変化など、氏康・氏政時代の北条家は、家族を中心にみても、実によく動きがわかる戦国大名家であることが強く感じられる。しかもその一つひとつが、北条家全体の動向に関連していることを、十分に認識させるものといえるであろう。

これは、北条家に関する残存史料が豊富であり、さらにその研究蓄積も豊富であることの結果といえる。そしてあらためて戦国大名家とは、政治・外交の動向と家族の動向が密接に関連している組織体であることが認識される。おそらく、関係史料が豊富とみなされる武田家・毛利家・織田家・徳川家などについても、同じ手法を用いてその動向をとらえ直すことができるようになるだろう。それによって、それぞれの大名家の個性や時期による性格の変化なども見出すことができるように思う。また、それらの事例を蓄積していくことで、戦国大名家の家族の在り方についても、従来の江戸時代の在り方を遡及したものにとどまることなく、「側室」の成立という、妾から「側室」への変化や、多妻制の基本的な終焉過程などについて、歴史学的な追究も可能になることが予測される。

こうしてみると、戦国大名の研究もようやくにこうした領域にまで及ぶようになったのか、と感慨もひとしおである。しかし、戦国大名研究にはまだまだ未開拓な領域が残されているであろう。その一つひとつを発見していくことが、戦国大名研究の進展、さらには日本中近世移行期研究の進展をもたらすものとなるに違いない。私自身も引き続き、その追究に取り組んでいきたいと思う。

本書の原稿を成稿したのは、およそ半年ほど前であるが、執筆を考えたのは、それこそ一年以上前のことになる。ただその頃は、ちょうど『羽柴家崩壊』（平凡社）の執筆に取りかかっていたので、書籍化の作業はそれを終えてからと考えた。その後、にわかに『井伊直虎の真実』（角川選書）を執筆することになり、脱稿後ようやく本書の執筆に取りかかったという経緯にある。私自身にとっても、北条家関係の著書としては『小田原合戦と北条氏』（二〇一二年、吉川弘文館）以来のものとなるが、視角を瑞渓院に据えたことで、ほぼ同じ時期を扱いながらも、これまで著した『関東戦国史』『戦国大名の危機管理』（いずれも角川ソフィア文庫）などとも異なる世界を描き出すことができたと思う。

本書の刊行もまた、平凡社編集部の坂田修治さんのお世話になった。しかも前著『羽柴家崩壊』と同じく、《中世から近世へ》シリーズに加えていただくことになった。末筆ながら、あらためて御礼を申し上げます。

二〇一七年一一月三日

黒田基樹

「瑞渓院」北条家年表

和暦(年)		西暦(年)	事項
康正	2	1456	伊勢盛時（宗瑞）が生まれる
文明	5	1473	今川氏親が生まれる
	8	1476	今川義忠が死去。今川家では内乱が起き、義忠の従弟、小鹿今川範満が家督を継ぐ
	17	1485	この頃、寿桂尼が生まれる
長享	元	1487	盛時、駿河に下る。小鹿今川範満を滅ぼし、竜王丸（氏親）が今川家当主になる 北条氏綱が生まれる
	2	1488	盛時、竜王丸の後見を務める。その後、京都に戻る
延徳	3	1491	在京していた盛時、再び駿河に下る
明応	2	1493	宗瑞、伊豆に侵攻する。韮山城を構築し、本拠とする
	3	1494	宗瑞、扇谷上杉定正への援軍として武蔵に進軍する
	5	1496	宗瑞、扇谷上杉方の相模西郡大森家の本拠小田原城に、援軍として弟弥次郎を派遣する
	7	1498	宗瑞、堀越公方足利茶々丸を自害させて、伊豆を経略する
	9	1500	この頃、宗瑞、相模西郡大森家の本拠小田原城を攻略する
文亀	元	1501	宗瑞による小田原支配が確認される
永正	元	1504	今川氏親・宗瑞、扇谷上杉定正への援軍として武蔵に進軍する
	2	1505	この頃、今川氏親と寿桂尼が婚姻する
	3	1506	宗瑞の妻、南陽院殿が死去する

	6	1509	宗瑞、相模・武蔵に侵攻する
	8	1511	この頃、今川氏親の長女吉良義堯妻が生まれる
	9	1512	宗瑞、相模に侵攻、中郡・東郡・武蔵久良岐郡南部を経略する
	10	1513	今川氏親の長男氏輝が生まれる
	12	1515	北条氏康が生まれる。この頃、今川氏親の次女、中御門宣綱妻が生まれる
	13	1516	宗瑞、相模三浦郡の三浦家を滅ぼし、相模を経略する
	14	1517	今川氏親の次男玄広恵探が生まれる。この頃、氏親の三男彦五郎が生まれる
	15	1518	この頃、瑞渓院が生まれる
	16	1519	宗瑞が死去し、氏綱が家督を継ぐ。伊勢家の本拠は小田原城に移る
			今川氏親の四女瀬名貞綱妻と四男の義元が生まれる
大永	3	1523	氏綱、名字を伊勢から北条に改称する
	4	1524	氏綱、扇谷上杉朝興の本拠武蔵江戸城を攻略する。武蔵勝沼三田氏ら従属する。扇谷上杉朝興、山内上杉憲房・甲斐武田信虎と同盟する
	5	1525	氏綱、扇谷上杉方の武蔵岩付城を攻略する
	6	1526	今川氏親が死去し、氏輝が家督を継ぐ
	7	1527	氏綱の妻、養珠院殿が死去
享禄	3	1530	この頃、氏綱、従五位下・左京大夫に叙任される。また室町幕府相伴衆になるか
	4	1531	扇谷上杉家重臣の太田資頼に岩付城を攻略される
天文	元	1533	この頃、氏綱、関白近衛稙家の姉（尚通の娘）、勝光院殿を娶る
	3	1534	今川氏輝、甲斐に進軍する。氏綱、援軍を派遣する
	4	1535	氏綱、今川氏輝への援軍として甲斐に進軍、山中合戦で武田方に勝利する

天文	5	1536	この頃、瑞渓院、北条氏康に嫁ぐ。北条氏繁が生まれる 今川氏輝・彦五郎兄弟、小田原を訪問する。氏輝・彦五郎、死去する 花蔵の乱が起きる。氏親の次男玄広恵探は滅亡し、氏親の四男義元が今川家当主になる
	6	1537	氏康の長男新九郎氏親が生まれる 今川義元、武田信虎と同盟し、その娘定恵院殿を娶る。氏綱、これに反対して今川領国の駿河河東に侵攻し、占領する。河東一乱が始まる 氏綱、扇谷上杉朝定の本拠武蔵河越城を攻略する
	7	1538	氏綱、下総葛西城を攻略する 氏綱、第一次国府台合戦で小弓公方足利義明を滅ぼし、古河公方足利晴氏から関東管領に補任される 今川義元の長男氏真、武田晴信の長男義信が生まれる
	8	1539	氏康の次男氏政が生まれる
	9	1540	氏綱、鎌倉鶴岡八幡宮上宮を修造する 氏綱の娘芳春院殿、古河公方足利晴氏に嫁ぐ
	10	1541	武田晴信（信玄）、父信虎を国外追放して武田家当主になる 氏綱が死去し、氏康が家督を継ぐ 千葉親胤が生まれる。この頃、氏康の長女七曲殿が生まれる
	11	1542	氏康の弟で玉縄城主の為昌が死去。玉縄領・三浦郡支配権は義兄綱成が継承、三浦衆は氏康が継承する 氏康の三男氏照が生まれる 太田氏資が生まれる。この頃、氏康の次女千葉親胤妻が生まれる
	12	1543	足利義氏が生まれる。武田晴信の長女黄梅院殿が生まれる

13	1544	氏康、武田晴信と和睦する
14	1545	氏康は、室町幕府将軍足利義晴から今川義元との和睦を勧告されるが拒否。今川義元は、武田晴信とともに河東に侵攻。氏康、河東に進軍して対陣するが、武田晴信の仲介をうけて義元と和睦。河東一乱は終結し、氏康は駿河から撤退する
		氏康の四男氏規が生まれる。この頃、氏康の三女長林院が生まれる
15	1546	氏康、河越合戦で山内上杉憲政・扇谷上杉朝定・古河公方足利晴氏に勝利し、扇谷上杉家を滅ぼす
		武田晴信の四男勝頼が生まれる
16	1547	下総佐倉領の千葉利胤が死去、弟民部卿丸（親胤）が家督を継ぐ
		氏康、武蔵松山城を攻略する。この頃、氏康の四女早川殿が生まれる
17	1548	氏康、武蔵岩付領の太田資正を従属させ、扇谷上杉領国を併合する
		氏康の五男氏邦が生まれる
18	1549	北条西堂丸（氏親）・松千代丸（氏政）が史料にみえる
19	1550	今川義元の妻定恵院殿が死去する
		氏康、山内上杉領国の上野への侵攻を開始する
20	1551	駿甲相三国同盟の交渉がすすめられ、互いの婚姻関係が取り決められる
		北条氏親、元服する。氏康は左京大夫に任官する
21	1552	北条氏親が死去し、氏政が氏康嫡子になる
		江戸城代遠山綱景、武蔵府中六所明神に氏康・瑞渓院の覚え目出度くありたいと願う
		足利梅千代王丸（義氏）が古河公方足利家当主になる
		武田義信と今川義元長女の嶺寒院殿が婚姻する。この頃、氏規が駿府に送られる
23	1554	氏政、元服する。早川殿が今川氏真に嫁ぐ。氏政と黄梅院殿が婚姻する

天文			氏綱後室の勝光院殿が死去 氏康、山内上杉家の本拠上野平井城を攻略し、山内上杉家を関東から没落させる 氏康の六男景虎が生まれる
弘治	元	1555	氏政の長男某が生まれる 足利義氏の元服式に藤菊丸（氏照）が参加する 氏康の五女浄光院殿と養子の氏忠（氏康の弟氏尭の子）が生まれる 氏康の次女、千葉親胤に嫁ぐか
	2	1556	藤菊丸（氏照）、武蔵由井領大石綱周の婿養子になる。氏照、元服するか 氏規が駿府で「北条次男」と位置づけられる。この頃、長女七曲殿、北条康成（氏繁）に嫁ぐ
	3	1557	今川義元、隠居して氏真が家督を継ぐ 瑞渓院の御台所船の諸役が免除される 千葉親胤が死去。氏康次女は実家に戻ったか 氏政の長女芳桂院殿が生まれる。この頃、養子氏光（氏康の弟氏尭の子）が生まれる。七曲殿は長男氏舜を生むか
永禄	元	1558	足利義氏、下総葛西城から鎌倉鶴岡八幡宮に参詣する。次いで小田原城を訪問、同地から古河公方領国の下総関宿城に入る この頃、乙千代丸（氏邦）は、武蔵花園領藤田泰邦の婿養子になる
	2	1559	氏康隠居して、氏政が家督を継ぐ 氏康は北上野を経略し、山内上杉領国を併合する。氏照、由井領支配を開始。七曲殿、次男氏勝を生む この頃、氏規は元服して、今川家御一家衆関口氏広の婿養子になるか。今川義元は小田原

		を訪問する
3	1560	瑞渓院の御台所船の納入規定が改定される 今川義元、尾張桶狭間合戦で戦死する 越後長尾景虎（上杉輝虎・謙信）が関東に侵攻する。岩付太田家・勝沼三田家ら離叛する これ以前、長林院は武蔵岩付領の太田氏資に嫁ぐ
4	1561	長尾景虎に小田原城を攻められる。足利義氏、関宿城を開城、上総佐貫城に移る 氏康、勝沼三田家を滅ぼす。乙千代丸（氏邦）は花園領支配を開始
5	1562	氏照、勝沼領を併合する。氏政の次男氏直が生まれる
7	1564	氏康・氏政、第二次国府台合戦に勝利する。氏規、駿府から小田原に帰還する 太田氏資、父資正を追放し、岩付太田家当主になり、北条家に従属する 足利義氏、佐貫城から鎌倉に移る 氏康の六女桂林院殿が生まれる。この頃、氏政の三男源五郎が生まれる。氏邦、元服するか
8	1565	氏政の四男氏房が生まれる 武田義信、父信玄への謀叛事件により幽閉される
9	1566	氏規、室町幕府将軍候補足利義秋（義昭）の直臣衆としてみえ、「氏康次男」と記される 氏政の次女竜寿院殿が生まれる。この頃、氏政は左京大夫、氏康は相模守に任官する
10	1567	氏規、三浦郡支配を開始。三浦郡支配権を岳父となる綱成から、三浦衆を氏康から継承する 太田氏資、上総三船台合戦で戦死。長林院は小田原に戻る 北条康成、岩付城代となる 武田信玄、嫡子義信を自害させる。今川氏真、武田信玄に義信後室嶺寒院殿の帰還を要請。信玄は拒否し、氏康・氏政が仲介して今川・武田両家の同盟継続と嶺寒院殿の帰国を実現させる

永禄	11	1568	この頃、早川殿、長女吉良義定妻を生む。氏照は本拠を滝山城に移す 武田義信後室嶺寒院殿は、北条家の仲介により北条領国を経由して駿河に帰国する 寿桂尼が死去する 武田信玄、駿河に侵攻し、駿甲相三国同盟が崩壊する。今川氏真・早川殿は遠江懸河城に逃れる。氏康・氏政、今川家支援を決して駿河に進軍、武田家と対戦する。氏政は黄梅院殿と離縁する。氏康・氏政、上杉輝虎に同盟を打診、氏邦が取次を務める これ以前、氏照は北条名字に復す。この頃、氏邦は本拠を鉢形城に移す
	12	1569	康成、鎌倉代官を務める 今川氏真、北条領国に没落し、氏政次男国王丸（氏直）を養子にし、家督を譲る。氏真は北条領国の駿河大平城に入る 北条家と上杉輝虎の同盟が成立（越相同盟）。氏康・氏政のほか、氏照・康成が輝虎への起請文を作成する 黄梅院殿が死去する 武田信玄に小田原城を攻められる。氏照・氏邦・氏規、相模三増合戦で信玄に敗北する
元亀	元	1570	景虎、上杉輝虎の養子になる 今川氏真・早川殿、大平城から相模早川に移る。足利義氏、下総古河城に復帰する 早川殿、長男範以を生む。この頃、浄光院殿、足利義氏に嫁ぐ
	2	1571	瑞渓院、氏政らの駿河出陣に際して江の島岩本坊に戦勝を祈願する 康成の弟康元、武蔵江戸城代になる 氏康が死去。氏政、上杉謙信との同盟を破棄し、武田信玄と同盟を結ぶ 北条綱成、隠居し、康成が家督を継ぐ。康成・康元兄弟、氏政から偏諱を与えられ、氏繁・氏秀に改名する

	3	1572	氏政、下総栗橋城を攻略する。氏照が管轄する
天正	元	1573	武田信玄が死去し、勝頼が家督を継ぐ 今川氏真・早川殿、相模を出国し遠江徳川家康を頼る 氏政の五男直重が生まれる。この頃、芳桂院殿、下総佐倉領の千葉邦胤に嫁ぐ
	2	1574	氏政、下総関宿城を攻略し、古河公方領国を併合する。氏照、足利義氏の後見を務める 瑞渓院、大病を患う
	3	1575	氏政、下野小山領を経略し、下野に進出する。小山領支配は氏照が管轄する この頃、氏照は陸奥守、氏邦は安房守、氏繁は常陸守を名乗る
	4	1576	桂林院殿、武田勝頼に嫁ぐ 上杉謙信、最後の関東出陣を行う 氏政の六男直定が生まれる
	5	1577	氏直、元服する 下総結城家が離叛する。氏繁、下総飯沼城を構築し、城代を務める。氏政、房総に侵攻し、房総里見義弘と同盟する 氏規の長男氏盛が生まれる。この頃、竜寿院殿、里見義弘の嫡子義頼に嫁ぐ。これ以前、氏政三男国増丸（源五郎）、太田氏資の婿養子になる
	6	1578	上杉謙信が死去し、養子景勝が家督を継ぐ 氏政、常陸佐竹義重らの「東方衆一統勢力」と常陸小川台で対陣する 御館の乱が起こる
	7	1579	北条氏繁が死去し、氏舜が家督を継ぐ 景虎が滅亡する

年号	西暦	事項
天正8	1580	氏政、武田勝頼との同盟を破棄し、徳川家康と同盟を結ぶ。「天下人」織田信長に使者を送る
		竜寿院殿が死去する
		氏政、織田信長に従属を表明する
		芳桂院殿が死去する
		氏政、隠居して氏直が家督を継ぐ。源五郎、岩付領支配を開始。下総飯沼城が攻略される
		この頃、氏舜死去し、弟氏勝が家督を継ぐか
9	1581	浄光院殿が死去する。この頃、氏照は本拠を八王寺城に移す
10	1582	武田勝頼・桂林院殿、織田軍の侵攻をうけて自害、武田家は滅亡する
		本能寺の変後、北条家は織田家から自立し、神流川合戦で滝川一益に勝利する。滝川軍を追撃して、甲斐・上野・信濃に侵攻。天正壬午の乱起こる。氏政、徳川家康と同盟する
		源五郎が死去、足利義氏も死去する。
		氏政の後妻鳳翔院殿が史料にみえる
11	1583	氏直と徳川家康の次女督姫が婚姻する
		氏房、岩付領を与えられ、同領支配を開始する。この頃、氏照は直重を、氏邦は直定を養子にする
		この頃、氏直は左京大夫、氏政は相模守に任官する
		織田家の「指南」羽柴秀吉から、東国惣無事を命じられる
12	1584	徳川家康が羽柴秀吉と小牧・長久手合戦を始める
		氏政・氏直、佐竹家ら「東方衆一統勢力」と下野藤岡・沼尻で対陣する
		氏政の七男鶴千代が生まれる
		秀吉、小牧・長久手合戦に勝利して「天下人」になる

13	1585	千葉邦胤が死去、千葉家で内紛が生じる 羽柴秀吉が徳川家・北条家の追討を表明する 氏直は下総佐倉領に進軍する。直重が千葉邦胤の婿養子になる。この頃、氏照は氏政の七男鶴千代を養子にする
14	1586	徳川家康が羽柴秀吉に従属を表明、それにともない氏政と家康は駿豆国境で面会する 七曲殿が史料にみえるのは最後。これ以前、氏邦は北条名字に復す
15	1587	北条家は、羽柴秀吉との対戦に備えて惣国防衛体制を構築する
16	1588	北条家、羽柴秀吉に従属を表明する。氏規、御礼言上の使者として上洛し、秀吉に拝謁する
17	1589	羽柴秀吉より上野沼田領問題について裁定をうける。北条家はそれを受容し、徳川方真田家より沼田領を割譲される 直重、千葉家の家督を継ぐ 北条家、上野名胡桃城奪取事件により羽柴秀吉と決裂する
18	1590	小田原合戦が起こる。氏直は小田原城本城に、氏政は新城に在城する。氏照は小田原城、氏規は韮山城、氏邦は鉢形城に在城する 氏邦、羽柴軍に降伏、鉢形城を開城する 瑞渓院・鳳翔院殿、小田原城で自害する 氏照の本拠八王寺城も落城する。氏規、降伏して韮山城を開城する 氏直は羽柴秀吉に降伏、北条家は滅亡する。氏政・氏照は切腹し、氏直・氏規らは高野山に隠遁する。氏邦は前田利家に仕える
19	1591	氏直、赦免され羽柴秀吉の直臣になる。氏規・氏房も赦免され、羽柴家直臣になる 氏直が死去。氏規の長男氏盛が家督を継ぐ

主要参考文献

浅倉直美『後北条領国の地域的展開』（戦国史研究叢書2　岩田書院、一九九七年）
同　「北条氏邦の生年について」（『戦国史研究』七四号、二〇一七年）
同　編『北条氏邦と猪俣邦憲』（論集 戦国大名と国衆3　岩田書院、二〇一〇年）
同　編『玉縄北条氏』（論集 戦国大名と国衆9　岩田書院、二〇一二年）
有光友学『今川義元』（人物叢書254　吉川弘文館、二〇〇八年）
同　『戦国史料の世界』（中世史研究叢書14　岩田書院、二〇一四年）
同　『戦国大名今川氏と葛山氏』（吉川弘文館、二〇一三年）
池上裕子「戦国期における相駿関係の推移と西側国境問題――相甲同盟成立まで」（『小田原市郷土文化館研究紀要』二七号、一九九一年）
井上宗雄「今川氏とその学芸」（観泉寺誌編纂刊行委員会編『今川氏と観泉寺』吉川弘文館、一九七四年）
今谷明『言継卿記　公家社会と町衆文化の接点』（そしえて、一九八〇年）
大石泰史「足利義晴による河東一乱停戦令」（『戦国遺文 今川氏編　二』月報、二〇一〇年）
大久保俊昭『戦国期今川氏の領域と支配』（戦国史研究叢書5　岩田書院、二〇〇八年）
大塚勲『今川氏研究余録』（私家版、二〇〇八年）
同　『今川氏と遠江・駿河の中世』（岩田選書・地域の中世5　岩田書院、二〇〇八年）

同　『戦国大名今川氏四代』（羽衣出版、二〇一〇年）
小和田哲男『今川氏の研究』（小和田哲男著作集第一巻　清文堂出版、二〇〇〇年）
同　『今川氏家臣団の研究』（小和田哲男著作集第二巻　清文堂出版、二〇〇一年）
同　『今川義元』（ミネルヴァ日本評伝選11　ミネルヴァ書房、二〇〇四年）
同　『駿河今川氏十代』（中世武士選書25　戎光祥出版、二〇一五年）
久保田昌希『戦国大名今川氏と領国支配』（吉川弘文館、二〇〇五年）
黒田基樹『戦国大名北条氏の領国支配』（戦国史研究叢書1　岩田書院、一九九五年）
同　『戦国大名領国の支配構造』（岩田書院、一九九七年）
同　『戦国期東国の大名と国衆』（岩田書院、二〇〇一年）
同　『戦国大名の危機管理』（歴史文化ライブラリー200　吉川弘文館、二〇〇五年）
同　『百姓から見た戦国大名』（ちくま新書618　筑摩書房、二〇〇六年）
同　『北条早雲とその一族』（新人物往来社、二〇〇七年）
同　『戦国北条氏五代』（中世武士選書8　戎光祥出版、二〇一二年）
同　『古河公方と北条氏』（岩田選書・地域の中世12　岩田書院、二〇一二年）
同　『小田原合戦と北条氏』（敗者の日本史10　吉川弘文館、二〇一三年）
同　『関東戦国史　北条vs上杉55年戦争の真実』（角川ソフィア文庫　二〇一七年）
同　「小田原落城後の北条氏一族」（『日本歴史』七八五号、二〇一三年）
同　「北条氏邦と越相同盟」（鉢形城歴史館10周年記念特別展『関東三国志』、二〇一四年）
同　「伊勢盛時と足利政知」（『戦国史研究』七一号、二〇一六年）

同　　　『羽柴家崩壊　茶々と片桐且元の懊悩』（中世から近世へ　平凡社　二〇一七年）
同　編『武蔵大石氏』（論集戦国大名と国衆1　岩田書院、二〇一〇年）
同　編『北条氏年表　宗瑞・氏綱・氏康・氏政・氏直』（高志書院、二〇一三年）
同　編『伊勢宗瑞』（シリーズ・中世関東武士の研究10　戎光祥出版、二〇一三年）
同　編『北条氏房』（論集戦国大名と国衆19　岩田書院、二〇一五年）
同　編『北条氏綱』（シリーズ・中世関東武士の研究21　戎光祥出版、二〇一六年）
黒田基樹・浅倉直美編『北条氏邦と武蔵藤田氏』（論集戦国大名と国衆2　岩田書院、二〇一〇年）
同　編『北条氏康の子供たち』（宮帯出版社、二〇一五年）
酒入陽子「懸川開城後の今川氏真について」（『戦国史研究』三九号、二〇〇〇年）
佐藤八郎「武田信玄の娘たち」（磯貝正義編『武田信玄のすべて』新人物往来社、一九七八年）
柴辻俊六編『武田信虎のすべて』（新人物往来社、二〇〇七年）
杉山博『北条早雲』（小田原文庫4　名著出版、一九七六年）
同「黄梅院殿春林宗芳への回想――武田信玄の娘・北条氏政室」（『歴史手帖』三巻七号、一九七五年）
同「早河殿（蔵春院殿天安理性）への回想」（『史談小田原』特集号、一九七五年）
早雲寺史研究会編『早雲寺　小田原北条氏菩提所の歴史と文化』（かなしんブックス32・箱根叢書16　神奈川新聞社、一九九〇年）
武田氏研究会編『武田氏年表　信虎・信玄・勝頼』（高志書院、二〇一〇年）
谷口雄太「戦国期における三河吉良氏の動向」（『戦国史研究』六六号、二〇一三年）
長倉智恵雄『戦国大名駿河今川氏の研究』（東京堂出版、一九九五年）

長塚孝「戦国武将の官途・受領名」(『駒沢史学』三九・四〇号、一九八八年)
長谷川弘道「今川氏真の家督継承について」(『戦国史研究』二三号、一九九二年)
同　「永禄末年における駿・越交渉について――駿・甲同盟決裂の前提」(『武田氏研究』一〇号、一九九三年)
同　「今川氏真没落期の家族について」(『戦国史研究』二七号、一九九四年)
平山優『戦史ドキュメント川中島の戦い　上・下』(学研M文庫、二〇〇二年)
同　『武田信玄』(歴史文化ライブラリー221　吉川弘文館、二〇〇六年)
前田利久「花蔵の乱の再評価」(『地方史静岡』一九号、一九九一年)
同　「今川氏輝文書に関する一考察」(『今川氏研究』創刊号、一九九五年)
同　「後北条氏庇護下の今川氏真について」(『地方史静岡』二九号、二〇〇一年)
同　「花蔵の乱の研究史と争点について」(小和田哲男編『今川氏とその時代』清文堂出版、二〇〇九年)
丸島和洋『戦国大名武田氏の権力構造』(思文閣出版、二〇一一年)
同　『戦国大名の「外交」』(講談社選書メチエ556　二〇一三年)
同　『郡内小山田氏』(中世武士選書19　戎光祥出版、二〇一三年)
村井章介「山科言継の駿府生活」(『静岡県史通史編2』第三編第五章第三節、静岡県、一九九七年)
山口博『北条氏康と東国の戦国世界』(小田原ライブラリー13　夢工房、二〇〇四年)
山田邦明『戦国時代の東三河　牧野氏と戸田氏』(愛知大学綜合郷土研究所ブックレット23　あるむ、二〇一四年)
米原正義『戦国武士と文芸の研究』(桜楓社、一九七六年)

黒田基樹（くろだ もとき）

1965年東京都生まれ。早稲田大学教育学部社会科地理歴史専修卒業。博士（日本史学）。専門は日本中世史。現在、駿河台大学教授。著書に『百姓から見た戦国大名』（ちくま新書）、『戦国大名北条氏の領国支配』（岩田書院）、『中近世移行期の大名権力と村落』（校倉書房）、『小田原合戦と北条氏』（吉川弘文館）、『戦国大名――政策・統治・戦争』（平凡社新書）、『羽柴家崩壊――茶々と片桐且元の懊悩』（平凡社）、編著に『北条氏年表』（高志書院）、監修に『戦国大名』（平凡社別冊太陽）などがある。

［中世から近世へ］

北条《ほうじょう》氏康《うじやす》の妻《つま》 瑞渓院《ずいけいいん》 政略結婚《せいりやくけつこん》からみる戦国大名《せんごくだいみよう》

発行日　2017年12月15日　初版第1刷

著者　黒田基樹
発行者　下中美都
発行所　株式会社平凡社
〒101-0051 東京都千代田区神田神保町3-29
電話（03）3230-6581［編集］（03）3230-6573［営業］
振替 00180-0-29639
ホームページ http://www.heibonsha.co.jp/
印刷・製本　株式会社東京印書館
DTP　平凡社制作

ISBN978-4-582-47736-8
NDC分類番号210.47　四六判（18.8cm）　総ページ290